中國的未來會走向

民主還是獨裁？

來自法國學者的觀察視角

Jean-Pierre Cabestan
高敬文——著

DEMAIN LA CHINE

DÉMOCRATIE OU DICTATURE?

目次

中文版新序

很高興本書能繼二〇一八年的法文版、二〇一九年的英文版之後以中文版面世。當然，我也為此增補了內容。[1] 臺灣的八旗文化出版社給了我這番機會，我銘感五內。

我希望，除了臺灣讀者以外，中國與其他華語社群也會對中文版的《中國的未來，會走向民主還是獨裁？》感興趣。這既是重要的主題，也是個大哉問。中國實現民主化的機會有多大？一旦民主化成真，對中國、臺灣乃至於全世界會造成什麼影響？反過來說，要是中國沒有民主化，我們馬上就能想到中國、臺灣與全世界會遭遇另一種局面：中國對臺灣、美國和北半球國家的關係將更加緊繃，甚至走向戰爭。

新冠疫情前，我的看法就很明確：習近平主政下的中國不會民主化，由他擔任總書記的中國共產黨領導層，反而會繼續獨占政治權力，不會讓任何反對勢力冒出頭來，任何對於黨專政的批判或爭奪，都將被扼殺在搖籃中。到了二〇二四年，我的想法依舊沒有改變。的確，我仍然相信中國的政治體系長期下來，比方說從現在起的二三十年吧，必定會有演變。社會上與菁英群體中希望有更多自由、最終走向民主政權的一派人會愈來愈多，甚至能占上風。然而，我也不得不說，對於中國可能有的任何一類政治轉型，現在的我比六年前悲觀得多。

凡中國民主化得面臨的重重阻礙，書裡都有詳細分析。情況自二〇一八年以來並無多大改變。當然，二〇二四年的習近平，已經把更多的權力握在自己手裡。從二〇二二年的中國共產黨第二十次全國代表大會開始，他拉拔更多悉聽尊便的應聲蟲（yes-man，這詞確實挺符合，因為幾乎沒有女性），把其他派系的人排擠出去。不過，政治、經濟與知識菁英階層中的大多數成員，其共識仍然是維持這種高度威權的政治體制。習近平對蘇聯的瓦解不敢或忘，盡全力鞏固中共黨員與整個社會對於馬克思列寧主義，以及對於他所謂「中國傳統價值」的信念，藉此減緩任何朝民主體制和平發展的風險。雖然許多觀察家對「習近平新時代中國特色社會主義思想」嗤之以鼻，但習與目前的中共領導層對此卻非常認真，極為重視這種思想，希望在以中共的領導與所謂「全過程人民民主」為基礎的民主詮釋，打造另一種堅實的政治模式時，可以發揮作用。[2]

中國社會與菁英仍有部分人願意跳火坑，追求進一步的政治參與，提倡「憲政」理念，或是出庭為政治敏感案件辯護。二〇二二年底的「白紙抗議」，便充分表達了部分訴求。他們的批判逐漸鎖定習近平個人，認為他背棄了「集體領導」原則，恢復對領袖的個人崇拜，甚至為了能掌權超過十年而修憲。習近平的這三項決定，挑戰了一九八〇年代初期，鄧小平為避免毛澤東時代的各種災難再度發生而採取的措施。天安門事件後，鄧小平提出「韜光養晦」為避險的外交方針，但習近平如今推行的外交與國防政策卻頗具攻擊性，威脅臺灣，在釣魚臺周邊威脅日本，並威脅主張擁有南海主權的其他國家，尤其是其中最薄弱的一環——菲律賓。

更有甚者，二〇一九年反送中示威運動過後，習近平對香港來了一波大改造：他把特別行政區混和式、半民主的政治制度，變成實質的威權體制；北京控制的中聯辦作為藏鏡人；只有所謂的「愛國者」，也就是支持中共的香港人，才能參加選舉，在立法會或區議會獲得一席之地。二〇二〇年六月，港版《國安法》實施；四年後，香港立法會又通過了更縝密、全面，也更壓迫的地方條例加以補完。雖然一九八四年的《中英聯合聲明》與一九九〇年《香港基本法》所設想的，都是讓香港漸漸朝完全民主選舉發展，但習近平與目前的中共領導層卻完全背棄了前述承諾。

他們反而把香港的政治制度，改造成我所謂的「新加坡化」。就網路使用與學術自由來說，香港還是比中國大陸自由一點。但是，許多本有的公共自由已遭壓制，大量民主派淪為階下囚或者流亡，紀念六四事件或批評中共如今皆遭到禁止。總而言之，香港今天已沒有政治生活可言。

中國大陸社會多半支持香港局勢的最新發展，民眾普遍輕信雨傘運動與二〇一九年的示威，其背後有外國勢力推波助瀾，而且八成是美國。整體來說，沒幾個中國人膽敢質疑一九四九年確立至今的一黨專政體系。恐懼算是首要因素。另一個大家都抱持的態度，就是「沒用」或「沒指望」：權力已嚴重失衡，政治上競爭的成本太高，對於改變的期待值則太低。第三點，也是我認為較為重要的一點，則是中華人民共和國缺乏民主文化。我在本書結論說明法蘭西斯·福山（Francis Fukuyama）的預言大錯特錯，但還是得引用他的一句話，因為那句話他說得很對：「沒有民主人士，就沒有民主可言。」[3]

講白點，戒嚴時期的臺灣或一九八七年以前的南韓還是有民主人士，但中國沒有。中國社會與其說是反民主（anti-democratic），不如說是無民主（a-democratic），或者說「不談政治」。確實有愈來愈多中國人，尤其是中國年輕人，希望能多點言論自由。民眾大量運用社群媒體，尤其是微信，凸顯出社會盡可能運用這種新的即時通訊與對話空間，來表達自己對許多不同議題的看法，只要不公開批評中共及黨的領導人就好。顯然，中國憲法明明有賦予人民各種公共自由，不光是選舉自由、權力的分立、制衡與平衡，還有言論、結社、集會與集體行動的自由，但是認真追求民主、終結一黨專政、建立多黨民主體系的中國人偏偏卻少之又少。

中國人經常提到的理由是民主很亂。中共長期散播這種論點，但多數中國人民也接受並內化之，甚至自己就是這麼覺得。多數中國人確實覺得中共主導的中華人民共和國體制（當然包括共產黨，但全國人大等機構亦然）與象徵（國旗和國歌）再自然不過了，對它們也有認同。他們習慣強而有力、無所不能、無所不在的國家，深入居民社區與村落，控制他們又照顧他們，至少有達到某種程度。他們或許希望有多一點餘裕，但他們對於黨國體制也有許多期盼，從法律、秩序到社會福利，不一而足。對於選出地方與全國領導人、地方與國家政策制定與實施的方式，他們並不求有發言權。就此而論，二〇二二年反新冠清零政策的示威堪稱例外。城市與鄉村確實有舉行基層選舉，但受到地方黨委嚴密控制與操作。結果，一般人對此興趣缺缺，對村委會、居委會與地方人大等基層選舉缺乏認識和參與——我從自己晤談過的中國人身上也驗證了這個事實。多數中國人並不傻：大家都很清楚實權不在自治組織手中，而是在共產黨手中。

對於這股「無民主」、跟政治保持距離的態度，有各式各樣的解釋。部分觀察家（中國或西方都有）把主因歸結於儒家思想、中國根深柢固的菁英觀念與二千年的帝制。對此我並不同意。沒錯，中國的傳統政治文化與風俗習慣很重要，就像我們法國的傳統風俗，也就是政界菁英那種貴族、保王的傾向。然而，法國人無法忽略法國大革命，無法忽略民主憲政與共和政體經歷了漫長的痛苦，終於在十九世紀末誕生，我們同樣不能忽略清帝國與中華民國在大致上同一段時間所經歷的政治轉型，尤其是一八九五年至一九四九年間。我們不能忽略，自十九世紀晚期以來，中國的改革派與革命派已經為中國的政治制度、經濟與社會的現代化，乃至於從老帝國變身為民族國家，找到了最好的路線——憲法、民主與選舉的理念與原則。我會在第二章對這些議題稍事探討，不過我也推薦能讀法語的人讀一讀謝弗利（Yves Chevrier）對於中國從一八九五年至今國家轉型過程的長篇分析。[4]謝弗利這部巨作完美呈現了中國對於民主的追求有多麼切實，以及這場追尋是如何因為國民黨的獨裁、中日戰爭，以及毛澤東的中共而失敗。謝弗利也揭露了習近平為了鞏固目前的政權，鞏固謝氏所謂的「帝國國族」（Empire-nation）並確保其長期存續，是怎麼樣把帝制傳統跟馬列主義融為一爐，民主化前景堪憂。

對於中國內部抵制政治現代化、民主化的情況，其他史家素有批評。在此我僅舉唐德剛為例。唐德剛以絕妙的方式，說明了中國早在西元前三世紀末就付出多大的努力終結了封建，隨著秦始皇而成立帝制，卻也清楚呈現中國至今仍未能從帝制轉型到以公民為基礎的民治。[5]

問題在於，歷史超過七十五年的共產制度，也就是中共所主導的政治、經濟與社會體系，至今仍然分量十足。毛澤東死後，體系內部已有若干重要轉變。但我們也不能誇大這些轉變。

中華人民共和國政權的意識型態基礎與制度性支柱依舊穩固。經濟與社會固然已改頭換面，但中共始終能適應局面，維持領頭羊地位，嚴密監控各種大小的私人企業、非政府組織（其實多半都不算真的非政府）以及社會各部分——無論是從中國前所未有的經濟發展中獲益的那部分人（政治、經濟、知識菁英與中產階級），還是被拋下的那部分人（民工與農村社會）。裴敏欣（Pei Minxin）在新書《哨兵國度》（*The Senfinel State*）裡說得好，黨國體制有龐大且經費充足的公安機構能實施有效的維穩政策，加上一大票打小報告、監視公民同胞的線民，因此始終能密切掌握每一種政治異見分子。[6]

民主化還會遭遇其他阻礙。其中，中國的大小特別值得一提。比起臺灣或南韓，中國大太多了。大小確實有影響，任何政治改革在中國不同省分或區域都會有大不相同的發展。上海、廣東與沿海省分要民主化比較輕鬆，至於甘肅、貴州，甚或是西藏與新疆，恐將面臨中共地方菁英大力抵制，兩端的情況會差很多。

我忍不住想再補個比較，拿中國跟一九九一年蘇聯瓦解之後的俄羅斯發展相比。我不覺得中國有解體為數個獨立共和國的嚴重風險。但話說回來，始於戈巴契夫、成於葉爾欽的俄羅斯民主化確實是場重大挫敗。普丁掌權後走回帝制老路，以恢復蘇聯固有疆域為長遠目標。假如中共改革派決定展開民主化，中國的民主化過程恐怕也得克服類似的嘗試與類似的挫敗。失敗的風險會迫使改革派（包括中共內部）在大刀闊斧改革政治前三思而後行。

中國會不會就此深陷於集權主義？一九五五年出生、比習近平小兩歲的我恐怕是老了，就算中華人民共和國能民主化，我也等不到了。有些樂觀的人提到民主化的兩個可能原因：一是武力併吞臺灣失敗，二是經濟危機。我在本書裡會探討這兩種情境。前一種情況，我在另一本書，也就是羅曼和利特爾菲爾德出版社（Rowman & Littlefield）二〇二三年出版的《面對中國：戰爭與和平的前景》（*Facing China: The Prospect for War and Peace*）英文版裡有大量的分析。此處我簡單補充：包括習近平在內，中共領導層絕對會優先選擇政權的存續，而非冒險倉促出手，加速統一臺灣的進程。至於第二種情形，我會在本書第六章說明民主化無助於中共化解在二〇二四年的當下，乃至於接下來面臨的結構性經濟考驗。但我的說法搞不好也不準，畢竟要刺激經濟發展、促進社會福利，黨的領導層恐怕必須給私部門與公民社會更多餘裕，而這些演變也有可能削弱黨在經濟與社會的主導地位。

當然，小心總沒有錯。目前為止，無論是哪一種政治上的反對，無論是體制內還是體制外，習近平與中共領導班子都能成功壓制。如果要爭當前領導權與發展方向，只有在體制內去爭，才有意義可言。不過，反而是目前中共領導層對中國大陸與香港的那種偏執，讓人看到了一絲希望。換個視角，近年來對香港民主反對派的每一次打壓，其實都凸顯出中共有多麼擔心特區變成宣傳民主理念的「顛覆基地」，在香港乃至於全中國引發「顏色革命」。

無獨有偶，習近平明確要強化共產黨員與全中國社會對共產黨及其主導意識型態的信心，這種做法也可以換一個角度去理解，看成為了鞏固政治體系而孤注一擲，畢竟中國經濟與社會愈發全球化，要掌控變得愈來愈難。

至於上面的這些猜想會不會太牽強？只有未來能告訴我們答案。眼下，我希望本書能為讀者提供一些途徑，更加了解中國威權主義之牢固，同時也認識其脆弱。世局混亂，民主制度面臨的挑戰愈來愈艱巨，悲觀也是難免的。但我也老到還記得上一場冷戰（一九四七至一九八九年）戒嚴的臺灣。一九八〇年的時候，誰能料到蘇聯會解體，或者臺灣會民主化呢？

世事難料，前面已經有簡短提及，書裡還會有更深入的分析。我們要時時提醒自己：未來尚待來人書，人類與社會都會不斷改變，自然也無法預測。

前言

這本書是我對中國政權之現狀和未來的思考，希望本書的中文版能引發華語系國家公民的關注，重新點燃一場關於中國的討論。一些美國評論家預測，在不久的將來，中國政權會因為腐敗和愈來愈難控制的社會問題而崩潰。但我卻認為，這個政權會繼續執政相當長的一段時間。它有一定的適應能力，不斷走向現代化；它不僅擁有鎮壓社會的能力，也同時掌握諸多經濟和金融工具。中共政權也得到大多數菁英和社會的支持，而且中國社會內部對民主的需求甚微。

現有理論優缺點之分析

當前宣揚中國崩潰論的理論都基於兩個截然不同的假設：第一類相信中國當下的經濟模式

將會崩潰，正如章家敦（Gordon Chang）在二〇〇一年發表的《中國即將崩潰》（*The Coming Collapse of China*）所言；[1] 第二類則假設，在民主和法治缺位的前提下，中國將缺乏足夠的創新能力，它的經濟將會停滯不前。沈大偉（David Shambaugh）和裴敏欣於二〇一六年發表的預測分析就代表了第二類的假設。[2]

章家敦認為，中國國有企業偏低的盈利率、不良貸款的積累、二〇〇一年中國加入世界貿易組織（WTO）後需要面對的外來競爭、不斷上升的失業率、相對貧困的農村經濟、空前的腐敗以及經濟發展對環境造成無可挽回的破壞——以上種種因素遲早會推動中國經濟的衰落，進而導致政治制度的滅亡。章家敦在二〇〇一年時預估這個在一九四九年由毛澤東建立的政權，只能再多堅持五年至十年的時間。

顯然，這完全沒有發生。中國充分利用了加入世貿組織的優勢，成為世界第二大經濟體。由於一部分國有企業繼續虧損，朱鎔基總理在一九九八至二〇〇三年間關閉了大批國有企業，並裁減了三千萬到四千萬名工人。自此，許多倖存下來的國有企業，在國家經濟發展和國際化的推動下，有一些已然成為世界級的大型企業。同時，私人企業經濟迅速成長，目前已占國民生產毛額（GDP）的百分之六十，提供了百分之八十的城市就業機會。雖然金融體系仍存在一些弱點，但自二〇〇八年金融危機後，政府就透過改革解決了大部分弊病。北京政府非常謹慎地在資本流動並非全面自由化的前提下，推動國際化進程。二〇〇八年起實施的四兆人民幣投資計畫，刺激了非生產性投資，但也同時加重了地方政府甚至國有企業的債務負擔；二〇〇二至二〇一八年中國人民銀行行長周小川推行的保守主義政策，間接造成了影子銀行業務爆炸式成長，增加了各種金融產品的銷售方、投資者、企業家和新中產階級的投資風險。[3]

一些專家學者就這些新的風險展開了更複雜的分析，而新的理論則預測中國經濟將陷入中等收入陷阱，比較優勢逐漸消失（薪資上漲，投資回報率下降，產品和服務競爭力下降，經濟成長放緩），任何產業升級的成本都變得更高（研發、吸引人才回流以及創新的成本）。有些學者把招納人才和創新的雙重挑戰和威權政治制度對社會所施加的制約因素聯繫起來，這種理論也屬於第二類的假設。

此外，自冷戰結束以後，受東歐劇變、蘇聯解體等一系列事件影響，再加上法蘭西斯・福山其歷史終結論的盛行，西方許多人都認為中華人民共和國最終也會走向民主制度；[4]但這種樂觀情緒在一九八九年的天安門事件後便很快消失。一九八九年以來，中國的經濟成就和政治穩定的狀況一直都與福山的理論相悖，而福山的理論也很快受到薩謬爾・杭亭頓（Samuel Huntington）的理論挑戰。杭亭頓認為，自冷戰結束以後，意識型態的衝突將會被文明的衝突所取代；[5]在九一一事件和伊斯蘭原教旨主義教派崛起之後，福山的觀點更加黯然失色。實際上，中國共產黨逐步恢復並宣揚中國傳統的政治文化價值觀，某種程度上也印證了杭亭頓的理論是對的。[6]

在二十一世紀最初的幾年，許多人都同意黎安友（Andrew Nathan）的看法，認為中共政權有足夠的彈性，能夠長久地避免政權的崩潰。[7] 然而，裴敏欣在二〇〇六年出版的書中，則強調了威權發展模式的局限性。[8] 他指出，中國的經濟發展不會促進民主的到來；新威權主義將繼續主導中國的崛起。不過，中國共產黨的逐步改革戰略也面對許多新的挑戰，包括空前的腐敗以及地方菁英的權力尋租，這也成為中國政府無法逾越的「治理赤字」的主要罪魁禍首，也是阻礙任何政治改革的因素。同時，黎安友也開始校正他的判斷，認為中國的威權政權不會持續，因為它的執政合法性在不斷受到侵蝕，未來潛在的「新天安門事件」也可能成為政權更迭的導火線。[9] 不過，大多數研究中國的專家學者，包括沈大偉，都認為中共的適應能力超過了它衰落的傾向。沈大偉以江澤民和胡錦濤時期所締造更加靈活的威權主義模式（軟威權主義）為例，認為中國共產黨能夠及時進行政治改革。[10] 這種判斷也印證了為何諸多觀察家對中國能夠維持經濟發展感到樂觀，而我在稍後章節亦會重新分析這個頗具爭議的論點。

那麼，究竟是哪些因素引發了新一波對中國未來之懷疑論呢？

三個主要原因脫穎而出：第一，經濟成長減緩，而「中等收入陷阱」陰影不斷加深；第二，在胡錦濤任期內權力被分裂、削弱，政治體制內的大規模腐敗看似無法控制；[11] 第三，中共領導層也拒絕任何形式的政治改革，繼續鞏固一黨專政，這在自二〇一二年起的習近平任期內，達到前所未有的高度。此外，從二〇一二年薄熙來案件以及其他關於黨內特權階層衝突的揭密來看，一些觀察家也開始懷疑中國的未來。[12]

在《中國的未來》（*China's Future*）這本書裡，沈大偉透過對中國的經濟、社會、政治和國際形勢之間關係的分析，追溯引用溫家寶總理在二〇〇七年向全國人大發表的演說，論證了中國當局開始意識到經濟問題的嚴重性。[13] 當時，溫總理宣布中國經濟發展有四個缺陷：不穩定、不平衡、不協調及缺乏可持續性。在二〇一五年，他的繼任者李克強也沒有偏離這個觀點，強調要改變成長模式：需由投資和出口推動的經濟發展，轉向以消費和服務為主導的發展，同時遏制工業產能過剩，加強農業經濟。這也是習近平和他的政府自二〇一三年以來透過一項雄心勃勃的經濟和機構改革計畫所開展的任務：即從今以後，市場在經濟中應扮演「決定性的角色」。

沈大偉卻依舊認為，如果中國政權如習近平所構想的一樣，繼續強化硬威權主義的模式，中國政權將無法進行任何微妙的政治改革。他為中國的未來設想了另外三條道路：第一條道路，中國將建立一個新極權主義政權，在他眼裡，這將不可避免地導致中國政權倒退，萎縮並最終崩潰；第二條道路將是政權向半民主的方向演變，以新加坡模式為例，而這有可能使得中共承諾的新發展模式和市場經濟改革繼續推動下去；在這兩條道路之間，還有第三條道路：中共在維護習近平的硬威權主義模式的基礎上，將適度回歸一九九八至二〇〇八年間執行的軟威權主義政策。[14]

這三條道路中，第一種威權主義會導致中國停滯不前乃至沒落，第二種只會有利於部分的改革成功和向市場經濟轉型。沈大偉預估在中共十九大（二〇一七年十月舉行）之後，為了重新啟動所需的經濟改革，中共可能會選擇執行一個更靈活的威權主義；但這樣的模式可能並不會受到黨內權貴階層的歡迎，因為這將損害他們的利益；中共將會受到極大的黨內壓力，最終導致當前政權的崩潰。[15] 沈大偉很謹慎地沒有預估日期，只指出我們可以目睹中華人民共和國政權「結束的開始」。[16]

裴敏欣則著重關注腐敗現象。在他眼裡，腐敗是中國共產黨的核心問題，這種裙帶資本主義模式最終只能導致體制的崩潰。當前的反腐運動旨在向社會表明黨有意遏制腐敗現象，以及鞏固習近平及其盟友的權威。但實際上，由於政治權力與個人利益的交織（這被一些經濟學家稱之為權力尋租），以及為了維持公有經濟的發展（這占據了中國超過百分之五十的國民生產毛額），中共不得不忍受較高的腐敗水準。在改革初期，腐敗被視為刺激經濟發展的重要因素，而此後卻變得愈來愈有害，成為掣肘經濟發展和導致改革失敗、政權崩潰的重要問題。[17]裴敏欣認為中國政權的穩定性取決於經濟發展和政治鎮壓能力，並修改了他此前的判斷：他承認中共政權衰退乃至崩潰的時間可能長達數十年。[18]裴也將民主化進程與經濟發展水準聯繫起來，亦參考了蘇聯政權的壽命（七十四年），判斷中共政權將在二〇二三年左右結束。[19]他把中共政權與普丁治下的俄羅斯相比較，對中國的政治改革持悲觀態度。[20]不過，裴敏欣和沈大偉一樣，認為中華人民共和國已處於十分衰敗的狀態，終究會讓位於另一種型態的政權。[21]

在二〇一三年薄熙來案發前後，民間對中共政權的穩定和存亡開始愈來愈悲觀。黎安友在二〇一三年一月寫道：「對中國威權主義政權正在走向滅亡的觀點從未如此強烈過。」[22]一些中國的異見人士，如趙暉（莫之許），也對此同意；但他們仍對崩潰的時間持謹慎態度，憂慮「這種衰退是長期、不穩定和不確定的」。[23]二〇〇八年北京奧運之後，劉曉波連同八千多名知識分子、學者、律師和商界人士共同發表的《零八憲章》也印證了這一憂慮，而一些中國的政治學家也認為中國的民主化進程是不可逆的；[24]阿拉伯之春、中國維穩成本（壓制、監視和微觀層面的衝突管理）的急劇增加，亦都影響了這種看法的演變。[25]換句話說，在沈大偉和裴敏欣之前，一系列的研究成果已經為他們兩個人的分析奠定了基礎。

自二〇一六年以來，愈來愈多的學者都發表了自己對中國政局前景的看法。在這裡我想要著重提及兩位學者：明克勝（Carl Minzner）的《一個時代的終結：中國威權主義的復興是如何阻礙它的發展》（*End of an Era: How China's Authoritarian Revival is Undermining its Rise*）以及韓博天（Sebastian Heilmann）的《紅天鵝》（*Red Swan*）。[26]正如前者的書名所述，明克勝認為，中國威權主義的復興以及其缺乏的制度化，不僅阻礙了它的政治改革進程，更阻礙了它的崛起。明克勝的觀點與沈大偉相悖，他認為「自二十世紀早期以來，維持中國發展的趨勢和舉措正在逐漸停止；在根本性政治改革缺位的前提下，中國正在衰落。」[27]與之相反的是，韓博天的研究則強調了黨國體制的彈性，還特別著墨於黨國體制在自上而下調控經濟發展的同時，亦能夠接受某種程度上的去中心化，這在歷史上通常是不被接納的。不過，韓博天在他書本的結論中也宣稱二〇一二年將成為一個轉折點，而習近平的「頂層設計」和所謂的「危機統治」也已經增加了中國的系統性風險，削弱了執政的合法性。[28]

這些分析雖然令人興奮，但都有不少缺陷。一方面，他們大多受時間局限：這些分析批評了中共政權的中央權力分裂和不受控制的腐敗，但習近平已經在努力試圖糾正這些衍生問題。相反地，他們卻轉過來批評習近平推進的中央權力集中，將使得政局更加不穩定，亦指責他的政治決策扼殺了政治改革的可能性，侵蝕了黨國體制制度化的進程，目的便是維護中國的一黨專政，使得中國倒退回一九八九年。另一方面，就算這些分析證實了中國政權目前的脆弱性，但這是否足以使得中國的政權崩潰呢？中國菁英和資本的加速流失、習近平政府近乎偏執的政治壓制、體制性腐敗的持續、經濟衰退帶來的風險、國有企業和地方政府負債的增加以及經濟改革的困難是當下觀察者最為關注的問題；然而，認為這些問題就能夠挫敗當前的政權，就是低估了共產黨和中國社會不成文社會契約的力量，後者是種凝聚力和民族性，不論這種力量是中國社會固有的，抑或是政權所渲染的。

中國政權真的危在旦夕嗎？

本書旨在表明中國政權已充分意識上述所有的風險；迄今為止，北京在政治、行政、法律和經濟方面改革的努力已經成功，也在逐步現代化它的治國理念和政治制度，以希冀能夠在進一步發展和融入世界經濟圈的同時，而不影響一九四九年以來建立的一黨專政基礎。中國共產黨有能力繼續適應和長期主導中國的命運，只要它能設法掌控局勢，並使廣泛的社會階層接受它對政治權力的壟斷。

站在這個立場的並不是只有我一個人。以狄忠蒲（Bruce Dickson）的《獨裁者困境》（*The Dictator's Dilemma*）為例，他基於本書第三章所引用的一系列公眾意見問卷資料，論述了中共是如何透過一系列的改革增強它的執政合法性，並舒緩了社會上的不滿情緒。[29] 唐文方的《民粹威權主義》（*Populist Authoritarianism*）透過深度分析中國的政治文化，也在政權的支持度和延續能力方面得出了相似的結論，儘管他的論點和方法論的說服力稍微低了一些。[30]

後來，伊莉莎白・艾克諾米（Elizabeth Economy）等人分析了習近平強化中國一黨專政有多麼成功。[31] 無獨有偶，習近平個人與整個政權的鞏固，也讓部分專家改變看法。例如裴敏欣二〇二四年的新書《哨兵國度》，便凸顯了中國共產黨對社會的控制，乃至於對政權長期未來的把握，能夠強化到何等地步。[32]

顯而易見的是，正如蘇聯、北韓和戒嚴時期的臺灣政權（一九四九至一九八七年）一樣，中華人民共和國不會是亙古不變的。長遠來看，中國將不可避免地過渡到另一種政治制度；中共注定或者消失，或者轉型，或者接受在一個更開放、多元的政治框架下與其他政治力量交替執政。然而，由於諸多後文將做解釋的歷史、意識型態和結構性的原因，這種向民主政體的過渡將很可能是推遲、混亂和不完整的。

阻礙這種過渡的力量和制約因素很多。我在這裡先簡單列出來：廣袤的領土和多元的族群；為了管理中國這種規模和多樣性的悠久官僚傳統；強大驚人的共產黨機構及自一九四九年以來，主要從蘇聯引進、強加於中國社會的政治文化和運作模式；共產黨權貴階層及其家族獲得的政治和經濟利益；私人企業對政治權力的嚴重依賴；弱勢的民主價值觀不僅被共產陣營內的慣習（一種內化的行為模式）所延續，更每況愈下；仍在萌芽階段的公民社會；強大的鎮壓機構以及孤立脆弱的反對派。最後，目前的經濟菁英和大部分中產階級都支持當前的政權，因為他們既依賴中國共產黨，也懼怕任何的不穩定，會害他們回到過去混亂的局勢。

由於以上所有的因素，我的假設是，中國共產黨已經建立了我在其他著作裡所稱的「新的威權平衡」，能維持對中國相當長期的威權統治。[33] 多久算長期呢？這個很難說。任何內部和外部的因素都會影響目前政權的演變和結束。二十年？我看三十年也很可能。真正的問題，是要看中華人民共和國可能演變的型態及會被什麼樣的政治體制取代。這些問題我比較悲觀：以我的分析來看，中國共產黨政權仍然會是一個比較威權的、菁英的、家長式的、「帝國主義」的、毫無疑問的獨裁，並可能會長久執政的政權；從更長遠來看，中國政權的演變很可能是混亂的，可能會伴隨著深刻的政治分歧、民主化嘗試的多次流產、因保守而帶來的退步以及軍國主義的誘惑（共產黨意圖在政治真空的情況下保持國家統一而採取的意識型態）。

要思考這個問題，最重要的是我們要將審視問題的時間尺度拉長，並記住每個國家的發展道路與我們目睹過的一定不盡相同，尤其在自冷戰結束以來的這個時代。中國的歷史與傳統文化雖然在當下有其現實的影響，但他們亦在不斷被每個時代的政治菁英重新審視、構建和再解構。在我看來，一九四九年中國建立蘇維埃列寧主義政權，使得中國走上了一條截然不同的道路。我會盡我所能分析中國自一九四九年以來經歷的每一個十字路口（包括自一九七九年實行的改革開放時期），語言、意識型態、制度和道德價值上關鍵的差異。

四十年以來，在與不復存在的蘇聯完全不同的環境中，中國進行了現代化：在東亞地區，日本首先主導了發展和經濟全球化進程，然後是一九六〇年代的亞洲四小龍（韓國、香港、新加坡和臺灣）崛起；東亞也是一個逐漸民主化的地區，一九四五年之後，日本首先在美國占領下開始民主化，一九八〇年代，這個潮流擴散到東南亞：使杭亭頓可以在「第三波民主化」中列舉受啟蒙運動和西方啟發的政治制度，並建立在非歐洲文化環境中的臺灣、韓國和菲律賓三個比較成功的「威權發展」模式（前兩個政權基於非西方的、儒家主導的價值觀）；東亞象徵著冷戰後的分裂，儘管中國勢力愈來愈大並崛起，但東亞的安全保證很大程度上仍然由第二次世界大戰結束後實施的美國和雙邊聯盟體系（尤其是日本、韓國、菲律賓和泰國）提供。

因此，我們有必要將中國的威權發展模式與其他亞洲經驗進行對比：這樣我們能夠找到中國與其他地區發展道路的相似性，找出什麼是真正的「中國模式」；我們亦能夠對照出他們之間的不同，凸顯出中共列寧主義政權的弊病。

最後，我們也需要考慮並試圖評估經濟全球化（儘管它是緩慢和不全面的）和中國社會對未來中國政治制度演變的影響。與自由主義理論家的樂觀假設相悖，這種影響不一定是正面的；相反地，中國與世界其他大國錯綜複雜的政治經濟關係，也有可能成為削弱和破壞中國政治轉型的力量。一個民主國家無法迴避的問題是：為什麼中國不僅有能力融入經濟全球化的進程，還能夠保持團結穩定，乃至於反之對民主國家施加影響？但在推測中國可能的政治未來之前，讓我們先試著了解現政權的基礎，與中國過去政權的不同之處，以及目前所涉及的各種因素之狀態。

第一章
中國目前的政治制度：強大而持久的威權平衡

要在短短數頁的篇幅內討論中國目前政治制度的優缺點，以及其與經濟社會的關係，是一件幾乎不可能的事情。如果讀者對中國政權組織機制以及權力與社會的互動關係感興趣的話，可以進一步閱讀我其他的法文著作。[1] 儘管可能有些過度簡化，但我想指出，中國的政治制度自一九七九年改革開放以來，就已經從極權體制過渡到了威權體制。儘管中國仍然是共產黨一黨專政的天下，這個政權在經濟發展和國際地位兩個領域取得了前所未有的成就。與此同時，中國共產黨也經歷了深刻的轉型：它修改了執政的意識型態，改善了幹部的規訓體制，使政令的上傳下達更加靈活，使得整個政黨現代化；更重要的是，共產黨將執政重心放在了經濟發展上，但也同時使得腐敗現象大規模爆發，造就了一個全新的，以裙帶關係為連結、具有半黑社會半寡頭色彩的統治階層。

然而，中共並無滅亡之虞：一九八九年蘇聯解體的教訓，令它選擇了在不削弱政治壟斷權力的前提之下，不斷適應新的經濟社會環境；它也成功遏制了腐敗和黑社會的現象；此外，中國共產黨牢牢把控住了軍隊和安全部隊的指揮權，當下不存在具有實質性威脅的政治勢力。換言之，這個宣揚威權主義、發展主義和民族主義的政權將很可能長期存在。

中國的黨國體制：一個制度性的悖論

於一九四九年成立的中華人民共和國，有著一個令人印象深刻但矛盾的政治體制，我將這種複雜的政治制度稱之為「黨國體制」（party-state）。在這個體制中，執政黨與政府的深度融合，使得這個體制在穩固的同時亦能保持靈活長久。這個體制在五〇年代時，經歷了毛澤東與其同僚實施的經濟、政治和社會上一系列的改革轉型，也同時經歷了毛時代的所有政治風暴，特別是從一九五八到一九六一年的大躍進，以及從一九六六到一九六八年的文化大革命。在一九七六年毛澤東去世和其後解放軍解除紅衛兵武裝之後，秩序得以重新建立，而鄧小平和他的同黨也調整了黨國體制，開啟了改革開放的時代。一九八九年，鄧小平下令軍隊暴力鎮壓了那年春天的民主運動，並主導了國家的經濟發展和全球化；近三十年來，中國已然成為一個國民生產毛額位居世界第二、購買力位居第一的國家。

透過上文對中華人民共和國歷史篇章的回顧，我想要提醒讀者們注意共產黨這種令人印象深刻的組織力和適應能力。[2] 這種能力是靈活而具有彈性的，亦在中共的意識型態和組織結構中體現出來；這種能力是在中國社會希望擺脫貧困，乃至希望國家富強，能與美國勢均力敵的過程中發展出來的。

中國的經濟發展顯然是由諸多個體戶和私人經濟帶動發展起來的。鄧小平和他的改革派的主要作用，是推動黨國體制解除經濟活動的限制，而這從農村地區去人民公社化開始，到一九八四年最後一個人民公社解散，再逐漸延伸到城市地區乃至外貿領域。從一九七九年起，中國就開始歡迎境外投資（以香港和臺灣為首），建立經濟特區，並開始在工業和服務業領域取消了國家壟斷地位。

然而，中共從未想要與其他政治勢力分享權力，亦無意圖完全放棄對經濟的控制。從這方面來看，我們絕不能低估毛時代和改革開放前所確定的意識型態、體制和戰略的延續性。[3] 首先，整個制度依然是在五〇年代時就確立的政治和行政體制的基礎上運作；儘管黨的目標和重心在改革開放後都有明顯轉變，它所運用的政治語言卻沒有太大變化：這仍然是一種受蘇聯風格影響的語言，且在一九五八年後這種語言和漢字還被簡體化，形同背叛漢語表意文字的傳統。其晦澀難懂的風格，在黨政機關之外根本沒有人能夠理解。其次，中共秉持「摸著石頭過河」的策略，在必要的情況下便會使用毛澤東在另一個時代所用的「游擊戰術」來進行改革。在改革開放後，中共也延續了「運動式治理」的傳統，正如習近平在二〇一三年推行的反腐運動一樣，也在法律法規之外透過行政命令的形式推動改革。各級和各部門的中共官員都享有自由裁量權，這種權力構成了黨國體制運作發展的根基之一，保證了這個體制的適應力和靈活度，但也成為了腐敗現象的根本原因。此外，國家仍然保有土地所有權：在農村地區，土地歸「集體」所有，受地方政府以及基層組織的管轄，這也成了無盡利益糾紛的根源；在城市地區，土地是公共財產，當地政府官員有權以自由裁量的形式處置。從更高的層面來說，儘管二〇一三年中共中央委員會全體會議上，再次確認了市場將在國家經濟中起「決定性作用」，黨國體制仍然有意保留那些他們認為有戰略意義企業的所有權和經營權。在中央和地方國資委（國有資產監督管理委員會）的控制下，這些大型企業（截至二〇二四年全國有九十七家）再被逐步合併，亦成為統治階級權力尋租的來源。

事實上，黨的領導人一直都是經濟發展和經濟自由化的領導者，他們一方面直接從被他們把控的國有經濟部門獲得利益，另一方面也同時與企業家等私有生產者產生非正當的合作關係；這使得具有實權的幹部家庭富有起來，在體系內孕育了一個新的具有裙帶關係色彩的寡頭特權階層。早在一九八〇年代，通常被稱為「太子黨」的領導人後代就開始進入商界。[4]例如，李鵬的後代在能源部門有相當的投資，江澤民的後代則在電子工業領域耕耘，而鄧小平的親屬則是在軍工領域有所發展。很大程度上，這種系統性的裙帶關係也在地方層面存在，而這種潛規則也恰恰使得「紅二代」和「官二代」們能夠比其他人更快地富有起來。此外，在一些地區，地方政府「黑手黨化」也是一個更令人擔憂的現象。[5]

中國共產黨現在擁有將近九千萬名黨員（截至二〇二三年底為九千八百零四萬）、近七千萬名體制內成員（橫跨行政、國有企業、事業單位和軍隊）、約三千萬名幹部和一千萬名實權領導，包括六十五萬名處級以上的領導幹部；正是因為以上這些現象，中國共產黨在很多方面都是一個相互矛盾的存在。[6]

中國共產黨跟民主國家與多黨政治中所認知的「政黨」相去不可以道里計。對其領導人與黨員來說，黨不只是政府的專政者（「無黨階級專政」的那個專政）與組織者，甚至堪稱是國家的「生命力」——用道家的話來說，就是「氣」，沒有「氣」，國家就會枯死。[7]習近平在二〇一二年掌權後，強化了黨對國家的直接領導，國務院及其常委也不例外。二〇一七年以來，收緊的力量有增無減。

一個龐大且現代的行政系統

中國的黨國體制最具吸引力和說服力的一面，便是它的門面——龐大的行政系統。事實上，國務院及其下屬的多個行政部門（各個部委、委員會、直屬辦公室及中央銀行等），以一種令人印象深刻的方式整合了經濟、行政和監察等政治資源；就像其他國家的政府一樣，中國的行政系統一樣存在大量官僚鬥爭和部門間協調問題，更有程序模糊多變和監察缺位的問題。金融經濟領域的管理和協調失誤也普遍存在，二〇一五年的中國股災便是一個最近的例子：政府錯誤地令股民相信了他們的投資只會升值。身在這個巨大金字塔的頂端，中共政治局常委、總理和他的團隊總是苦心讓地方政府遵循中央的政策政令，但地方政府卻很矛盾地擁有相當程度的自由裁量權，也有權限根據地方情況評估和變更中央下達的指令。中國地方政府所享有的這種權力，實際上比一些聯邦制國家的州政府還要大，而一個中國省分的平均面積也與一個歐洲國家近似，卻擁有同面積國家將近五到十倍的人口；如此來看，地方政府所擁有的政治權力是不是很驚人呢？

不論如何，於毛時代結束的時間點相比較的話，這個行政系統運作得仍算差強人意，且在變得愈來愈好。[8] 這個系統現在擁有比從前更多的資源、更現代和寬敞的辦公環境和素質更好的公務員群體，這使得它跟其他亞洲發達國家的行政系統愈來愈相似。中央的政令精神能夠下達到地方，一九九五年的財政改革令稅收體系得以重組和再中心化，中央的財政收入也一直充盈。在制定經濟政策方面，儘管經濟快速發展，中央政府卻一直秉持著細緻、謹慎甚至保守的態度，專注於預防風險，避免危機，並透過提升民眾生活水準和精準鎮壓異見的搭配來維持社會穩定。在財政方面，中央政府這種謹慎的態度就從人民幣國際化的進程中體現出來：人民幣在逐步國際化，但北京仍無打算令之可以在國際上自由兌換，北京仍意欲控制資本流動，視情況調控貨幣政策來避免人民幣幣值波動過大。在中央與地方關係方面，總括來說，各級政府之間都取得了相對平衡的關係：中央集中處理如財政預算、國防安全和政治宣傳等重要的問題，而地方經濟發展有關的問題則賦權予地方政府處理。

在中國，現代化進程也使得政府和社會的關係也有所改善：政務服務的效率更高（辦理居留許可、身分證、護照、企業登記等服務），地方公務員的能力更強、職責更清晰明瞭。當然，那些直接攻擊政治制度的異見分子並享受不到這種便利。此外，繼承了封建時期「擊鼓鳴冤」的傳統，在二十世紀初的時候，「信訪」辦公室的職責和權力被加強，每天都會收到諸多群眾的信訪投訴，並負責處理和向有關部門轉交這些案例。[9]

與此同時，中國的司法系統也在逐漸職業化和現代化。儘管它仍處於共產黨和它強大的政法委的監管之下，法官、檢察官和律師也開始像其他國家一樣，在法學院受到系統的訓練。但是，我們仍然還能看到中國的司法系統有著諸多限制，尤其是涉及到辯護權和與政治有關的案件時；更重要的是黨的地位仍然高於法律。[10]同樣地，「地方司法保護主義」仍然是一個重要的問題。儘管在二〇一四年國家進行了司法改革，重新集中了司法權力，並使其更自主獨立，我們仍不能確定這是否可以真正根除這種弊病。

不論如何，中國的法律制度在不斷進步。儘管這依舊不是一個「政府犯法，庶民同罪」的法治制度（rule of law），但它起碼是一個以法治國的制度（rule by law），法律能夠發揮一定的規範作用。愈來愈多的糾紛和不滿能夠透過法院解決，而不是像以前一樣只能透過行政調解或者信訪。[11]最後，且不論較低的管理水準和較大的自由裁量權，監獄系統也逐步現代化，城市監獄已經取代了大部分位於偏遠地區的勞改營。

幹部管理體系的改革在行政機構現代化的進程中展現很大的作用：「公務員」開始透過遴選和考試選拔，這種框架似乎重新延續，或說是恢復了封建王朝時期建立的選賢與能制度。公務員的仕途，尤其是那些「具有實權的公務員」，是依據他們的政績來決定：他們所任職的部門或所管理地區的經濟發展水準，是公務員晉升的一個重要指標，而社會穩定水準、環境治理甚至個人的外貌也有重要的作用。[12]有一些外國的政治學家，例如貝淡寧（Daniel Bell），也同意北京的官方話語，認為中國已經建立了比我們民主多元（pluralist）國家更有效率的菁英選拔制度。[13]

最後，儘管很大程度上受到黨國體制的監管，媒體現在更能起到傳遞訊息的作用，政治敏感的話題也較先前為少；社群媒體鋪天蓋地，在資訊的流通方面發揮重要的正面影響力。在這個網路時代，中國政府也對訊息跨國界傳播的迅速有所準備。就算這樣，政府依舊會封禁一些敏感的訊息，也加強了對「謠言」的鬥爭，加重對散播謠言者的處罰。從政治角度來看，共產黨也有意透過媒體來監督地方官員，並藉此打擊腐敗現象。[14]有時，中央政府也會保護甚至鼓勵一些正在調查地方醜聞的記者，並以此用於政治宣傳，即使在某些情況下這種鼓勵反而激化中央與地方的矛盾，也可能會限制官方媒體政治宣傳的口徑。

一個不透明、有絕對權力卻未完全制度化的政黨

但中國的黨國體制在綜上所述的種種優勢以外，亦存在另外一面：這一面更不透明、更晦暗，有著財閥政治乃至黑手黨的色彩。更重要的是，中共政權在黨內體系、國家安全系統、國有企業乃至軍隊等方面，都幾乎沒有制度化的建設。在這裡，我希望讀者們不要誤以為我們的

討論是想要將黨和國家分開，這在中國只是種幻象。共產黨透過讓一個黨員同時擔任黨和國家兩個體制內的領導職位，以獲得對行政系統和軍隊系統的控制。所以，我們可以看到黨的總書記和政治局常委的第一位委員，目前是由習近平擔任，也同時是國家主席和軍隊的首領（黨和國家的中央軍事委員會的主任）。七名政治局常委中，國家總理是第二位，目前由李強擔任。第三位則領導全國人民代表大會，目前由趙樂際擔任，並以此類推。這七名政治局常委通常每週都會面一次，但是不報告會議的內容和下的決定。中共中央主要部門的領導人、國務院的領導層、兩名人民解放軍的最高首領以及重要省分和直轄市的領導人等二十四名成員則構成了中央政治局（這其中沒有女性，之前則有一名），他們通常一個月會見一次。幾乎所有國務院的部長和所有省分的領導人在中共中央委員會中有一席之地，這個委員會是由中國約二百名最有權力的幹部構成，他們每年會召開一次全體會議，而這個會議會有大約四百人參加，其中有近二百人是候補委員，並沒有實質投票權。[15]

中共的一個顯明特徵便是它的不透明性，它拒絕向公眾披露領導層的遴選過程（不僅僅只是那些正式的投票流程），也不願意讓那些可能會導致領導層分歧的政治鬥爭被民眾得知，更不用提領導和他們家庭的財富狀況了。此外，中共中央的「領導小組」，其中大多數由習近平直接領導，都負責協調掌控重要的政府活動（諸如金融經濟、農業政策、外交事務和臺灣問題等領域），而他們的權能職責都是對外保密，這也體現了共產黨有意保持一定程度的不透明性。二〇一八年，一些「領導小組」被擴大提升為「委員會」，可這也沒能讓這些組織更透明。制度不透明的程度反而在二〇二四年五月修改國務院組織法，黨中央領導國務院成為定局之後，變得有增無減。

就像其他一些非民主制度的社會組織（如家庭和企業）一樣，黨和國家的幹部晉升是基於提名制的。中共的領導部門運用這種歷史悠久、受蘇聯體制影響的幹部名單制度，在各個行政區級和領域選定合適的候選人，並把他們編入一個名單，將領導職位的名額分配給其中的人選。這樣的體系是相當去系統化的，中央只需要密切監督將近五千名高層幹部的職位和生涯，其他幹部則由更基層的黨組織去管理。在組織部等實權部門的參與下，黨內和國家體制內的晉升原則上是由集體討論決定的，也可在上級組織的協助和群眾協商的幫助下進行。但在現實中，各級的「一把手」很大程度上有最終決定權。

在中央層面，中國共產黨全國代表大會（簡稱黨代會）是由約二千三百名黨代表組成的，約五年舉行一次。這些黨代表名義上是選舉委任，但實際上是在中共中央組織部的審查下，由各級黨組織選派產生。黨代會的主要職責是聽取並審核總書記的報告，以及在候選人數不超過應選人數百分之十的前提下，選出中央委員會的成員。中央委員會的候選人名單，先是透過諮詢推薦的形式確認出一個考察對象清單，這個清單從一九九七年開始逐步增大，到二〇〇七年則有三萬三千五百名考察對象；[16] 中央再對這些黨員考察，最終確定出一個幾百人的候選人名單，由黨代會最終選出中央委員。在此基礎上，中央委員會負責黨最高機構（中央政治局及其常務委員會和中央軍委等）的選舉，而這個過程仍然相當不透明。但胡錦濤從二〇〇二年便開始推進「黨內民主」，在二〇〇七年的政治局選舉中，中央委員會成員可以從一個中央指定、大約由二百名部級幹部組成的名單中，投票選出新一屆政治局成員；這個制度也在二〇一二年中央政治局常委選舉中沿用。不過，在二〇一七年，這項沿例就受到了習近平領導班子的挑戰，他在當年的政治局選舉前約見了五十七名時任和退休幹部進行協商，並徵求了二百五十八名部級幹部以及軍隊首領的意見，最終在十九大之前選出了新的政治局組成。就這樣，習近平擯棄了胡錦濤推行的黨內民主，重新採用了提名制的傳統，而這決定與二〇一二年的黨內鬥爭有關。二〇一二年，一些黨內高層試圖透過賄選的形式劫持黨內選舉；就以孫政才為例，他曾是胡錦濤的親信，而後擔任重慶黨委書記，被認為是習近平潛在的繼任者。[17] 但二〇一七年七月他被撤銷所有職務，被開除黨籍，隨後被監禁。儘管胡錦濤所推行的黨內民主可能有其要點，這種形式仍存在很多局限：時任的領導人仍有權力去劃定候選人名單，而投票選舉其實並無太大的約束力，更像是另一種形式的諮詢協商。實際上在位者依舊有能力藉著程序的不透明性做出無視選舉結果的決定。

二〇二二年十月舉行的二十大，則是再度讓人感到霧裡看花。中央政治局常委會所有成員皆由習近平欽點，他還把胡錦濤如今為數不多的追隨者，也就是汪洋，從政治局常委降級為委員，而且一直沒有清楚說明為何在二十大落幕前，命人把前任總書記胡錦濤架出場外。

在現實中，中共高層的變動始終受到當權者祕密複雜的利益交換的影響，而所謂的選舉只不過是種形式。提名制的存在使得領導層的人事變動加入了更多政治、派系和個人恩怨的變量，而這實際上與「任人唯賢」的選擇背道而馳。儘管當前許多當選的領導人是有受到良好教育，且是真正有能力，但我們也不能天真地相信所有黨內的提拔都是沒有私心的。就以周永康為例，如今被監禁的他過去曾任公安部部長（二〇〇七至二〇一二年），他曾長期把持中國的能源領域，隨後轉向國安部門；他的職業生涯就是黨內領導人無限權力的最好例證。與此同時，忠誠在黨內幹部晉升過程也十分重要，比如習近平曾有在福建和浙江幾年的職業經歷，他便從二〇一二年起傾向於提拔曾經和他一起工作過的同僚；正因為如此，十九大以後的政治成員有相當一部分就是習近平的派系成員。從另一個角度來看，薄熙來和他的潛在繼任者孫政才分別在二〇一二年和二〇一七年被撤職與監禁，這也體現了共產黨在運作中幾乎不存在制度化的特徵，除了那些日常的黨代表大會以及中央全體會議。

共產黨黨內提名過程的不透明性，也令外界無法認識政治體制內權力的平衡以及人事晉升的過程，這種問題存在於各個層級，從中央，到中層，再到基層。外界的觀察家就時常會從官員的工作及私人關係中捕風捉影，從而錯誤地判斷黨內的派系和上下級關係。儘管利益輸送似乎是官員晉升的主要因素，不過一旦位居高位，上級對下級的偏好則受多方面的影響。例如習近平是由江澤民而不是胡錦濤提拔的（胡錦濤的選擇是李克強），但習就職以後卻邊緣化江澤民領導的「上海幫」。此外，「派系」這個詞的準確度也令人十分存疑，尤其是當我們用這個詞來看待那些只在一個系統內待了大半輩子的官員，例如共青團，又或者像「太子黨」一類的鬆散團體，以及黨內當權領導人的子女群體也常被稱為派系。事實上，被稱為共產黨未來領導人「苗圃」的共青團組織，完全不是所謂的胡錦濤培養派系的場所，習仲勳之子習近平以及薄一波之子薄熙來自然是將彼此看作敵人而非同盟；正因如此，薄熙來才在二〇一二年落馬。

不論如何，讀者們是絕不可能在官方媒體上看見以上這些討論的；由於媒體審查的緣故，網路上也只能見到零星的討論。此外，官方處理自二〇一二年以來所揭露的一系列腐敗醜聞以及薄熙來事件所用的手法都是相似的：一開始它們都被當作政治違規，甚至「陰謀」和「政變」在官方媒體上被大肆報導；但這種喧鬧便很快沉靜下來，它們在隨後幾年內就成為網路上的神祕故事，這也讓中共的領導人繼承機制和政權穩定性的問題變得更加複雜且難以分析。[18]

我在後文將會更全面地討論這個問題。

普通黨員的政治生活較為透明，卻也更加平凡。一旦他們加入了政府體制，他們便會被要求加入一個小組或委員會，得參加定期的會議，並受到保密制度的嚴格束縛，不能夠隨意發表言論或發布文章。當他們在體制內愈爬愈高，成為幹部甚至高級幹部的時候，這種規則只會更加嚴格。我們完全可以說中國共產黨是這個世界上最大的祕密社會，有它自成的一套規則，置身於法律之外，乃至之上。黨只會允許那些可以鞏固它的霸權和執政合法性的消息散布出去，至於那些可能危害自身存在的訊息則會被毫不猶豫地殲滅。

當然，共產黨也有許多能夠穩固自身超然性的手段。它指揮一個龐大的黨支部網絡（在二〇〇五年只有三百八十萬個，到了二〇二三年則達到了五百零七萬個），緊密地控制著國家體制；在四千萬國有企業員工中，有一千萬是中共黨員，分散在八十萬個委員會中。[19] 截至二〇二二年底，全國共有機關基層黨組織七十五點六萬個，事業單位基層黨組織九十七點七萬個，企業基層黨組織一百五十七點一萬個，社會組織基層黨組織十七點九萬個。[20] 共產黨也與時俱進，逐漸地在私有企業和社會組織中發展黨支部；截至二〇一七年底，中國有約一百九十萬個「非國有企業」以及三十點三萬個社會組織或「非政府組織」擁有黨支部，官方宣稱的比重分別達到了百分之七十三和百分之六十二。[21] 不過，我們也不能全盤相信官方的話語，因為中國整體私有企業和非政府組織數量相信已經分別達到了二千七百萬和二百至三百萬（見第四章）。事實上，如果比較不同資料口徑的話，我們或許能夠說，在二〇一八年中國只有約百分之二十的私有企業（二〇一二年則只有百分之十一）和百分之十的外國企業設有黨支部。[22]話雖如此，自二〇一八年以來，黨組織愈來愈深入私人企業，大企業多半設有黨的支部。[23]習近平在二〇二〇年末處分阿里巴巴董事長馬雲的那種方法，充分展現了黨對私部門的強大監管。

共產黨是一個十分強調等級，卻也極度碎片化的組織。普通黨員的角色十分微小，他們所需做的只是宣傳黨的政策和動態；一些黨員也許非常具有野心，他們想要靠著入黨來為自己在體制內的職業生涯鋪路，但實際上黨員的晉升路線很大程度上也由他們的社會地位和學歷決定。在今天，共產黨開發新黨員的時候會更偏好學生和私企老闆。儘管幹部在黨組織內比重不低，他們仍然沒有很大的決策權，這種權力大都被「領導幹部」所壟斷。正如在其他社會主義國家一樣，「領導幹部」在中國是一個很重要的身分，可以說，他們就是中國政治體制的「脊梁骨」。

有些時候，官方媒體也會透露出一些模糊的領導層意見分歧，而這往往是關於公共政策，尤其是經濟政策的。二〇一六年，作為習近平經濟顧問的劉鶴，匿名以一個「權威人士」的身分在報上批評了總理李克強的經濟政策，抨擊他的刺激性措施，並針鋒相對地提出要逐漸去除國有企業和地方政府的債務槓桿。這些模糊的意見分歧也讓我們能夠窺見黨國體制的根基：一黨制、權力的分配、對異見人士的壓制以及審查制度。為此，黨不惜一切地將黨內分歧掩蓋起來，令謠言散布，畢竟謠言從本質上就是不可驗證的。從這個角度來看，香港就成為了共產黨的試驗田（二〇二〇年後因為國安法，香港的角色減少一些）。

站在黨的領導人的角度來看，這種在分歧上的緘默，對於政權的穩定乃至存續是至關重要的。在二〇一二年，《紐約時報》披露時任總理溫家寶的財富狀況，而彭博社也發表了一個關於習近平近親的財務狀況報告，而北京對此極度憤怒，這也體現出黨對這些祕密有多麼敏感。儘管一些中國人還是想辦法讀到這些文章的英文或中文版本，北京的處理手段則是處罰這些媒體（因此，《紐約時報》在中國是被封鎖的），並盡可能阻止外國記者再做同樣的事情。

中央和地方政府機構對政權合法性所起之作用

讓我們再回到關於政府體制的討論上來。中國的政府體制內不僅有著許多有能力的官員，同樣也有極其多「形式」的代表機構。我之所以稱之為「形式」，是因為它們很大程度上沒有實際權力，但更多的意義在於使這個政府體制更具合法性，更體現出「民主」的一面。這些代表機構包括人民代表大會，一個理論上在鄉縣層級直接選舉、更高層級間接選舉的機構，它的最高層級則是全國人民代表大會。在這些各級人大中，共產黨實際上會安排大部分的人大代表，保證至少有三分之二的當選代表會是黨員，但在理論上又保持了一定的不確定性（例如百分之三十非領導幹部的普通候選人可能不會當選）。透過這種形式，共產黨能夠令地方的菁英階層（企業家、幹部、醫生和教師等）有一個進入代議機構的管道。這種「選擇」形式（而不是「選舉」）可以在政治協商會議的制度中找到，不過在政協中，超過三分之二的成員不是共產黨員，而是那些新的菁英階層（例如知識分子、藝術家以及體育界人士）。考慮到政協委員的社會地位、法律上的保護以及潛在的更高級社交圈子，不少企業家和「新貴」都透過利益輸送的形式來賄選或獲得提名。

這種體制的沿革意義重大，因為這為政權提供一個能夠給新貴階層參政議政，卻又不會讓當權者讓渡任何權力的絕佳方式。中央和地方的黨組織仍保有決策權，而對應級別的政府部門則會負責執行決定。如果一個地區的一把手是透過那個層級的人民代表大會選舉出來的，那他則會一直是黨委的第二號位，排在黨委書記之後。如果涉及到私人恩怨的話，儘管這較為罕見，人大系統可能會和黨委對著幹，先發制人與黨委討價還價；當然，這一切都是不公開的。

實際上，這種體制內的曝光度也是衡量和影響政權的演進，乃至最終民主化的一個因素之一。但就目前來看，政治權力和行政力量仍遵循著黨國體制的邏輯，人大和政協都獲得一定的權力去監督地方的決策過程，尤其是那些程序上需要人大批准的法律法規，以及地方領導幹部的提名（除了政府官員以外，其他領導幹部原則上是透過選舉產生，但實際上都是由黨來選擇和決定）。

在基層，農村地區的村民委員會和城市地區的居民委員會大都是民主選舉產生。這些選舉可以說是「民主試驗」，或說是地方多數主義的產物。有些時候，這些選舉可能會是活動分子奪取權力的機會；但大多數時候，候選人都是由上級政府（例如鄉鎮級政府）提前選擇和批准的，所以也可以說共產黨仍有很大的話語權。在二〇一六年的烏坎事件中，共產黨就展現了它的能力：對於這一個因為「民主試驗」而不服從上級政府指令的村莊，黨便先發制人，阻止了任何試圖奪取它掌控的舉措；在二〇一二年，透過民主選舉產生的村委會主任被捕，並以腐敗為由被判入獄。二〇二〇年之後，村黨組織書記與村幹部等職位由一人擔任的「一肩挑」普遍推行，高層的干預就此確立為制度。

在黨國體制中，程序化的協商民主或多或少得以施行，尤其是在地方層級。民意諮詢使得體制可以排除那些最不受群眾歡迎的領導人，阻止他們擔任黨委書記或政府一把手的職位，儘管這個過程常常是半公開的。此外，重大的行政決議通常會在當地人大的組織下，事先經過公眾諮詢，但政府仍然是這些公眾辯論的仲裁者，常常把這些辯論和公眾諮詢當作合法化政府決策的工具。在二〇二一年十二月，共產黨發表一份白皮書解釋中國社會主義民主：「全過程人民民主」是在黨的領導之下進行的。[24]

綜合來看，正如一些觀察家所評論的一樣，中國的政治體制已經建成了一種被稱為「協商列寧主義」（consultative Leninism），或者說是「諮詢威權主義」（consultative authoritarianism）的制度。[25]也正如我先前所判斷的一樣，中國的體制已經達到了一個新的「威權平衡」（authoritarian equilibrium），體現了足夠程度的韌性和彈性。

在這個小節的討論中，我們著重分析了以下幾點削弱中國政治生態多樣性，從而鞏固了政權穩定性的因素：（1）黨國體制牢牢控制著中國的政治生態，儘管其中存在共產黨主導的選舉制度；（2）像一間沒有股東的公司一樣，共產黨得以透過一種不透明的方式管理中國，而這間「公司」的執行長便是黨的一把手；（3）官員的政治生涯即是在行政系統內的職業生涯；（4）政治制度被共產黨這個高度祕密的組織把持，儘管它規模龐大；（5）群眾若是想要參與公共事務，便大多只能加入共產黨，並宣揚它的官方話語。儘管中國存在一個處於萌芽階段的公民社會，高效的鎮壓制度仍使得大多數中國人遠離參政議政。[26]

這種中國社會的「去政治化」正是共產黨一個刻意如此的目標。政治事務被黨國體制，尤其是它的領導幹部群體所壟斷。不論是誰，想要在沒有被邀請的前提下貿然參與政治（比如研究「習近平思想」），都會面臨風險乃至危險。正是如此，共產黨的政治話語才會如此抨擊公開的批評言論，指責其為對公共事務的「政治化」，一個被當局渲染得極度貶義的詞彙。這種現象在香港問題上尤其嚴重，因為當局的言論和舉措就充分展示了這種或有意或無意的「過度敏感」。香港發布國安法以後這種現象更清楚。實際上，這種言論也僅僅只是一種鞏固共產黨對於政治生活的壟斷，以及增強政權存活率的工具罷了。

蘇聯政權垮臺的教訓

在天安門事件之後，中國共產黨在鄧小平的建議下，吸取了蘇聯政權垮臺的教訓。在經過了兩年的嚴苛管制之後，一九九二年鄧小平南下巡察深圳，這個於一九七九年建立的第一個經濟特區，並宣布改革開放政策將會繼續，政府將會盡所有努力保證發展，建成小康社會，而這將會是黨的首要目標。在鄧小平看來，只有這樣，中國才能逃脫東歐社會主義國家的「悲慘」命運：共產黨黨內的分裂、政權萎縮以及最終去失執政權。

在此之外，中共還有另外一個新戰略：透過改革令黨更能夠適應新的任務和新的經濟環境。這個戰略並不比堅持改革開放次要，像沈大偉和其他學者也對此有所研究。[27] 在沒有先例的情況下，這個目標需要黨能夠做到對意識型態和組織架構的改造，並進一步培訓黨國體制內的幹部群體。

江澤民在二〇〇一年提出完善的「三個代表」理論，則是中共最大的理論創新之一，這個理論主要是為了能夠讓私有企業家加入黨組織。這個理論的提出也象徵著，中共正在成為一個具有全民性質的政黨或全民黨，也正如一些中國的觀察家所宣稱的，它似乎在從一個共產主義政黨逐漸變為一個民族主義政黨。江澤民的繼任者胡錦濤提出了「科學發展觀」理論，並在二〇〇七年將其寫入黨章；儘管這個理論並沒有太受到公眾的注意，但它也象徵著共產黨至此轉變為一個執政黨，不再是以一個革命黨的身分存在，而這也使得它從今以後必須逐漸改善自己的執政能力。二〇〇四年，時任江澤民智囊的曾慶紅進一步完善了這個目標，它也成為黨的首要目標之一，這也是為什麼習近平領導下的中共，如此喜歡宣揚自己中國特色的一黨制度和執政，是如何比西方國家那種永遠被選舉風波、反對黨和公眾輿論侵擾掣肘的制度要更高效、更適合中國的需要。[28]

在習近平任下，這種意識型態的演化變得更為正式。「中國夢」不僅僅只是一個民族主義的話語，它是一個完整的意識型態體系：在二〇二一年中國共產黨百年誕辰之前，中國要實現鄧小平提出的「小康社會」目標，並要在二〇四九年中華人民共和國百年誕辰之前成為一個「強大、繁榮、民主、文明、和諧和美麗的社會主義現代國家」。在黨的十九大時，這些目標都被寫入黨章，成為了「習近平新時代中國特色社會主義思想」的一部分。[29]

為了確保實現這些目標，習近平發動了一場史無前例的反腐運動（下文將會繼續討論），並且推行了一系列新的經濟和體制改革。實際上，正是因為習近平，或出於整個黨中央對於蘇聯解體的恐懼，這些改革措施才會不斷地被推行。習近平在就任之後，很快就重啟了對於蘇聯解體教訓的研討；二〇一二年十二月，一份在一個月後向普通黨員公開的內部演講稿中，習近平提出了蘇共和蘇聯瓦解的兩個主要原因：（1）針對社會主義理想信念的挑戰、對列寧和史達林的否定以及伴隨的「歷史虛無主義」；（2）軍隊的非政治化、國家化以及黨對其掌控的權力喪失（非黨化）。[30] 最後，習近平用一段不光彩的性別歧視話語總結了他的演講：「最後戈爾巴喬夫（戈巴契夫）輕輕一句話，宣布蘇聯共產黨解散，偌大一個黨就沒了。最後，竟無一人是男兒，沒什麼人出來抗爭。」[31]

這種針對「資本主義自由化」危險的譴責並不新奇，我們可以在後天安門事件時期，乃至一九七九年毛澤東逝世後時期宣揚「第五個現代化」（即民主化）的魏京生被捕事件上看到。從一九九一年開始，針對戈巴契夫是「社會主義叛徒」的譴責也層出不窮。二〇〇四年，剛剛就任中央軍委主席的胡錦濤就曾宣稱：「正是因為戈爾巴喬夫所宣揚的開放政策和多數主義，他成功地迷惑了蘇共和蘇聯人民。蘇共的垮臺和蘇聯的解體正是因為他所施行的這種『西方化』和『資本主義自由化』。」[32]

習近平的上任使得針對「和平演變」傾向的壓制措施變得愈來愈強。二〇一三年，中共下發了一份著名的內部參考文件《關於當前意識型態領域情況的通報》（又稱九號文件），直接地攻擊例如憲政、直接選舉、司法獨立、軍隊國家化、三權分立、多黨制度等西方價值觀。[33]我將在後文著重討論習近平是怎麼樣強化黨對軍隊的控制，但從黨中央的這些話語中，我們可以看到黨內高層是如何對蘇聯政權解體這件事情感到焦慮的。是不是我們就可以認為中共正在懸崖邊緣搖搖欲墜呢？當然，我們可以說當時的習近平想要警告他的同僚，說服他們要更嚴肅地對待和打擊腐敗現象，想要推進改革，而不是去削弱一黨專政制度。這就是為什麼在二〇一三年時習近平選擇以強力、無情的方式打擊憲政運動，不論這場運動是如何試圖從習近平「把權力放進籠子裡」的理論中獲得資本的；這也是為什麼他如此反對任何稱得上顯著的政治改革，只允許那些改善政府效率的行政改革，以及自二〇一三年開始現代化司法系統的司法改革；這也是為什麼他比其前任更強調集中權力，將他的「思想」寫入黨章中，並在二〇一八年透過修憲取消了國家主席任期限制。

習近平以及他的前任對於蘇聯解體的態度，也解釋了為什麼共產黨高層對於那些違背一黨專政制度的措施那麼反對，以及為什麼他們會選擇推行那些政治上的改革：這些措施都是為了穩固現有政權，確保它能夠長期存活。

習近平的反腐運動

只有理解這一點，我們才能夠理解習近平的反腐運動。之所以官方會說這場反腐運動是「史無前例」的，正是因為它同時針對「老虎」和「老鼠」，也就是那些牽扯進「罪行」之人，不管官位軍銜高低。[34] 這場運動使得中共能夠鞏固權力，並使黨的紀律檢查委員會的「垂直問責」更加高效，因為正是這個機構系統主要負責這場運動的推行。黨的中央紀律檢查委員會在二〇一二到二〇一七年由王岐山掌管，二〇一七年到現在由趙樂際掌管，他們都是習近平身邊的心腹；中央紀委在這場運動開始後下訪巡視的次數變多，常常進駐省級政府、國務院部門、國有企業和其他公共機構；此外，從二〇一二年開始，地方層級的紀委開始歸更高一級的紀委管理，而非此前的同級黨委會管理，因為此前的管治結構很大程度上阻礙了紀委發揮作用。

反腐運動的成果很快便顯現了出來：二〇一三年開始公布的官方資料顯示，被判罪的幹部數量急劇上升；二〇一二到二〇一七年，約有一百五十三萬名黨員面對反腐紀律檢查；與之相比，二〇〇七至二〇一二年只有約六十七萬名。隨著習近平逐漸鞏固他的權力，一些被人們認為不會受威脅的高層也開始瑟瑟發抖：這包括了周永康、兩名剛退休不久的解放軍高級幹部郭伯雄和徐才厚，以及胡錦濤的前任副手令計劃（相當於參謀長的地位）。薄熙來的落馬向群眾揭露了特權階層所享受的生活，在城市中產階層中口耳相傳，極大程度地增強了習近平的權威形象。到了二〇一八至二〇二三年間，又有三百七十萬樁腐敗案件進入調查。

儘管如此，腐敗現象作為一個系統性的問題，將會在中國長期存在，但在今天它已經比以前更隱密得多：官員愈來愈少向公眾展示自己的財富水準，宴會和公款旅行已經減少到最低程度，而幹部被動接受賄賂的風險也大了很多。我們可以說，習近平的反腐運動一定程度上減少了小的腐敗行為，直接影響了中國社會。

與此同時，政府還是保留了它最核心的權力：土地的分配和監管、採礦許可、新企業設立的審核權等，沒有外界或者獨立的監督機構來約束這些權力；黨的紀委只有在被要求的情況下才會介入處理，而媒體時常被要求在腐敗議題上保持緘默，除非是一個由中央報刊決定派出的記者去調查這些醜聞，但這些記者也時常面臨著風險。儘管司法制度比以往更專業、更可預測，它仍然不能保證當個體與政府產生矛盾時，能夠尋求可行可靠的「維權」方式。私人企業家在經營生意的時候不可能不與行政機關討價還價。如果說反腐運動對那些需要和政府打交道的人有什麼影響的話，那可以說是「送紅包」的難度愈來愈高。[35]此外，儘管反腐運動的成果看起來很驚豔，但考慮到幹部數量的龐大和腐敗現象的隱蔽，這場運動的目的似乎是殺雞儆猴而非懲罰。實際上，在二〇一二至二〇一七年一百五十三萬被調查的黨員中，只有約五萬八千名幹部最終被起訴（即百分之三點五），展現了中共的「仁慈」。這個比例後來也沒有改變——二〇一二至二〇二二年間受調查的五百萬黨官員中，只有二十萬七千人（百分之四）遭受某種形式的處罰。[36]

不論如何，習近平的反腐運動不太可能從根本上影響中共菁英階層，以及他們的家庭成員去獲取經濟利益。[37]儘管習近平在運動伊始嘗試削減國有企業和銀行高層的薪資，那些官員的消極抗議和對公共領域改革的抵抗，便使得他很快放棄了這個計畫。此外，這個反腐運動也沒能解決諸多地方層面的黑社會現象；這些小城鎮地區成為了「無法之地」，或者說是一個「強者制定法律」的地方。[38]在黑勢力的支持下，地方政府肆無忌憚地制定那些允許他們吸金的制度，並用恐怖手段鎮壓群眾。[39]

顯然，習近平的反腐運動所面臨的另一大限制，便是黨國體制的桎梏。整個體制上下都對所批准的反腐措施興趣缺缺，換句話說，就算習近平在北京權勢滔天，他的影響力到了外省也小了許多。這也是為什麼自二〇一五年來，這場反腐運動開始政治化。習近平的政治對手，或者說是那些對他並非那麼忠誠的人，便成為這場運動的最大受害者。王岐山也時常呼籲官員要遵守黨的「政治紀律」。就以二〇一七年七月孫政才落馬為例，就在十九大召開前的三個月，孫政才被解除重慶市委書記的職位，而這個轄區在二〇一二年前還是薄熙來的地盤；陳敏爾，習近平的親信，替代了孫政才的位置。孫政才實際上是以胡錦濤為首的黨的第六代領導核心成員，被認為是習近平或李克強的繼任者。更重要的是，孫政才被驅逐出黨，隨後被判刑入獄，一開始是以腐敗為由，隨後在中央紀委的調查結果中變為「密謀推翻政權」和「在黨內選舉中舞弊」。[40]

在這場反腐運動中，最明顯的特點便是黨紀委所採取的傳統的，甚至可以說是史達林式的政治手段。一旦一個官員被認為可能存在腐敗行為，他便會被限制人身自由，並在司法系統之外接受黨的調查。這一般都會在一些酒店，或是偏遠郊外的住宅中進行，也沒有司法警察的保護。中共菁英階層對這種行為的反對和抗議使得黨不得不推出一些改革手段，但一般都收效甚微。所以說，在這些案例被轉交到司法系統之前，嫌疑人都沒有辦法接觸律師。

最有趣，也是最令我們擔憂的是公眾對於這種手段幾乎沒有任何的批評。的確，可能中國社會的大部分人並不覺得自己會受到這種形式的影響，這種論點也是成立的；不過在中國，很少有評論分析關注腐敗行為的深層原因。比如說，郭伯雄將軍是如何能夠在將近十年的時間內（二〇〇二至二〇一二年）出售解放軍內晉升機會，藉此攫取財富卻不被發現的呢？這種緘默，以及習近平在中國的受歡迎度，也可以讓我們窺見中國這種無孔不入、支配性的政治文化，以及這個政權能存活多久（見第三章）。

總而言之，這場仍在進行中的反腐運動很有可能會繼續下去，其他相似的運動也毫無疑問會繼續出現。他們屬於黨國體制自我規管、自我合法化的一部分，所以有很大存在的合理性。不過他們卻沒有真正觸碰到系統性腐敗的根源，因為一旦這些運動真的在此下手，中共壟斷權力的根基便會受到損害，影響了統治階層真正的利益。

對中國社會的控制以及對異見人士的壓制

習近平就任後，政府對異見人士、活動人士和非政府組織的壓制日益增加，坊間就此已有諸多討論。對於這一點，我不會提出質疑：自二〇一二年以來，諸多國家安全相關的決策、法律和政令都試圖更高效地阻斷任何挑戰中共權威的活動，試圖在搖籃中扼殺任何對他們的挑戰。這些舉措包括：二〇一三年在習的指示下，通過成立的國家安全委員會，隨之而來的關於國家安全、國家機密和非政府組織的法律、二〇一五年七月大規模地對超過二百名人權律師的逮捕，大部分這些人權律師在稍後被釋放，但仍處於嚴密的監視下。時至今日，黨有能力運用各式各樣的科技方法（像是社群媒體、臉部辨識等），動員大批線民（根據裴敏欣的說法，約有一千六百萬人之譜），確保對民眾的監控。[41]

儘管如此，這種壓制政策的連續性可能比大眾所想像地要強得多：它可以溯源至天安門事件，乃至一九七九年時對「民主牆」的封禁以及對魏京生的逮捕。從那時候開始，中共以及它的安全部門就開始持續監視異見人士的活動。一九九八年江澤民下令解散中國民主黨並逮捕它的所有政治領袖；一年後，他下令禁止法輪功運動。法輪功是一個佛教的宗教組織，在軍人和老年人群體中十分流行，以練習「氣功」為主要手段，並一直尋求在全國範圍內的合法地位。有些人期待在二〇〇二年胡錦濤繼位後一些政治改革得以施行，但這種希望很快便消失殆盡。二〇〇八年，胡政府就在《零八憲章》發表前夕逮捕了劉曉波；《零八憲章》是一份宣揚逐步民主化的聯名文件，一開始超過三百名中國學者都參與了連署。一年後，劉曉波被判刑十一年，隨後他在監獄中度過了九年，並於二〇一七年因癌症末期逝世前一個月才被允許保外就醫。二〇一〇年十月的時候，中國政府猛烈抨擊了諾貝爾基金會授予劉曉波和平獎的事情，並因此對挪威施加了強而有力的制裁措施。

就算這樣，一些觀察家依然認為習近平的前任們有意圖進行政治改革和開放，但我相信他們並無這種念頭。[42]從一九九六年開始，江澤民致力於建成一個「社會主義法制國家」，但這並不代表黨國體制有意讓司法系統獨立於黨運作，也並非對那些挑戰政權的人持寬容態度。胡錦濤的計畫也同樣如此，就算他想要推動這種虛無縹緲的黨內民主，這也完全不是其他人所想的「共和國民主化」的第一步，他對那些想如此做的異見人士也毫不寬容。在二〇〇三到二〇一三年間，溫家寶總理曾多次呼籲重啟「政治改革」，宣稱基層民主選舉可以被擴展到更高的層級（鄉鎮乃至縣級）。結果是，這些努力似乎多半是基於想要提升中國海外形象的願望，而非真正做出什麼改革。不論如何，當溫確實做到施行了一定程度的政治改革，坊間對這些行為的誤讀從未消失：實際上，從一九八六年鄧小平宣揚「政治體制改革」開始，這個概念只是為了改善、現代化乃至穩固黨國體制對中國社會的領導以及改善管治手段，而並非為了最終結束一黨專政制度。套用一個很有名的論述，這些改革完全是體制內的改革，體制外的人根本無法觸及。

換句話說，中共一直有很高的警惕性。隨著習近平的就任，這種警惕心只增無減。不過，我們能不能說他們感覺到自己受到了威脅呢？

實際上，很多人都質疑這個政權的偏執是否真的站得住腳。我會覺得這種偏執更多是來自於習近平和他的團隊想要更好地管控風險，而非真正要面對一個隱藏極深、成體制的反對勢力。我稍後會著重討論中國的政改和民主化運動，但希望讀者能夠認識到，這些民主化運動是很脆弱、很分裂的。更重要的是，他們並不為中國社會大部分人所知。

一個被黨控制的軍隊系統

中國人民解放軍一直都是支政治化的軍隊，透過總政治部處於黨嚴格的控制之下。在這個系統之下，就像其他蘇維埃體制的國家一樣，政委的數量是軍隊指揮官的兩倍，且軍隊系統的每一級都有黨的委員會。值得注意的是，幾乎所有的軍官都是黨員，這種對黨的忠誠度是軍官晉升的一個重要指標。

正如他的前任者所做的一樣，習近平也時刻提醒軍人他們的最高責任：對黨忠誠。這高於保衛國家，有些人也說習近平對這點的堅持高過之前任何領導人。也許這種判斷是正確的，但習近平有兩個重要的動機去堅持他想要加強黨對軍隊控制的渴望：第一，二十一世紀初軍隊系統內腐敗行為加劇，這種行為並不只存在於軍隊的後勤部門（這包括涉及軍隊土地產權的腐敗）或者武器的採購機構；正如我先前提及的一樣，在軍隊中，許多高級軍官也像政府系統裡的官員一樣，透過賄賂提升他們官階。第二，這一點比第一點更重要，也在一些方面上更令人擔憂，那便是在胡錦濤任下，軍隊在政治上的話語權變多。胡錦濤並沒有很好地掌控軍隊，也疏於管理軍隊系統，這使得黨的領導層（政治局以及它的常委會）逐步分裂，縱容了像周永康等領導人建成了一個名副其實的「獨立王國」，某種程度上令軍隊脫離了黨核心領導人的控制。在這點上，就算胡錦濤的前任江澤民直到二〇〇四年才卸任軍委主席的職位，江也未能改善這一點。

這樣，我們的邏輯便很清晰：習近平必須糾正軍隊系統中這個令人擔憂的問題。他透過兩種方式處理了這個問題：一方面，他將反腐運動的對象擴展至軍隊系統中，有約五十名軍隊高層被捕；另一方面，從二〇一五年開始，他重新調整了中央軍委，使權力再集中化。這涉及到解放軍中所有主要部門，包括總政治部以及在軍隊內黨的紀委部門。二〇一六年四月，習近平擔任了中央軍委「聯合指揮中心」的「總指揮」；他同時建立了這樣一個聯合指揮體制，期望在不傷及各軍種的能力和自尊的前提下，能夠透過這種方式在接下來十年內進一步控制高層軍官。習近平希望透過這種方式，結束軍隊系統內的不和與分裂，儘管這種分裂在過去事實上使得軍隊不會產生政治反叛的念頭。

軍隊中許多問題都源於胡錦濤對軍隊系統的忽視，這包括了軍隊「第三世界化」的風險。儘管如此，我們也不應該過分誇大這種現象。在這段時間內，這支軍隊快速地發展和現代化。它建立起一支龐大的海軍，不只在北京所聲索的南海海域有影響力，也更遠地走向西太平洋、印度洋乃至亞丁灣；它的空軍裝備了第四代戰機群，變得更具威懾力；儘管它的陸軍規模被削減至約一百萬（二〇一二年有約一百二十萬），這支軍隊仍然是一支高度機械化的部隊。與此同時，國內的治安體系由幾支公安部隊保障（包括城管）以及武裝警察部隊（它的規模從六十六萬擴張到約一百二十萬）；武警部隊從二〇一八年起也劃歸中央軍委管轄（此前由中央軍委和國務院的公安部共同管轄）。

換言之，作為志願兵役制的軍隊，解放軍現在更強大、更專業，接受中共的動員和任務指派。與此同時，它仍保留高度的政治性。解放軍的日常任務以及它與黨的緊密聯繫也依舊高度不透明。二〇二三年，國防部長李尚福與火箭軍領導層突然遭到整肅。此事充分展現了這種不透明，也顯示習近平的反腐運動在軍中成效不如預期。不過，除非是處在重大的政治或社會危機，解放軍並無理由與權力機構保持距離，也不太可能發生叛變乃至軍事政變（見第六章）。

結論

中國的政治系統目前為止都是堅固、大體健康的。在黨領導層的授意、具體部門的執行下，它正處於諸多的轉變中；儘管它存在一定的問題，習近平對自己的「神化」和個人崇拜也旨在克服這些弱點，鞏固中央的決策，改善體制內的碎片化現象，打擊違反紀律的行為，乃至穩固這個政權。就算我們說將權力集中在一人手中會帶來顯著的風險，這個系統仍然頗具活力，正在逐步現代化，以及能夠適應經濟社會乃至國際環境的變化，調整自己的意識型態政策和組織架構；它正堅定地走向它所設定的目標。

這個系統也正在向世人展示它對於管控，乃至預防風險的決心：這些風險包括有組織的反對勢力、不受控制的大規模腐敗以及軍隊脫離黨的控制。中共正在達成這些目標，也不需要受到法律或者任何其他政治勢力的限制。與此同時，黨國體制與中國的私有經濟乃至中國社會的相互依存、黨員身分的優勢和吸引力，乃至壓制政策的有效性都體現了這個系統的穩固；這種穩固是中國先前所有政權都未能享受的（見第四、第五章）。[43]

與此同時，也有許多其他因素使得這個政權的壽命會愈來愈長，我將會在後文繼續討論：它們包括中國社會穩定、緩慢變化的政治文化（第三章）、黨對公民社會的堅固控制以及脆弱的民主運動（第四章）、菁英階層的保守主義傾向（第五章）。我仍要在一開始強調，在後天安門時代，這個自一九四九年起建立的政權達成了穩定、具有彈性的「新威權平衡」；在我看來，這個政權能夠自我適應，繼續發展的可能性遠超過它會萎縮乃至解體的可能性。

第二章
官僚體制的傳統和蘇聯模式

無論西方或中國，人們都傾向於認為中華人民共和國政權，是二千多年來維持中國統一的皇帝制度的直接繼承者。誠然，帝制的官僚傳統與今日中國的政治制度存在諸多相似之處，最廣為人知的便是透過考試選舉公務員的「科舉制度」；在近年，中共常常用這種傳統來合法化其對社會和公民前所未有的政治控制。而中國的平民早已對這種霸權式的控制習以為常。

雖說如此，就連黨內人士在內，都時常忽略帝制傳統與一九四九年引入中國並延續至今的列寧體制的重大區別；這些區別涵蓋了政治制度、組織形式、意識型態乃至政治文化等方面。這些區別很大程度上解釋了為什麼中國共產黨的權力穩固，適應力強，和已滅亡的封建制度相比具有更大的生存機會。在中國，帝制從十八世紀乾隆統治末期開始經歷漫長的衰落，並於一九一一年自然崩潰。此外，那些認為兩種制度相似的人，也沒有考慮到中國社會思潮的變化，以及清朝末年和民國時期的多次政治改革嘗試；要知道，從第一次鴉片戰爭（一八四〇年）至共和國成立，這中間度過了一個多世紀的時間。

政權的延續性

一方面，我們不能完全排除帝制傳統官僚制度與共和國制度之間的延續性；但另一方面，從一九七〇年代開始，毛澤東主義的結束、改革開放政策的開始以及重建穩定、可預測的行政制度的改革也讓兩者之間的距離愈來愈近。民族主義以及對傳統文化（這包括帝制時期和民國時期）的復興成為中共的政治工具；因此，中國人乃至國際社會也開始逐漸注意到這兩種制度之間的連續性。

顯然，雖然在歷史上經常分裂，但中國一直有一個大體完整的行政體系。西元前二二一年秦始皇統一中國被視作這一官僚傳統的伊始；事實上，儘管周朝（西元前一〇六六至前二二一年）權力架構分散，後期陷入諸侯分裂互鬥的局面（也便是有名的「戰國時期」），但當時的中國就已經存在行政管轄體系。在戰國時期誕生了許多政治和行政管理方面的思想家，其中最廣為人知的便是孔子及其學生，同時還有法家人物（韓非子、商鞅等）。法家的行政手段雖然嚴苛，卻十分有效，後來成為秦始皇廣泛使用的治國方法。秦始皇之後多位皇帝都繼承、借鑑了法家思想，但並不是所有人都願意這麼承認。

關於儒家和法家學派的思想和政治方面的思辨具有深刻的意義，因為它們的思想產生了兩種截然不同治理國家的方法。不過在現實中，這兩種方法往往是互補而非對立關係：一方面，儒家學派提倡「君子治國」，君子是那些不為個人利益，而為大眾謀求共同利益的能者；君子與沒有教養的「小人」形成對比。另一方面，法家學派強調以法治國（因此這一流派被稱為「法家」），即透過「刑法」和懲罰來治理國家。

縱觀漢、唐、宋、元、明、清等歷代，所有皇帝都選擇了儒家以德治國的方法，透過選拔具備素養的公務員來治理國家。在這方面，秦始皇是一個令人心痛的反例：他因為焚書坑儒而被史冊記上一筆。與此同時，歷朝歷代統治者都將刑罰權握在手中，在必要時刻毫不猶豫地加以使用，比如在起義、抗命、政變乃至賄賂等任何一種違反「天命」的時候。

這種儒家和法家之間的對立直至今日都顯得尤為重要，一些像白魯恂（Lucian Pye）等漢學家還專門從事此類研究。[1]毛澤東非常崇拜秦始皇，他從法家思想獲得靈感，用以鎮壓敵對勢力、令政令通行、保持內部的廉潔並使黨羽臣服。甚至可以說，他本人就是現代版本的「暴君」。我們不會忘記，毛澤東曾經猛烈抨擊儒家思想，在一九七四年，也就是他生命的最後時段，還同意發動「批林批孔」運動。雖然說毛有受到其夫人江青，以及在文革中得到晉升的幹部所煽動，但我們還是很難想像，該運動何以能將過去的「聖人」（孔子），拿來跟舊日曾堅定支持毛的「大將軍」（林彪）綁在一起。後者曾依靠軍隊重整局面，如法家一般殘酷地鎮壓了毛澤東動員起來的紅衛兵，並大手一揮讓紅衛兵的矛頭直指政府高官，其中就包括黨內排名第二位的劉少奇。在這段時間內，秦始皇及法家思想一直受到崇拜，直至一九七六年九月，共和國建造者毛澤東辭世，其政治嫡系和著名的「四人幫」也在一個月後失勢。在這樣的情況下，毛澤東治下的中國社會主義法律體系，已經萎縮到只剩下刑法體系，蘇聯傳統下的民法和經濟法沒有發展，而黨內透過集體調解或決議解決分歧。

與毛澤東不同，周恩來及其間接繼任者鄧小平都被認為是踐行儒家思想的代表。周恩來是終身效忠共產黨的服務型領袖，他在毛澤東時期擔任總理一職（自一九四九至一九七六年一月去世）。即使是在群眾運動多發和災難迭起的歷史時期，他也堅定維護政局穩定和政治機關運行，特別是大躍進（一九五八至一九六一年）和嚴格意義上的文化大革命時期（一九六六至一九六八年）。在他任後，鄧小平重建在毛澤東時期遭受重創的蘇聯式社會主義行政和司法體系，在之後將其現代化，用於服務國家的經濟發展。

但是，正如帝制時代所發生的一樣，毛澤東、周恩來和鄧小平三人都沒有完全拋棄中國官僚治理的另一個手腕：毛澤東將政府和國務院交給周恩來管理，即使是在文化大革命的風口浪尖上也沒有改變，並在鄧小平的幫助下逐漸恢復國家政治體系；在一九七三年重新委任鄧小平，並又於一九七六年一月再次罷免他。周恩來和鄧小平及他們的繼任者，為了鎮壓政治異己、孤立反對者和控制政府腐敗，也同樣常常訴諸刑罰手段。到了習近平時期，我們不禁發問，政治的天平會不會傾向於法家思想？雖然習本人經常公開訴諸於儒家思想，但是這位共產黨目前的最高領袖也公開推崇毛澤東思想，在創造屬於自己時代的同時，也從共產黨的本源中不斷為今日的政治改革尋找依據。他對於人性存在巨大的不信任，在他看來，人性似乎是醜惡的，因此有必要施行高壓治理。[2]

不論如何，正如白樂日（Étienne Balazs）對「天命官僚」所做的深入分析一樣，在儒家和法家的分歧之外，兩個變量一直持續影響中國的政治舞臺——皇權和行政管轄。[3] 以王亞南為代表的中國歷史學界，[4] 以及國外著名學者汪德邁（Léon Vandermeersch）、杜維明（Tu Weiming）、孔飛力（Philip Kuhn）和黃亞生（Huang Yasheng）在內的中國政治學者，都強調現政權與歷史上的帝制政權之間的延續性。[5] 這跟托克維爾（Alexis de Tocqueville）在《舊制度與大革命》（*l'Ancien Régime et la Révolution*）一書中描述的十分相似，因為法國政權權力集中的傾向很大程度上繼承於十八世紀末的政治革命。

人們總是傾向於將當今中國的政治領袖與舊時的皇帝進行比較。黨的頭號領袖不可避免地將政治和軍隊權力集中在自己手上，領導人參加的國內及國際活動總是遵從種種令人咋舌的規範，領導人的神祕權力被無限制放大，在使用這些權力時也不為外界所知，綜上這些特點都讓人聯想起帝王制度。習近平自二〇一二年開始，特別是二〇一七年以來，在黨內大會上時常強調「民主集中制」，試圖在領導班子及常委會中表現得出類拔萃，取消集體領導原則，透過修憲隨便延長國家主席的任期，推廣他的《習近平思想》著作，重啟已經被廢除的個人崇拜主義。在這些改革施行伊始，在國內外都有言論認為習近平與毛澤東非常相似，更有人認為習近平時代讓人聯想起中國古代繁榮時期的權震天下、受人尊崇的帝王，如唐太宗和乾隆皇帝。此外，認為中國是世界中心的「天下」外交政策，強調世界圍繞中國為中心旋轉，而中國已經復興，能夠在世界上引起很大反響，留下深遠影響。[6] 在北京舉行的大部分外交會見中，我們都能見到一個新的、強大的中國領導者；我們甚至彷彿能在這些外交會見中看見，是一些弱小部落附屬國的代表前往社會主義的皇庭，朝拜其最偉大的領袖。

如此，一個眾所周知的悖論便形成了：社會主義國家的意識型態宣揚的「認知」或者說「幻想」是「歷史由人民創造」，可是權力卻又被掌握在一小部分人手裡，甚至偉人會扮演歷史的決定性角色。我們在後文會再回到這個話題。很多中國人甚至中國社會都崇拜強大領袖，其中包括普丁和川普；當然，習近平也因為反腐敗措施和國際舞臺上的表現受人尊崇。在此，讀者只需要明晰，中國民眾非常支持中央樹立強權，而地方政府往往被認為是過度自治和貪污腐敗的，因此必須聽從中央強權的號令。這種心態反映出中國社會一直相信領袖是不會犯錯的，他們只是有時聽取了錯誤的建議，或者是被周邊其他人欺騙。實際上，民調發現，中國人現在雖然對現狀並不全然滿意，但是他們的批評主要針對與民眾直接接觸的普通公務員，很少上升到中等行政管理人員，更少對中央強權和最高領袖提出批評（見第三章）。

這種認知反映了「一元化」領導體制在中國的盛行，這也與儒家思想相似。共產黨理論認為，「好政府」並不是那些能夠自我制約的政府，而是那些犧牲所有「個人」的利益，利用並發揚「天命特權」的政府。狄培理（Theodore de Bary）認為：「倫理制約不是為了限制君王，而恰恰是為了幫他成為皇帝。」[7] 相反地，儒家思想和共產黨的理論認為，「壞政府」來自於菁英階層的道德墮落，而並不是來自於暴政或政府機關失能。

另外一個歷史遺留且影響深遠的特點是長期的官僚主義傳統。負責管理社會和經濟事務的中國政府，一直都以機構複雜和等級森嚴著稱；它彷彿是一個龐大的灌溉工程，建造糧倉、控制市場、管理糧食短缺。[8] 實際上，中華帝國這種經濟、水利和生態需求，導致了馬克思的

「亞細亞生產方式」和魏復古（Karl Wittfogel）的「東方專制主義」等理論的誕生。[9]

早在西元前二世紀的漢朝開始，「縣」便是中國最基礎的行政管理單位，並延續至今。自七世紀唐朝的前朝隋朝開始，國家便設立了六大部委；這一傳統延續至一九一一年帝制終結，但之後的行政架構仍受其影響，如財政部、公共事務部、軍隊和司法機關的設立。自十世紀的宋朝開始，中國便設立了著名的科舉制度，透過考試公平選拔官員，這在中國是一個理想的官員選拔制度。雖然這種制度在毛澤東時期飽受詬病，但之後又重新施行。眾所周知，在提拔黨和國家工作人員時，比起「專家」，毛澤東更看重提拔政治上忠於黨和國家的人，「紅」比「專」重要；自從一九七〇年代開始，官員的選拔同時看重能力和政治服從性：又紅又專。自一九九三年開始，公務員系統內的選拔透過公務員考試進行；歐洲曾於十九世紀傳入並借鏡中國的管理方式。這種方式首先在英屬印度及大不列顛設立，後傳入歐洲其他國家。這些微妙的關聯令杜維明提出「孔子文人治國思想仍然影響著東亞的文化心理」。[10]

說到共產黨所繼承的中國官僚傳統，首先要提到的就是「菁英主義」。它直接繼承了帝制時代透過科舉選取政府官員的傳統；毛澤東時期曾經廢棄了這種制度，但之後共和國又理所當然地照搬全收，將此種考試置於行政管理的關鍵位置。

第二個連續性的體現點是，每個行政地區或公共組織的權力高度集中於「一把手」；雖然設置了不同的行政主體，但是決策權和司法權高度集中，沒有政權分離，沒有互相制約的權力。公務員的管理是內部自主管理，即帝制時期的「御史臺」機制。但是毛澤東本人不接受監察機構的監督，並在後來逐漸剝奪其權力，甚至在文化大革命之前取消了這個機構。直到改革開放時期，黨和國家幹部監督體系才得到恢復，於一九七八年建立了黨的紀律檢查委員會。但直到二〇一三年，紀檢委在上一級的紀檢委和同一級的黨委的雙重領導下工作，限制自己的獨立性。二〇一三年，習近平開展反腐運動，黨的紀律檢查委員會才獲得更大的權力和獨立性，就此與唐代、明代時期的「御史」比較接近。二〇一八年成立的國家監察委員會並不獨立，而是在黨的中紀委的領導之下工作。這個改革強調黨的領導和國教機構的從屬。

群眾向政府表示抗議的方式，從另一個方面體現了官僚管理的延續性。今日的訴願人與古代採取相似的方式，他們透過「信訪」的形式，像古代人一樣訴說「冤」情來表達對不公平的抗議。他們首先向地方政府的一把手表示冤情，如果他裝聾作啞，就直接前往北京訴願。[11]

如果我們進一步比較帝制與共產黨制度下的官僚體制，不難發現以下更多的相似點：強調程序的規定、注重公印的含義、注重儀式、不透明度、對森嚴的等級制度感到敬畏甚至是對權力的崇拜。其中當代的「儀式」顯然已經與古代不同。儀式主要是共產黨的日常活動、中央委員會的全會及年度會議以及人大的年度會議。其中最重要的，是一年一度的「兩會」，即全國人民代表大會和全國人民政治協商會議。然而，所有這些活動的組織和禮節，甚至是接見外國客人的隆重儀式，在馬戛爾尼（Lord Macartney）和阿蘭．佩雷菲特（Alain Peyrefitte）眼中，均是對「停滯的帝國」的傳承。馬戛爾尼於一七九三年前往中國，他是第一個前往中國的英國外交官。[12]

除了保持訊息不透明之外，中國政府善於混淆視聽，讓觀察者無法釐清中國權術的真正狀況。太皇太后慈禧喜歡「垂簾聽政」，即悄悄聽取各部長和參謀的意見之後，自己再做決策。同樣地，中國共產黨也很少公開做出決策，對決策有真正影響力的人，並不是經常出現在大眾視野的公務員。李克強雖然是中國政府的總理，但是他的經濟和政治權力在很大程度上被中國共產黨的其他多個領袖牽制。習近平是中國共產黨的絕對領袖，而在二〇一七至二〇二三年作為中央政治局委員的劉鶴，也是習近平的心腹智囊和中共中央財經委員會辦公室主任，他的政治影響力比較大。二〇二三年三月擔任總理的李強更軟弱，因為經濟重要的決定都是習主持的財經委下的。因此對於中國政府和共產黨官方發布的規則，我們一定不能全然相信，因為各級政府一把手的權力是如此強大，以至於這些「面子工程」的規則最終很難得到遵守。

在中國，最讓人震驚的是人們對於等級的尊崇和對官僚名利的崇拜。中國的等級制度是所有行政的根基，這不僅涵蓋法理意義上的行政機構，馬克斯．韋伯（Max Weber）對此也進行了深入的分析。然而，如同在《禮記》中所述，等級制度植根於帝國時代的思想和政治歷史，受到儒家思想的影響；按照儒家它是中國家庭和社會和諧的重要基礎。這種對於等級的癡迷變成一切有組織活動產生的模式。因此，國有企業的負責人，根據其管理機構的重要性，都會獲得相應的行政頭銜；比如說一間國有大公司（「特別央企」）的領導可能會獲得副部長級別的官職。獲得了行政官職的國有企業領袖，就有了忽視地方政府的底氣，在國外的國有企業對於當地大使館甚至也是類似的態度。

在福山於二〇一一年的著作《政治秩序的起源》（*The Origins of Political Order*）中，他認為中國是第一個官僚菁英發揮關鍵作用的現代國家，在過去的一千年內都透過選賢與能的方式晉升治理國家的官員。[13] 顯然，這種國家建設的方式深植於中國二千年以上的歷史中。雖說如此，我們能不能說帝制時期的中國，或者說與之相似的當代中國，有著福山所定義的穩定秩序的三個支柱（有效的政府體制、法治以及可追責的制度）呢？對於這點我表示懷疑。帝制中國的法制傳統最重要的是刑法，行政法則是次要的；自改革開放開始，中共對法律制度的重建遠遠未達到實現法治國家的標準。正如過往的帝王，中共的最高領袖只需要對自己負責；當然，如果中國發生了革命，又以很低的機率成功了，那就是另外一個故事了。

帝制與中共制度的根本分別

雖然帝國官僚體系與一九四九年開始施行的政治體制存在上文所述的種種相似點，但是這兩者仍存在諸多差異。換句話說，上述所有相似點，其實就像是畫著諷刺漫畫的門簾；當我們掀開門簾進入觀察，看到的是意識型態、政治和組織建設方面的差異。人們經常忽略一九四九年作為中國歷史上一個重要的創傷性分裂和轉折點：在這一點上，共產黨的領袖不會承認或「重新審視」這一點，否則就會損傷執政的根本合法性。

這兩者最重大的差異其實是意識型態，它是一部分政治和組織建設差異的根源。這種被稱為「蘇維埃主義」或蘇聯式的馬克思列寧主義，其實已經很大程度上被稀釋，因為理想中共產主義改變世界的影響力已經消失了。[14]但是蘇維埃主義中主要的，特別是史達林時期的理論成果，還是中國共產黨的思想、組織建設和法治的基礎，這導致共產黨是具備領導能力和革命基因的政黨。就算一九七九年中共推行了改革開放的政策，蘇維埃主義的影響仍比帝制的官僚傳統遺留要重要得多，習近平以及十九大的決議正好印證了這個重要事實。

在共產黨的執政使命中，最重要就是引領經濟發展以及管理大型國有企業。雖然中國的私有經濟發展迅速，但是國營企業仍然控制著重要產業（能源、重工業、基礎設施）和服務業

（交通、通訊），所謂的「經濟的制高點」（commanding heights of the economy）。[15] 共產黨的另一個使命便是對人民的監視，壓制任何有可能損害共產黨權力的政治、社會、宗教力量。其實，共產黨從不停止對內部和外部敵人展開鬥爭。在帝制時期，帝王對社會的控制手段有限且不固定，特別宗教活動方面。最下面的層級是縣級官吏。君主最常用的方法是透過控制地方菁英，運用所謂的鄉紳或紳士來間接控制百姓，這些鄉紳就是控制社會秩序的中間人。共產黨用「徹底直接控制」代替了帝王時代的「半間接控制」。魏復古的這個論斷，儘管如今在經濟層面不完全適用，但是在政治層面仍然完全正確。這種特性產生了很多重要的制度特點。[16]

首先是國家成為了「黨的國家」，國家機構由共產黨管理並共存亡。這種黨和國家的融合來自蘇聯進口，並被全盤接受。因此，中央政治局七名常任委員共同獲得了黨和國家的最高權力。在這個體制下，軍隊聽命於黨和黨的最高領導人，而非政府。其次，在列寧和史達林理論影響下，形成了幹部提名制（nomenklatura system）的制度，黨具備對所有機構的管理人員唯一的推薦和提拔權力。自一九九三年始，政府開始透過考試招考公務員之後，人才選拔機制發生變化。考試選拔的公務員將有機會得到栽培，成為黨未來的領導幹部。雖然如此，這一切都是建立在他們對黨忠誠的前提之下，而非他們的能力、剛正不阿，更不必說什麼「政治中立性」了。換句話說，就算一開始中共想要透過選拔機制篩選更有能力的人才，那些想要得到晉升的人，仍然需要考慮政治要求乃至派系因素。這就導致了中國的行政體系是一個依附於黨利益的制度。這並不是說在舊時的帝制之下，正如在其他國家的政治制度中一樣，政治因素乃至個人利益因素（例如受賄）就不會對官員晉升產生影響；[17]但在現在的中國，行政體系的派系化被明令禁止；明朝時期官員體系內日益嚴重的派系化，便被認為是王朝衰落乃至被清朝滅亡的重要因素之一。

此外，根據迴避制度，公務員不可以在他們自己的祖籍省分任職，但這個規則被毛澤東廢除，而且自從改革以來一直沒有辦法得到系統性實施。在帝制時代，透過考試選拔並委以重任的官員數量非常有限，清朝末期只有約二萬名文官及二萬名武官是以這種方式晉升的。

這就讓我們來到了第三個重要區別——帝王時代的官僚權力非常受限制：一方面，除去剛才所述的官員之外，帝制時期還有由地方官選擇任命的約一百五十萬名非正式的助理官員（吏），他們主要負責日常的行政工作；另一方面，行政的基礎單位是「縣」，它的大小大概是一個法國省級轄區的一半。縣裡的鄉紳作為中間人，與大家族和小村莊共同議事。[18]一九四九年中國共產黨建立的政權對行政體制控制力很強，儘管一九七九年開展的改革開放，施行了行政上一系列的簡化措施，但在這一點上並沒有什麼變化。黨存在於每個縣鎮，並以民主參與治理的形式，存在於村和城市社區單位。我們可以看到，雖然如今在中國有約一千萬的公務員（其中約七百萬來自公務員考試選拔）；但是如果考慮到黨的單位、國有企業和機構、官方群眾組織在內，黨總計有七千萬的管理人員。就算考慮到中國的人口數量，這仍然是一個非常令人震驚的數字，也體現了中共治理體系的複雜性以及它對於治理國家的需求量。在他們認為具備戰略重要性的產業中，黨也絕對不會對大型企業放鬆控制，而且黨利用私人企業家（可以說是現代版本的鄉紳）來實現徵稅和維持社會穩定的目的。私人企業人員受到黨組織愈來愈嚴格的監督，他們必須向黨披露企業經營的核心訊息。

最後一點區別，就是當代中國有一個龐大的監督機器，直接監視著人民和任何有組織的行為，這是共產黨意識型態政策的直接體現。隨著經濟的迅速發展，共產黨獲得強大的經濟基礎，共產黨的監督機器隨之升級換代、不斷增強。它可以輕鬆將異己政見絞殺在萌芽之中，控制網際網路，並且只允許那些不會對政權產生威脅的非政府組織得到合法註冊（見第四章）。在二〇一〇年，政府用於「維穩」的預算，也就是內部安全治理的經費，超過了中國人民解放軍的軍費，並自此之後一直維持這樣的狀態（二〇一六年分別是一千六百億和一千五百億元人民幣）。

總而言之，與其說一九四九年建立的中華人民共和國及其黨國體系，是中國帝制時期政治體系的繼承者，不如說它更像是蘇聯體系的繼承者，與列寧和史達林建立的政府更為相似。另外，如果考慮到在清朝末期和國民政府時代中國徹底的改革措施，中共與帝制時期的中國便更為不同了。

民國時期的繼承與決裂

任何關於中國政治體制未來的討論，都應該考慮到帝制末期的改革措施和民國時期的改革嘗試。中共為了論證社會主義政治制度的合理性，努力將當今的政治體制與帝制時代的光輝歷史聯繫起來；這種論述試圖淡化帝制時代和民國時期新舊思想交織的政治思潮，將所有社會問題都歸結於西方國家和日本對中國的侵略與侮辱。這種明顯在重塑歷史敘述的話語，忽略了諸多歷史現實：在中國，漢人在那一歷史時期所遭受的屈辱，其實主要來自控制政權的滿族人；滿族人設立了「共治」制度，即在政府關鍵官位上採用一個滿人、一個漢人的搭配，但實際上滿人的地位比漢人更高。這種體制最終並沒能挽救清朝，國家未能走出貧困。最終，太平軍起義（一八五〇至一八六四年）導致了將近二千萬人死亡，加快了帝國不可避免的衰亡。在當時，中國產生了眾多愛國主義運動，其中有著名的「反清復明」運動。民族主義思潮興起，而「中華民族」主要由漢族組成，還有其他民族適應融合的潮流，逐漸形成「漢化」趨勢。[19]

對外來侵略者的反抗以及對滿清政權的不滿，只是清朝末期所面臨種種問題的冰山一角。在十九世紀下半葉到一九四九年，大部分中國的菁英階層當時覺得，向西方學習比抗議西方侵略重要，因此受到了西方思潮的影響，希望透過西方的思想實現中國現代化和富強的目標。日本明治維新（一八六八年）和甲午戰爭中國戰敗（一八九五年）加速了這一現代化進程。雖然伴隨著共產黨戰勝國民黨，馬克思主義和列寧主義最終成為主導意識型態；但是縱觀此歷史時期，以嚴復、康有為、梁啟超、胡適等學者為代表的自由主義政治和經濟思想傳播速度最快、影響力最強。正是由於這個原因，中國的改革派對於清朝末期和一九一二年民國初期的思潮和改革措施都一直抱有興趣。在二十一世紀初期，中國的知識分子對此興趣愈加濃厚，也十分認可臺灣國民黨政府的民主化進程，乃至兩岸關係的重建。

實際上，在那時候，當祖國內外交困的時候，中國的菁英階層對於「救國」的方法一直各執己見。部分如張之洞的知識分子主張「中學為體，西學為用」的方法，保留中國傳統政治制度精髓，僅引進西方的技術進行改革。但像康有為、梁啟超等人則希望「變法」，即改變政治的治理方式，然而在一八九八年的戊戌變法中，這一道路最終因保皇派的抵抗反攻而以失敗告終。日本在一八八九年維新之後建立了君主立憲制度，形成了由納稅選舉制產生的國會；與之相比，中國在戊戌變法中只成立了教育部，進行了修憲和設立議會的嘗試，之後再無下文。此外，在這場危機和一九〇〇年義和團運動的警告之後，清廷最終批准了幾個試探性的改革，這些改革都是出於政治工具主義的態度：對中國來說，這一切都是為了獲得與西方相同的制度武器，以實現現代化並加強國家實力，對抗外國勢力的威脅，雖然這個目標邊緣化與損害了公民的個人權利。[20]

當然，在清朝滅亡和一九一一年辛亥革命之前，中國陸續經歷的這些政治改革，表明了中國的菁英階層逐漸意識到帝制官僚制度的落後，也體現他們受到了西方思想和自由主義思潮的影響。在一九〇五年，由於政府無法繼續確保每位中第的人都能被授予官職，科舉制度被廢棄。同時，沈家本對刑罰制度開展了徹底的改革，取消了部分最為不人道的酷刑。[21]

慈禧統治末期（一九〇八年），清朝在起草憲法方面有了多次嘗試，但其執念是加強國家和建設現代化國家。孫中山曾短暫地擔任過中華民國（一九一二年）大總統，他在晚年試圖引入憲政，也是要解決這個主要問題：他認為這必須先教化中國社會，尤其是在那些較為落後的農村地區，令老百姓能夠習慣於踐行自己的民主權利。組織了軍事革命的中國國民黨在軍政體系下統一了中國以後，開始走向建設「訓政」體系的階段。在訓政體系下，中國需要先建立一個名副其實的黨國體制，將權力賦予一個有能力建設現代國家的政黨（以黨建國）。[22] 孫中山的繼任者是蔣介石，他擔任國民黨總裁和國民革命軍總司令。國民革命軍在廣東建立，發動了著名的北伐，一路向北集結軍隊和支持者，最終在一九二七年到一九二八年間，在南京建立了南京國民政府，南京成為了國家首都。

此時按照計畫，中國很快就到應該建立民主憲制制度（憲政）的時期。國民政府的打算是在結束圍剿共產黨游擊隊，也就是一九三五年，開始憲政路線圖；但是蔣介石比較保守，希望徹底解決共產黨這個心病，憲政便遲遲未進行。在此之後，中國又進入了抗日戰爭階段（一九三七至一九四五年）。因此直到一九四七年，中國才開始實施於一九四六年通過的憲法，並在一九四七至一九四八年間，在國民政府轄區內開展了全民選舉。遺憾的是，因為在國共內戰中國民黨戰敗，憲政制度一直未能在中國實行，而國民黨則敗逃至了臺灣。直到蔣介石一九七五年去世，在臺灣的一切憲政提案均被蔣否決，主要理由是國民黨仍與共產黨處於內戰。他的兒子和繼任者蔣經國，在一九八七年，也就是他去世前一年，解除了戒嚴令並開始民主改革。然而，當時人們都認為國民黨在臺灣的訓政制度是暫時的；在大陸，共產黨對大陸的「訓政制度」卻被宣揚成是永久的。有趣的是，二〇〇八年在大陸開始的憲政運動要求共產黨放棄一黨專政，建立憲政制度，因為只有這樣「一九八二年憲法才能真正被施行」。

孫中山的政治觀點其實與中國的帝制傳統也有相似之處。他的政治思想被國民黨繼承，體現在一九四六年中華民國的憲法當中。孫中山主張設立五個（而不是三個）國家權力機構

「院」——行政院、立法院、司法院、監察院和考試院。這五個機構相互制約、相互監督。這一制度部分源於西方啟蒙運動，特別是孟德斯鳩的三權分立原則；部分則源於清朝這個最現代的帝制政治制度，監察院和考試院分別用於管理公務員和組織公務員遴選考試。與帝制時期最大的不同在於，監察院不再是選舉產生，而是由中華民國的總統在取得立法院同意後直接任命。自從實行民主制度以來，臺灣仍然沿用這種五個國家權力機關的制度，非常類似於孫中山當年的設想。臺灣實行的現代政治制度，不再是建立於以儒家文化管理國家，而是綜合行政、法律、經濟、制度的專業經驗管理國家，但是透過考試遴選公務員的制度仍然流行。

整體而言，孫中山和國民黨的思想，主要來自於啟蒙時代的自由主義流派。孫中山的民族、民權、民生的三民主義思想，提供了一個綜合、現代、漢化的解決方案，而其根基來自於西方社會。孫中山的目標是將中華帝國轉變為一個現代化的多民族國家。但是，這個目標不容易達成；自從一六四四年明朝滅亡，帝制中國經歷了滿洲人、蒙古人和藏族人在政治制度和宗教思想的影響和特權。最主要的問題是建立一個現代化的多民族國家，建立國家治理體系和多元的憲制民主制度，讓人數眾多的貧窮人口獲得最基本的社會保障。

一九一九年五月四日，「五四運動」的爆發也體現了中國菁英階層受到了民主思想的影響，它的直接導火線是《凡爾賽條約》的簽訂，將德國在山東的權益轉讓給了日本。五四運動開啟了呼喚「賽先生」（Science）和「德先生」（Democracy）的運動，科學和民主被認為是建設現代化國家不可缺少的兩個方面。在五四運動思潮中，像共產黨創始人陳獨秀等馬克思主義學者，成為倡導科學性和工具性民主概念的發言人，這為一九四九年建立列寧體系提供了條件。孫中山晚年的政治思想（他於一九二五年逝世）很明顯地受到了社會主義思潮和蘇聯的影響，這也是他的第三個原則——民生原則和國民黨社會政策的由來。一九一九年以後，孫中山對帝國主義國家失望，拉近了他與俄國革命和蘇聯的距離，也解釋了他為什麼在一九二一年選擇與中國共產黨結盟。

不過基本上，孫中山一輩子還是一位自由主義思想家和政治家。五四運動奠定了自由民主思潮在中國的主導地位，主要由新青年運動和胡適、蔡元培等知識分子以及魯迅、聞一多等作家為代表。[23] 我們可以說，國民黨的思想理論，整體建立在自由主義原則基礎之上。當然，列寧主義直接影響了國民黨的組織建構，但國民黨從未像共產黨一樣，達到組織高度軍事化且不透明的水準。國民黨的這一缺陷，也成為一九四八至一九四九年面臨共產黨軍隊時失敗的原因之一。而且，蔣介石在一段時間內曾經受到歐洲在一九三〇年代的集權專制思想影響，首先是義大利的法西斯，其次是德國的納粹。其影響所及，體現在蔣介石如何治理國民黨軍隊，乃至軍隊現代化上。另外，自一九三一年始，蔣介石和大部分國民黨領袖都開始保守化，試圖與儒家傳統相聯繫，建立強勢的政府，而不是繼承孫中山的民主思想、多黨政治和對公眾民主權利的尊重。[24] 最終，在經濟領域，南京政府阻礙了私有企業的發展，特別是家族資本主義的發展，轉向發展裙帶資本主義和國有經濟。[25] 這些變化在現時的中國仍有體現和延續。[26]

但是，國民黨永遠無法完全剝離自由主義思想，因為自由主義思想是其自一九一一年革命開始的思想基礎，國民黨與美國和其他的民主國家也建立起緊密的連結，且國民黨無法完全消除政府中的反對勢力。[27] 在外交和軍事上，國民黨與自由主義的連結在中日戰爭期間以及美日戰爭中變得更加緊密；但與此同時，在經濟、社會、教育乃至宗教上的聯繫也更加密切。宗教團體和西方（尤其是美國）的傳教士在中國的數量非常眾多。特別是在教育領域，他們承擔了傳播自由和民主思想的重任。比如，美國的哲學家、教育家約翰・杜威（John Dewey），他在那個時期對中國的菁英階層產生了深刻影響；在他本人居住中國的兩年時間裡（一九一九至一九二一年），胡適是他的朋友，並為他參與的會議擔任翻譯。[28]

換句話說，正如馮客（Frank Dikötter）所述，民國時期是一個「開放的時期」，是一個變革與專制輪番上演的戲劇舞臺，同時也是一個見證了真正的經濟發展、思想百花齊放、改革嘗試層出不窮的歷史時期。在這個時期，中國能夠向外部學習，將來自西方的民主原則轉變應用於自身。[29] 中國共產黨希望人們相信，中華民國治理腐敗、拒絕改革，但事實並不是這樣。與此相反，中華民國是思想和改革的試驗田，各方面全面開花：經濟、農業、教育、文化、法律、軍事甚至是政治。如果沒有中日戰爭，正如毛澤東自己所承認的那樣，中華人民共和國不會成立，中國共產黨不會成為執政黨；而國民黨也一定會成功完成經濟的現代化，隨之完成政治現代化。

讓我們來分析三個例子。首先，國民黨在一九二八至一九三五年間設立了中國六大法典，這是非常有意義的艱巨工作，奠定了目前在臺灣實行的法律基礎，同時深刻影響了一九七九年之後鄧小平的法律制度改革。第二，在國際方面，蔣介石（而不是毛澤東），於一九四三年廢除了在中國的外國租界，這些租界地允許在中國生活的外國人享有眾多特權。第三，南京政府在張彭春的貢獻下，作為聯合國成員參與起草了一九四八年的世界人權宣言。而且，所有戰後的歷史和外交文獻都顯示，如果蔣介石能夠在一九四九年之後維持住南京政府，他就會比共產黨更快地要求英國歸還香港。換句話說，在香港這個議題上，與其說縮短，不如說共產黨政權延長了「中國人民遭受屈辱」的時間。

最後，民國時期是中國現代歷史上唯一一個能夠開展國家及地方選舉的時期。一九一三年中國展開議會選舉，國民黨本應成為執政黨，而宋教仁本應成為總理，但在當時頗具權勢的軍閥袁世凱下令暗殺了宋教仁。另外一次是一九四七至一九四八年的選舉，雖然我們應該質疑彼時這場選舉的民主性質，但是這場選舉是在國共內戰的泥淖中舉行的。而且不論如何，這也確實是在共產黨執政前，中國國土上最後一次真正的全國性政治選舉活動。

結論

大家應該已經明白：我們不能全盤接受共和國政府和官方歷史學家，對於中國歷史，特別是中國政治史的論述。一九四九年確實是一個歷史轉折點，但這不是與中國的帝制傳統告別，而是與民國年代的歷史告別——那是一個思想沸騰、對外開放、高度國際化的歷史時期。

如果要說共和國時期與中國的帝制，乃至民國時期只有一點相似的話，那就是白樂日稱為「國家主義」以及官僚公務員的優越地位。[30] 國家主義很大程度上繼承了儒家理論和其倡導的一元論政治主張。同時，也正是因為中國幅員遼闊，中國需要一個強有力的政府，而這個政府需要依靠值得信任的個人領袖才能夠維持社會穩定和國家統一。我們會發現，在民國時期及中共時期，政府都在國家的發展中發揮最重要的核心作用。在東亞的儒家文化國家，比如日本和韓國，國家允許家族資本主義發展壯大，但是國家並不只是監管者，國家是全面發展、教育體制、社會服務的管理者。

我們可以看到，在中國，目前有很多共產黨幹部在宣傳和理想化曾經的「天命官員」，效仿學習他們的公正不阿和氣度禮節，卻因此與他們應有的思想、目標、能力和行為漸行漸遠。[31] 國民黨引入自由主義思想，並且承認對國家的一黨治理只是暫時的權宜之計；但是共產黨希望永遠做中國的管理者，永遠代表「人民」。另外，與國民黨及之前任何一個政治體系不同，共產黨徹底控制國家和以霸權控制社會，目前共產黨採取嚴密監控和鎮壓的方式，並且利用現代化手段使之更加高效。綜合以上，目前中國要邁向民主已經特別困難。

就算這樣，我們還是要問，在當前中國經濟現代化、私有化、城市化、全球化的情況下，中國政府仍然可以像白樂日在一九六〇年代描述的那樣，行使「無上的權力」嗎？雖然中國的私有企業需要依靠黨和國家，但是我們很快就會看到，這種依靠是相互的，並且最終使得政府所擁有的權力受到損害。總之，中共的黨國體系會繼續一方面管理國家經濟，一方面嚴密控制中國社會。他們的前進方向已經與一九四九年所選擇的道路截然不同。這條新的道路帶領中國共產黨嘗試依託傳統文化來革新，以及重塑儒家文化。而我們現在所感興趣的，正是這條新的道路會往哪裡去，最終去到何方。

第三章
脆弱且畸形的民主文化

我希望在本章向讀者說明，當前中華人民共和國的主導政治文化是反民主的；它混雜了傳統儒家價值觀、醞釀於七十多年來一黨專政，以及宣傳機器所宣揚的列寧主義要素。[1]本章將同時展示，儘管這種文化在變化，但在這種文化之下，任何民主化的嘗試都將只是虛幻。

誠然，在一九四九年之後，中華人民共和國的民主思潮從未完全消失。我們將看到，伴隨中國經濟的飛躍進步、城市化、國際化的開放政策和中產階級的大量湧現，民主思想的影響愈來愈大。[2]不過，一旦在公共領域有任何民主傾向的思潮出現，它們很快就會被封禁甚至遭受打壓，比如一九五七年的「百花齊放、百家爭鳴」運動、毛澤東晚年的一九七六年四月運動，以及一九八九年春天的民主運動都有一樣的境遇；這些民主思潮遭到限制，而當權者的權力才能穩固。民主思想還受到中國共產黨日復一日的打擊，對於他們所稱的「西式民主」或「資本主義民主」以及「普世價值觀」，中共採取直接駁斥、絕不姑息的態度。與之相反，中共積極地宣揚由它絕對領導的「具有中國特色的社會主義民主」和「社會主義法制」。隨著現代科學技術和經濟的快速發展，中共得以用各種途徑統一中國社會的政治價值觀，並將這些價值觀灌輸給大部分中國人，從而延緩民主思潮的孕育，甚至扭曲民主的思想。不論如何，我們還是會看到，大部分的中國人依舊支持著當今的政權，因為他們恐懼，或者說不希望看見中國社會陷入混亂。

很多評論家在談到中國的政權發展時，傾向於弱化政治價值觀的主導作用，這一方面也許是因為，他們認為只有政治菁英階層的觀點才有實際影響，或出於他們相信中國社會可能會產生其他更具結構性、社會性的進化力量，比如大量受教育的城市中產階級；[3] 這些群體的興起將會自動推進事情的發展，政治價值觀便顯得沒有意義。但是我認為，考慮到目前中國社會的思想傾向和政治體制，至少在短期內，任何針對一黨專政的質疑都會遭受很大的抵抗。[4]

我認為，政治文化不僅僅只是有意識和無意識的政治取向，更是一種根據規範原則和政治規則建立起的社會規範和公民價值的集合，它反映了一種特定的世界觀和價值觀。[5] 我們有一系列的民意調查反映了中國人的政治文化，不過這些調查是在一個更宏大的系統環境中進行的，所以當我們在分析這些調查結果時，也必須考慮其背後的社會背景。最後，就算這些問卷調查暫時無法直接向受訪者提出一些特定的問題，我們仍能夠從這些調查中了解，中國人對中國政治的關注重點和期待。[6]

中國人在想什麼？

整體看來，中國人支持現在的政治體制，也認可它現在的合法性：黨、政府、人民代表大會、人民解放軍。他們信任、認同這些機構，也同樣認同這個政權的種種符號：比如一九四九年中共確立的中華人民共和國國旗。他們認可這些機構的使命，而且絕大部分人擁護其政治決策。

諸多研究已經表明，中國人對於共產黨的滿意度較高，而這主要是因為中國人民的生活水準有所提升：中國經濟取得了前所未有的發展，絕大多數人都獲得了更多的財富，並且基層醫療體系覆蓋更廣泛。而這也就回到本書第一章中我所討論的共產黨執政管理能力：中國民眾意識到中國在過去所取得的巨大成績，而相比之下，其他國家，尤其是一些亞洲國家，卻經歷了種種失敗。在這種情況下，大部分中國人認為政治的治理能力不斷提升；而中國人對共產黨的滿意還有另外一個主要原因，便是中華人民共和國的國際地位不斷提升。自一九八九年開始，中共便有意識地引領愛國主義情緒，看來這個策略開始奏效了。[7]

事實上，自從一九九〇年代開始，大部分中國人都認為：穩定和發展比民主重要，個人職業發展比個人自由拓展更重要，經濟和社會權利比政治權利更重要。[8] 實際上，還有一個更令西方國家感到震驚的現象：我認為，中國人所滿意的「民主」是一種扭曲的民主價值，它其實與共產黨的「社會主義民主」話語相吻合；正如二〇〇五年政府白皮書中所定義的一樣，這是一種只能由中共所定義、領導的「人民民主」。[9]

因此，在二十一世紀初，有百分之八十四的中國人認為他們的國家已經實現了民主，而百分之六十六的中國人認為其民主化進程會繼續深化。[10] 這種結果已經得到最新研究的確認，其中自然包括了狄忠蒲十分完善、可信的研究。他發現：在二〇一四年時，正如二〇一〇年一樣，大部分中國人對當前「民主制度」的「品質」感到滿意。然而，這些受訪者所認為的「民主」，並不是一個「全民投票」或者「規則應該由大多數人共同制定」的民主制度。他們認為，民主就是政府「聆聽民眾」、「政府的政策反應人民意見」，也就是當權者「為人民服務」。「為人民服務」是毛澤東非常著名的言論，到現在還出現在諸多公共機構的建築中。[11]

這種主流觀點應該是與共產黨在二〇〇〇年初，引入一定程度的「協商民主」有關。「協商民主」有點類似於徵求民眾的意見，它的設計目的是不時透過意見調查（調查結果一般不會公開）的形式，了解群眾的訴求；另一個目的則是避免提拔那些在當地特別不受民眾歡迎的政治領導人。[12]

亞洲民主動態調查（Asian Barometer Survey）是一項長期對亞洲國家做比較研究的計畫，由胡佛東亞民主研究中心負責，位於臺灣中央研究院；他們的研究結果也與上文所述十分類似：在二〇一六年，百分之六十三的中國人支持當前政治體系，百分之七十二的人認為在當前體制下生活是理想狀況。這兩個指標低於越南（分別是百分之九十三和八十八）和新加坡（百分之八十六和八十四），但是高於臺灣（百分之四十五和六十一）與香港（百分之四十和五十四）。當然，百分之六十六的中國人認為民主制度是最好的政治體制，但是只有百分之四十二的中國人認為民主比其他任何一種體制更好。這個數字在日本分別是百分之八十九和六十六。雖然是這樣，中國人對於國家將來的民主化進程非常有自信。基於一到十分的區間，受訪者對於當前民主化進程的樂觀程度給出了六點七分，而在改革前只有五點四分；受訪者對未來的樂觀程度給出了七點四分（在這個問題中，未來沒有準確的時限）。讓人意外的是，臺灣人對於民主的看法也非常類似，以上的分數分別是六點五、六點一和八點二。[13] 最終，與其他國家，甚至像日本的民主國家一樣，中國人認為管治水準和社會公平是民主的兩個主要組成因素，比原則、程度甚至公共權利更加重要。

大部分調查結果都反映出，民眾非常關心政府的管治能力。二〇一六年一項針對「中國人最滿意的事項」調查發現，百分之六十三的民眾滿意政府「解決問題的能力」，這個比例僅次於民眾對當前的政治體制感到「驕傲」（百分之六十九）。有百分之六十三的民眾宣稱，當國家遇到困難的時候，自己會馬上支持國家。總之，比起治國原則、政治透明性、決策方式甚至是對領導人的監督和分權，中國人更在乎黨國體制能為他們帶來的實際成果。[14]

當然，我們無法指責這種在儒家思想理論影響下形成的民主見解，也無法質疑孟子的觀點，他認為「人民」是所有政治的中心，但是卻沒有構建一種體制來制約領袖的個人權力。溫家寶總理在二十一世紀初主動追溯和使用孟子「民為邦本」的治理方案，是為了合理化共產黨的政策，並嘗試尋求社會的權益。[15] 對孟子而言，人民只有在遭遇極端的權力濫用和不公的情況下，才有權利發起抗爭。正如我們所知，毛澤東就是在這點上得到靈感，並推翻了國民黨的統治。今日，黨國體制正是為了規避一切的群眾反抗，或在中國被稱之「群體性事件」的行為，才努力預防類似的權力濫用和不公。當這兩種情況發生時，他們用最快速度、在事件升級之前就將其解決，或者徹底保密。雖然這種手段也有所成效，但是每年仍然有大量的類似事件發生（我們並不知道具體數字）。[16] 我們要知道，這些事件中的絕大多數都不是真正的政治性活動。在我看來，天安門事件之後已經再沒有人敢於質疑政治體制的本質屬性。這些群體性事件經常是由工作糾紛或由於農村土地被收繳的賠償爭端所引起，偶爾則是因為環境問題或者針對某一個境外國家的愛國情緒所引起。

舉凡有關於抗議活動、工人罷工或農民抗議的研究都表明，在這一點上，運動、領袖和參與者都表現地相當謹慎。針對政府或大型企業不公行為的合理抗議是可以的，工人和農民想要維護他們的權益是可以的，但如果有人想要質疑一黨專政體制的合法性，那便絕不允許。[17]

根據狄忠蒲的調查研究，以一到十分的尺度來考量的話，中國社會對於中央政府和共產黨的信任程度達到了七點五分。更引人深思的是，雖然很多中國人非常不信任地方政府，特別是他們每天接觸到的行政職能部門，但是狄忠蒲發現，大部分中國人（百分之七十五）對於地方政府在教育或者治安方面的措施非常滿意。當然，受訪者在食品安全方面持保留態度，只有一半的人表示滿意。不論如何，這些觀點確認了中國地方政府能夠與人民互動，並且形成了較強的適應能力。[18] 同時，中國人對於地方廣播和電視的信任度（百分之五十）低於對於中央電視臺（百分之九十）和其他國家頻道（百分之七十）的信任度。但是，和外國媒體相比，他們還是更信任國家和當地媒體。即使是一九九二年之後出生的年輕人，對國外媒體的信任度也只有百分之四十，而年紀更大的人外媒的信任度更是低至百分之十到二十。[19]

許多研究證實了社會上對於中央與地方政府信任程度有所差距，例如唐文方就推論人民對地方政府的不滿，不代表想要更多民主（應該說這個詞裡面的自由意涵）的中國人變多了，也不至於引發公民不服從。[20]近年來，哈佛大學艾許中心（Ash Center）等單位進行的民意調查清楚顯示，中共在習近平主政的頭幾年（至少二〇一六年以前）不只成功提升了中央政府的形象，地方政府的形象也有改善，只是程度不如前者。[21]中共拿這些結果在海外大書特書，凸顯其正當性。

所有在中國生活或到訪過中國的人很快就會發現，人們對於政府的決策和政策的意見分歧很大。他們也很快發現，不同年齡層的人代溝很深，而這在未來很有可能對政權造成威脅（見第六章）。比起其他年齡層的人，年輕人對於網路審查制度更為敏感。狄忠蒲的調查就顯示，大約百分之九十的中國城市年輕人認為，國家對於網路資訊的控制「不應該影響到個人自由或者自由表達的權利」。而且，年輕人變得愈來愈玩世不恭，或者說愈來愈現實。當狄忠蒲在問及年輕人為什麼加入共產黨的時候，有百分之七十的受訪者承認是因為職業發展所需，而不是為了理想中的「為人民服務」。[22]

總之，我們要以宏觀的視角看待中國群眾對黨國體制的信任。例如狄忠蒲的調查顯示，只有百分之三十六的城市居民認為政府工作人員是「講真話」的；[23]更令人震驚的是，除了自己的家人和原生圈子之外，中國人互相非常不信任。很多年來，在中國一直有關於真正無私的「見義勇為」（撒瑪利亞好人）行為是否存在的爭論，不論是政府還是群眾組織都參與討論。任何走出個體小圈子的利他主義行為，都可能帶來巨大風險，這阻止了人們做出類似行為。相關的例子有很多，但是最引人注目的是一個好心人想要救助佯裝受害者的人，卻被騙入陷阱、遭打劫一空；又或者說是好心人想要幫助路遇的傷者，最終卻被迫為這個人支付治療費用。

人們相互不信任乃至相互猜忌的原因有很多，諸如前所未有的暴富機遇、制約權力者的社會體制缺失，以及三十多年來毛澤東領導的政治運動使得人們相互舉報等。但這種不信任不會令政治體制的合理性遭到質疑，反而會強化這種合理性，因為民眾會更加依賴政府來維持社會秩序、穩定和公共安全。

一個非常有趣的研究展現了中國社會政治取向的結構，是如何起到穩定當前政權作用的。[24]在證實中國群眾的政治價值可以被分為「自由派」和「保守派」後，這個研究指出了他們的政治取向和他們在政治、經濟個人偏好的相關性。「自由派」支持公眾自由權利得到延伸，追求民主和市場機制。他們期待在國家利益面前，個人權利得到更好的保障，追求經濟進一步對外開放。他們其實是「親西方」的，至少是「非民族主義者」。同時，他們對道德風俗的態度也更加開放，比如對於性的話題。「保守派」在生產創造上依靠國有財產，堅決擁護共產黨的領導和希望保護共產黨帶給他們的社會和經濟地位。他們是維護現有經濟格局的民族主義者。他們崇尚傳統風俗，植根儒家文化。「自由派」往往較為富有、受教育程度高、在城市生活、年齡較小（十八到三十五歲之間），集中於沿海地區和北京、上海、廣東等大城市和省分。「保守派」大部分較為貧窮，受教育程度較低，城市化水準低，年紀較大（高於三十五歲），主要集中於河南、貴州、廣西等內陸省分。

重要的是，兩個派系的分歧並不意味著這兩派的價值是互斥的。「自由派」顯然希望政治開放，但是他們仍然支持政府，因為政府才是改革和經濟自由的推動者。與之相反，「保守派」拒絕一切市場經濟的變革（包括物價上漲），但認為共產黨維持其執政黨地位，是政治穩定和國力上升的必備條件。

不過與此同時，這個研究的資料來源之一，亞洲民主動態調查也發現，城市和農村的年輕人的態度存在驚人差異：城市的年輕人並沒有比年長者要求更多的政治自由；但是在農村，年長者比較保守，而三十五歲以下的年輕人堅定擁護政治體制改革。分析者試圖尋找一個行得通的解釋，而有一種解釋嘗試解答這個問題：一方面，農村地區年長者往往在經濟和社會地位上處於弱勢，對傳統非常執著；另一方面，農村地區常常出現基層政府要脅民主選舉的現象，例如二〇一一年的「烏坎事件」，而農村年輕人對此感到十分失望。

正是因為這樣，就算受到了自由主義思想的影響，中國的新中產階級是無法成為所謂政治改革的主力軍的，這跟部分觀察家和活動家一廂情願的認知相去甚遠。[25] 與之相反，那些被改革開放帶來的經濟發展所拋棄的人別無選擇，只有依靠這個自一九四九年成立的黨國體制；支持國家的當然還有那些在這期間富裕起來並占據更多社會資源的人。社會保險系統也是相同的情況，最低收入保障和醫療保險系統目前很不完善且不公平，富裕的城市和沿海地區的中產階級受惠最多。

當然，如果中國當權者放棄之前規劃實施的經濟改革，或變得愈來愈「威權」甚至「極權」，「自由派」對於政體的支持可能會發生變化。但是在可預見的未來，對於國家混亂的恐懼會令民眾繼續支持當前政體及其所謂的民主。根據狄忠蒲的研究，大部分中國人認為，公眾遊行示威、多黨派甚至持有異見團體的存在都是「對社會穩定的威脅」。[26]

高效率且現代的政治宣傳和監控體系

當然，當我們在審視這些調查研究結果時，必須要保持謹慎，這主要有以下兩點原因：第一，在中國禁止批評共產黨的高層領導人，因此正如我們想像的，受訪者（至少是他們中的一部分人）可能不敢說出真相；第二，中國民眾每天都在接受反西方的思想灌輸，這種情況自從天安門事件之後一直沒有中斷過，但是在習近平任下規模變得更大了。這種思想宣傳的目的，是美化中國政體做出的豐功偉績，並在很大程度上將其他國家的政策失敗與不足、經濟和社會問題歸結於多黨民主制度和政治體制。因為顯而易見的原因，臺灣受到的類似攻擊特別嚴重。臺灣立法院中常常出現委員相互駁斥，乃至大動干戈的情況，但是這比起民主化初期的一九九〇年代已經減少很多。不論如何，中國的電視頻道便會將這些畫面放在美食節目前後播出，渲染出那種稀鬆平常的感覺，並順帶再播報臺灣表現平平的經濟狀況。其實，中國的思想宣傳針對所有的民主體制，並將出現問題的原因歸因於民主體制本源，例如二〇一六年川普成功當選美國總統，又如在個別國家中出現的民粹主義抬頭現象（英國脫歐、歐洲仇外黨團的擴張等）。二〇一一年阿拉伯之春失敗之後，北京大規模地利用這起事件，並舉衣索比亞、盧安達和埃及等國家的例子，來歌頌發展中國家「威權制度」的勝利。總之，共產黨與我們的意識型態戰爭雖然是隱藏的無名戰爭，但是卻一定會影響中國民眾的思想。

不過我們依舊需要結合實際脈絡去看待這些問題。有些研究認為受訪者其實並沒有我們想像中的那麼戰戰兢兢。[27]因此，上述調查研究仍然真實反映了中國民眾的整體感受。中國官方對民眾的政治宣傳也遇到了一些困難：一是更多的中國人去世界各地旅行，比一九八〇年代時能夠獲取更多資訊，了解自由民主制度的優劣之處。另外，愈來愈多人不聽也不看官方媒體的報導，[28] 更願意透過部落格等資訊量大、批判性強的管道獲取政治新聞。雖然習近平上任後嚴格控制網際網路，但也無法完全改變這一情況（見第四章）。

話雖如此，中國民眾對於外界乃至於自由民主的看法，仍然深受自己眼下所見，以及個人偏好與恐懼的影響。其中包括了節節上升的犯罪率與不安全感、貧窮的加劇、無法控制的非法移民、日漸高漲的排外情緒與社會挫折。

遠離政治的中國社會

事實上，這些民意調查也體現了另外一個事實：即使有一些社會群體對中國的威權政治感到不滿，他們也沒有將建立民主制度作為自己最重要的奮鬥目標。中國人總會以某種方式於現存政治體制中滿足，同時不斷追尋擴展個人自主和自由的權利。他們透過VPN（virtual private network）來跨越網路審查的障礙；雖然近幾年網路審查更加嚴苛，但他們依然可以訪問相當多在中國被封鎖的網站。他們參加那些政府容忍的非政府組織或宗教組織，目的是團結起來抵抗黨國體制的侵入。但是他們特別避免在公共場合談論政治，因為談論政治太過危險。

正如在二〇〇二年，新左派學者康曉光曾經說過：「中國是一個沒有政治的社會。」[29]換句話說，中國人無法挑戰共產黨，因此只能盡力無視它，轉身背對它。他們裝作順從，但卻以自己能夠獲得的一切途徑，努力擺脫共產黨的威權和控制。

有些文化主義學派的社會學家和政治學家認為，中國人對待政權的這種態度是受到傳統習慣的影響。此外還有一個可能更具爭議性的解釋，是實際上中國社會整體上仍對當政者持支持態度。史天健（於二〇一〇年逝世）認為，中國的文化準則對於政治行為有著重要的規範作用，而中國歷史上經歷的政體變更和政治架構調整都沒有改變這一點。在他看來，儘管中國是一個威權國家，在中國，跟作為民主國家的臺灣一樣，民眾還是會自然傾向於信賴掌權者；這種現象普遍存在於家庭、學校、企業或者體制中，人們不太容易對權威提出質疑或反對。更深入一步，他提出中國傳統文化意義裡的民主，其實是一個建立「保護性政府」（guardianship）的體系，並不是一系列選擇人民代表的流程，以及控制和限制這些人民代表的權力。這種透過「好政府」來「保護」人民的方式維持至今。[30]其他政治學家，比如韓國學者中道哲（Doh Chull Shin，音譯）認為，中國社會（以及亞洲社會）出現這種情況的原因在於人們始終支持「家長主義、選賢與能制度」（paternalistic meritocracy）。[31]

誠然，這些觀點頗具爭議性，特別是對於臺灣和韓國來說，它們已經成功將民主的選舉制度和流程內化為國家制度。但是，如此眾多的中國人輕易相信中國政府，認同政府宣傳的新傳統主義和新儒傢思想，這一事實仍然讓我們感到震驚。[32]

唐文方認為，中國人相信政府的程度固然令人印象深刻，但很難說這是否源於毛澤東的「群眾路線」。他的比較研究顯示中國人民政治信任的程度，高於臺灣民眾的政治信任，這也讓他認為中國政權可以存續。我同意，有了節節高升的民族情緒撐腰，加上對抗議的反應，中國的「民粹威權」（populist authoritarianism）的確有不少空間能繼續發展茁壯。但毛澤東支持民眾示威嗎？其實，群眾運動與動員不僅與民主背道而馳，更是防止任何批評傳入領導人尊耳中的強大武器。[33]

我認為，這種回歸傳統文化的傾向，其實是一九四九年政權更迭帶來的結果，而不是清朝末年或民國時期民主思想發展的結果。換句話說，一九四九年之前，中國的菁英階層追求民主制度；而一九四九年之後，中共便持續地試圖消除中國人民對於自由和民主的追求；當然，在一九四九年後，特別是在改革開放後、天安門事件前的八〇年代，少部分特別有勇氣的人有繼續追尋民主。[34] 中共出於主觀意願，將自由思想排出中國社會，摒棄了這個國家過去民主化和政治現代化的嘗試，卻致力於穩固國家政權，甚至像對待其他國家一樣對待自己治理的社會。直至毛澤東去世，其在推動社會主義革命和經濟發展的同時，也致力於與帝制歷史建立聯繫並加以主觀利用，建立起比帝制時代更強大的「威權」政權。

變革的因素

然而，中國的群眾所信奉的政治價值觀並不是一成不變的：顯然，在今天的中國，消費、生活水準、人身和財產安全是比民主更重要的事情。正如我在其他地方說過的一樣，中國人在成為「公民」之前，已經成為了「消費者」。[35]同時，國家透過戶口制度對社會進行細分，農村人口（占中國人口的百分之三十四）的流動受到限制。此外，不同社會階層之間的信任缺失、國家上訴機構（法院、仲裁和調解機構）的缺位等因素也從根本上影響了中國社會政治文化，乃至政治面貌的改革進程。

但是，中國人的政治價值觀也受到其他因素的影響，比如受教育水準、飛速的城市化進程，以及與外界的接觸程度（這包括外國以及中國的自由地區：臺灣及位於美國、加拿大、澳洲、歐洲等西方國家的海外華人社區）。珍妮佛．潘（Jennifer Pan）和徐軼青（Yiqing Xu）在二〇一六年一次針對中國人政治傾向的調查研究中發現，中國正在產生一大批可能會傾向於民主自由價值的群體，儘管這個群體有徹底的民族主義和國家主義，甚至可以說是西發里亞主權論者（Westphalian）——他們依舊是對政治持自由傾向態度。[36]

根據這個研究，百分之六十六的受訪者不贊成「剝奪未適應民主制度人群的投票權」的做法，但是這個數字實際上與一種很流行的說法不一致：有人認為，中國的城市中產階級反對「一人一票」制度，因為那些受教育水準低的農村人口和流動人口（約占中國人口的一半以上）就會獲得投票的權利。此外，百分之七十三的受訪者拒絕承認多黨派制度不適合中國，這顯然與官方的話語完全相反。百分之五十八的受訪者認為「普世人權應當高於主權」，這與中國政府的原則再一次相悖。不過，對於「西方的」言論自由權利，中國民眾的觀點則更分裂且更保守。在中國人眼中，西方的言論自由是「不受限制」的，但其實這不是真實情況。西方民主社會存在懲罰言論誹謗和種族主義的司法原則，但是中國人對這些規則了解甚少或完全不了解。事實上，百分之五十五的中國人認為，如果中國實施西方社會這種程度的自由，會導致「社會混亂」，而百分之四十四的人認為不會這樣。剛好一半的中國人支持傳教行為，另外一半反對。百分之五十一的人認為在時機成熟的情況下，可以使用武力統一臺灣，百分之四十九的人不同意。百分之六十五的受訪者認為維持國家統一和領土完整是國家的最高利益。百分之七十四的人批判新左派一成不變的言論，認為他們祕密地受到境外勢力支持，原因是美國及其他西方國家不能允許中國成為世界強國。

在經濟方面，似乎大多數中國人的立場是自由主義和國家干預主義的混合：他們對於國有企業擁有特權感到反感（百分之六十八），反對保護主義（百分之五十八），且大部分人支持土地私有化（百分之五十三）。不過中共原則上反對土地私有，只允許交易農業用地的使用權。但是，出於對房價上漲的擔憂，人們不認為國家控制土地價格會對經濟發展不利（百分之八十）。意識到城市和農村收入的巨大差距，人們認為國家和消費者應該對糧食價格給予補貼（百分之六十三）。百分之六十一的人認為高收入人群應當公布個人的所得來源。

在價值觀方面，我們發現了一些矛盾：《易經》是中國人信奉的眾多，甚至可說是迷信的觀點來源，它被認為比儒家思想更加有用（百分之五十九同意，百分之三十四反對）。但是，百分之七十的受訪者認為以儒家思想為主體的傳統思想，應當成為基礎教育的內容。同時，百分之六十七的人願意接受自己的孩子選擇與同性戀愛。換句話說，中國當代社會的寬容程度比我們想像要高很多。在臺灣，這種寬容已經存在很久，在李安一九九三年的電影《囍宴》中就已經有所體現。總之，中國社會對於自由主義的政治觀點並沒有那麼反感，況且大部分的臺灣人已經是自由主義的擁護者。

與此同時，我們在這個意見調查中還發現，近幾年中國人對於共產黨的信任逐漸走低。在二〇一〇到二〇一六年間，他們對於政府「解決問題」能力的信心已經從百分之七十六下降到六十三。他們當中的百分之六十九對中國政治體制感到驕傲，而這個數字在十年前是百分之七十九。百分之六十三的人在二〇一六年願意在政府面臨困境的情況下支持政府，但是在二〇一〇年這個數字則是百分之六十九。[37]

面對紛繁複雜的變化，我們不應太快下結論。中國人對政府的支持仍然令人震驚，這也再次證明大部分中國人對於政府政策落實的結果較為滿意，儘管他們並不總是認同政府採取的手段。雖然從整體上看，中國人支持民主，但他們並不會為民主而奮戰，也沒有把主要精力放在建立民主的政治制度上。換句話說，他們依然堅定相信政府有能力完成政治改革。

結論

從以上這些調查研究中，我們也許一時難以理解中國的政治文化。顯然，從本質上看，這種政治文化是動態的，但我們也無法預料說在未來民主思想能否最終成為主流；但到目前為止，中國社會的主要目標並不在於發展民主，更非一些西方人所說的「自由主義民主」。

顯然，這種民主文化的缺位並不利於政治民主化的進程。坦白來講，雖然在坊間有一些公開的民主訴求，但是在今天的中國，這種民主訴求並不強烈。我們在後文會談到自由主義思潮和劉曉波（見第五章）等民主體制的擁護者，但我必須強調，這些民主力量在中國仍然勢微且不被人知曉；他們受到了無情的壓制，而中國社會仍然整體上擁護這個一九四九年建立的政治體制。中國社會期待政府不斷改進，即提升效率，更好地服務人民，而首要任務是保障經濟發展和提升人民生活水準。

事實上，中國社會最重視個人財富的積累和消費，這在中國經濟飛躍當中發揮重要作用，但卻無法推動中國的民主化進程。當然，也許在生活變得更加舒適，百姓接受更好的教育、城市化進步和獲得資訊的能力增強之後，中國人會對個人權利提出更高的要求，會抗議權力的濫用，也可能會要求自由以及政府對自由的保障。但是，包括中產階級在內的中國社會，仍然大體上受到儒家思想的影響。他們崇拜權力，尊重社會等級，毫不了解民主國家的體制和政治運作。因此，中國人的民主思想是淺薄的，也仍然受到中共推行的、反西方的新儒家思想宣傳的影響，也受到菁英階層各種言論的影響。換句話說，中國政府蓄意包裝了傳統政治文化，從而能夠讓列寧主義霸權政治文化在中國社會，特別是在菁英階層中間，得以永遠留存。

第四章
萌芽中的公民社會和黨國體制監管的進一步收緊

中國現在這個自一九七九年來逐步成形的公民社會，是否會對執政者構成實質性的威脅呢？在可預見的未來，不會。正如我們所看到的，中國公民社會雖然不斷試探政治底線，但是它整體仍處於萌芽階段；它十分脆弱和謹慎，盡量避免風險和涉及政治議題，因為政治在中國仍然是非常危險的話題。公民團體繞過政治，在其他方面開花結果，特別是在社會、慈善、教育、文化或宗教方面，甚至是透過網路管道傳播。中共費盡心思阻止公民社會的發展，而不論如何，共產黨仍然將言論置於掌控之中，最直接的是透過政治上的眾多壓制手段，另外還有意識型態、行政組織、經濟和金融手段，從而控制大部分的社會團體來服從其政治壟斷、鎮壓和控制。另外，透過封閉的政治環境，共產黨能夠不斷改革和改善他們在天安門事件後設立的維穩機制，從而在管理公民社會和社會矛盾的時候更有效率。[1] 我們可以在中共吸納新成員，乃至吸納受教育菁英階層的能力上觀察到這一點。共產黨的民族主義策略，很有可能會幫助他們繼續維持政權。來自少數民族（藏族和維族）的挑戰無法對共產黨產生太大威脅。

換句話說，我的假設是：一方面共產黨做出了一定的讓步，給予社會更大的自治權利；但從另一方面來看，它也使用了更新的、更妥當的、更間接的手段，從而進一步加強對社會的管制並施加影響。[2] 另外，為了使闡述更加清晰，我們可以將政府和社會比作拔河比賽的雙方：這兩者之間有一定程度的連續，也相互「滲透」（interpenetration）；在可預見的未來，共產黨很有可能在這場拔河比賽中獲勝。[3]

中國公民社會實質性的突飛猛進

我們可以看到我使用「公民社會」或「公民」的理念，雖然這些詞語在中國都是一種禁忌。中國政府希望看到的詞語是「公共社會」或「人民社會」，且更傾向於用「中國的社會組織」，認為這是更為公平和平等的表述。共產黨雖然非常崇拜法國大革命，但是卻不願意面對「公民」的概念，這其實不難理解。在「公民」的背後，其實隱藏著對「民主」的呼喚，這是共產黨絕不想要聽到的。

不論如何，中國公民社會正在形成，而且處於不斷演進的過程中。[4] 部分社會力量在尋找能夠將公民社會轉變為「政治社會」（political society）的方法，一個由尤爾根・哈伯瑪斯（Jürgen Habermas）提出的詞彙。[5] 同時，黨國體制也十分警惕這種可能的變化，在可預見的未來，很有可能會用一種「具有中國特色」的手段來控制公民社會，特別是控制那些非政府組織。自一九九〇年代初期起，非政府組織的數量在中國便開始大幅成長。

在天安門事件之後，中國社會最重要的變化之一，就是社會組織數量的大幅度成長。不過大部分的社會組織是由「上面」成立的，也就是由共產黨自己授權設立的，並且需要在民政部登記。這些非政府組織，其實是「官辦非政府組織」（Government organized non-governmental organization）。中國政府一點都不喜歡「非政府組織」這個概念。

中國的社會組織數量於二〇二三年將近九十萬個（在一九八八年不到五千個），其中主要分為三種類型。[6] 第一類是社會團體（三十七萬三千個），它們是得到管理其行業的行政機構許可之下成立的團體。它們是專業團體，但絕對不是我們所說的「非政府組織」。作為在組織架構上更為靈活的主體，它們可以幫助政府繞過財務或招聘公務員的規定。這還包括共產黨傳統的群眾組織，比如共青團或中華總工會；顯然，這些社會團體不會對政府構成潛在威脅。

第二類是民辦非企業單位（大約四十九萬九千個），是更有自主權，並可以在教育、健康、文化、兒童保護、扶助老年人或環境保護等領域產生影響的團體。但這些團體經常是當地政府職能的延伸，而且覆蓋範圍非常廣闊，比如它們之中包含商會和行業協會。如果這種團體在政府註冊了，那就意味著政府已經檢驗了它們，並謹慎地確保它們不會威脅到政權。國家安全部門持續嚴格控制這些機構，避免它們轉變為政治組織或軍事組織。也就是說，這種威脅是非常有限的，大部分已經註冊的民非單位非常明白遊戲規則，它們謹慎地避免政治領域，將戰場搬到了文化或社會領域。[7]

第三類是基金會（在二〇二三年數量約為九千六百一十七個），它們是在二〇〇四年得到授權建立的，負責組織志願服務和為慈善機構及非政府組織提供資金。從二〇一一年開始，「非公募基金會」（即資金來源來於商界）的數量便已經超過了公募基金會（二〇一六年分別為三千九百七十一個和一千七百三十個），這也有可能與政府的政策傾向有所關係。不論如何，這兩種基金會都受到黨國體制的密切監視，很少有機會能夠為真正獨立的非政府組織提供資金支持。[8]

當然，還有一些沒有在政府註冊、性質模糊的非政府組織，這個數量非常難以統計（有人推測大概有二百萬到三百萬個）。它們處於灰色地帶，生存狀況並不穩定。有的是非正式的小團體，以朋友之間小圈子的形式存在；有的已經形成了組織結構，但是為了保護自己而以註冊公司的形式存在，因為在中國註冊公司要比申請成立非政府組織簡單很多。這些非正式的非政府組織從事的工作，整體上與官辦非政府組織差不多。但是，勞工團體是一個例外，這些非政府組織是由勞工法專業律師組成的律師事務所，他們關注社會運動（抗議和工人訴求），有時候起到自由工會的作用。他們受到政府的嚴密監視，在習近平上臺之後，政府對他們的壓制更加嚴酷，即便像廣東省一樣曾經相對環境較寬鬆的省分也是如此。勞團在二〇一八年後已全數遭到解散。

說起省分，其實省分之間是有重大差異的。比如雲南省，長期以來對於環境保護類的非政府組織展現出比其他省分更多的包容。但是整體上看，政府對於非政府組織的控制自從二〇一二年以來進一步加強，對於境外組織的管控則更加嚴格：自從二〇一七年以來，境外非政府組織不再受民政部的管轄，而由國安部管理。這項新規定大大強化了對外國非政府組織的控制，它們在中國的活動也急遽減少。外國非政府組織因此傾向專注於合於中國政府偏好的事務，對於媒體、人權或宗教等爭議閉口不談。如今，絕大多數外國非政府組織都是工商業團體；二〇二一年，新登記的辦事處當中，有百分之八十屬於此類團體。[9]

最後，官辦非政府組織可以臨時組建，比如在嚴重的自然災害期間，像二〇〇八年的汶川大地震；或者出於一個特別的鬥爭使命，比如為了反對建立高污染工廠。但是在這種情況下的非政府組織都比較脆弱，經常是曇花一現。[10] 在更常見的情況下，社會和政治活動（別忘了，在中國「並不存在」非官方的政治活動）經常是以更為非正式的方式進行。一場運動有可能是因為社群媒體上網路用戶自發地推動，也可能是由個體牽頭發起的。二〇〇〇年代就出現了這樣的情況，河南省的一名醫生高耀潔對於抽血針頭引起愛滋病肆虐問題展開行動。

不論如何，我認為，那些希望透過非政府組織數量的成長來牽制黨國體制的想法是不切實際的。相反地，黨國體制已經掌握了話語權，透過為這些非政府組織提供資金，從而讓它們完成愈來愈多他們本身也許不願意完成的任務。正如戒嚴時期的臺灣一樣，中國的非政府組織僅僅只是在國家的政治、社會、教育方面發揮補充的作用。當然，一些官辦非政府組織有時也會在某個遠離中央的區域，對地方事務有正面作用，例如揭露一起社會或環境醜聞。但是這種程度的介入有時能夠得到政府鼓勵，因為它有助於政治體制的改善和鞏固。在這種情況下，共產黨自二〇一〇年以來，也在地方建立了一系列自己的非政府組織。比如上海市黨委就建立了負責慈善和扶助老年人的組織。更有意思的是，這些機構也在其內部設立了黨的委員會，負責動員志願者和推動政府服務。[11]

經過以上簡短的分析可以看出，這種非政府組織其實是「從屬性自主」（dependent

autonomy）的，他們必須要從屬於黨國體制，這種機制便是潔西卡・蒂茨（Jessica C. Teets）和其他學者所提出的「協商威權主義」（consultative authoritarianism）。[12] 此外，到目前為止，那些為非政府組織提供基金的私立基金會也沒能擺脫這種屬性。換句話說，這些曾經被黨國體制所厭惡的非政府組織，從此以後有了在中國存活的機會。但是如果它們想要活下來，就必須與政府合作；而作為回報，政府會幫助它們。到目前為止，中國的黨國機器已經展現出了自己能夠維持這種機制，並且控制局面的能力。

網際網路能夠帶領中國「走向民主」嗎？

答案是不能，至少說，單單只有網際網路並不能夠讓中國走向民主。網路也許能夠幫助宣傳或者推動民主化的進展，但這建立在民主化進程開始的基礎之上；網路有助於動員群眾共同為了某一個目標團結起來。但是，如果我們認為一種新的溝通工具的產生，就能夠改變人們的思想，同時解決菁英階層和社會民眾的思想斷層問題，便實在是太過天真。除非政府願意推動民主化進程，網際網路才有可能發揮積極作用，但這與黨國體制的根本方向相違背。在可預見的未來，我們可以說，共產黨一定會繼續阻止民主化的進程。[13]

當然，網際網路在中國的發展為民眾提供了一個允許公眾討論的輿論空間，而在這之前中國並不存在這樣的場所。在中國，電子設備的持有率非常高（二〇二四年，十一億中國人擁有iPhone，其中的三億來自農村），寬頻網路非常普及，這促進了公共辯論，也從更高的層面促進了私人商業活動的發展（購物、支付、銀行、電子遊戲等）。在馬雲帶領的私人企業阿里巴巴的推動下，網路經濟在中國比歐洲甚至美國都更加風靡一時。

但與此同時，在中國，網路處於嚴苛的政治和思想監視下。從一九九〇年代開始，中國政府已經建造了「防火長城」（The Great Firewall），它使用了思科系統（Cisco System）等西方企業和華為等中國企業的技術。這種防火牆將中國與著名的臉書、谷歌、推特（後更名為X）隔絕開來，並且可以避免中國民眾看到政府認為政治上、思想上危險的境外網站和部落格。防火牆還可以審查來自境外的類似資訊。防火牆代表了中國一直以來信奉的「主權主義」原則，這也是中國在國際舞臺上所信奉的原則。[14] 打擊淫亂內容網站是政府在採取嚴厲審查制度時候常用的藉口，但其目的是消除一切政府不喜歡的內容。另外，習近平在二〇一三年底帶領並親自主持一個新的中共中央領導小組，專門負責網路安全和資訊化。二〇一八年三月，這個領導小組變成中央網路安全和資訊化委員會。這個委員會下負責監督網際網路的行政機構雇用大量人手，專門引導網路辯論的方向，並刪除他們認為有害的資訊（從二〇二四年三月起，由中共政治局常委蔡奇主持這個委員會）；[15]這些被評論家稱為「五毛黨」的人，由於在網路上每發布一則政治正確的訊息可以獲得五毛錢而得名。這些「網路警察」在初期的數目就達到四萬人。但在今天，這些網路警察因為在網路散播政治、經濟和金融的「流言」，被廣大網路用戶怨恨。[16]在二〇一七年，負責過濾資訊和清理網際網路的「控評人員」數量已經達到了二百萬人，他們有的為政府服務，有的為私人企業服務。他們的數量還在不斷增加。[17]

中國並不是唯一採取這類網路安全政策的國家，所以我們可以說，中國在繼續控制網路的過程中，其實獲得了不可忽視的國際支持。除非政局變動，我們看不到黨國體制會放鬆網路管控的可能性。在習近平領導下，網路控制進一步加強，而對其的技術和資金支援愈來愈豐富；想必在未來，北京也會持續保持這樣的態勢。國家主義也發揮了助其一臂之力的作用（見後文）。自二〇一六年開始，在網路上出現了一支國家主義軍隊「小粉紅」，他們以「自願」的名義，專門在網路上攻擊那些批判共產黨或習主席政治決策的人。[18]

在這種高壓環境下，中國網路用戶還能做些什麼呢？

首先，大部分網路上交換的資訊實際上是去政治的。更進一步地講，網購和其他網路服務的發展，實際上源於中國人對消費、娛樂、體育、遊戲和賭博的高需求，而民眾這種傾向正中政府下懷，讓其滿意之餘，也能透過打擊網路詐騙來換取民意。網路詐騙常常來自境外，在中國有許多用戶深受其害。

另外，政府的控制手段並沒有我們所想像的那麼有效率，政府審查是一種間歇性的行動。即使是在習近平時期，大部分網路用戶仍然透過ＶＰＮ（在中國有九千萬用戶使用這類虛擬私有網路）來瀏覽被封禁的境外網頁，而這特別是透過購買一些較為複雜的外國ＶＰＮ得以實現。政府對這些ＶＰＮ有一定的容忍度，特別是針對菁英階層、研究尖端科技的研究學者或中國及外國的企業（見第六章）。不同的地區情況不同，比如在北京使用ＶＰＮ突破防火牆比其他城市困難，因為北京是中國的權力中心。

此外，為了自身利益，政府不會像有些人想的那樣盲目剝奪網路自由。在網上發布的資訊和觀點對他們來說也是有用的，可以更好地了解公眾觀念的變化，對全國和地方的情況有所了解。而且，網路已經成為城市新興中產階級和憤青發洩的重要管道，對政府來說是一道安全閥。最有名的例子之一便是韓寒，身為作家和賽車手，這樣的個人在很大程度上享受在部落格上創作的自由。[19]

當然，在最近幾年，中國政府將微博（國有企業新浪在二〇〇九年開設的社群媒體平臺，很大程度上借鑑了推特）的眾多部落格加強管制，對於騰訊或搜狐等公司建立的平臺也是一樣。例如，自二〇一三年開始，政府就禁止某些人成為微博上被稱為「大Ｖ」的著名公眾人士，比如藝術家艾未未和法律學家賀衛方，將網路限制進一步強化。[20]由於政府要求用戶使用本人實名註冊微博帳號，這使得微博註冊用戶數量從二〇一二年的五億人，在二〇一五年降為二點二億人。今天最為著名的十個微博帳號，都是電影演員、電視明星的帳號了。

不過，微博只允許人們發布相對簡短的訊息（五百字），而微信（目前有十一億用戶）在這方面的限制則更為寬鬆。百度百科等論壇（百度百科與維基百科相似）也顯然需要受到審查限制。中國網路用戶知道這些情況，在需要就政治問題溝通交流時會非常謹慎。他們開始自我審查，並採取安詩琳（Séverine Arsène）所稱的「又清楚又模糊」的表達方式來溝通。實際上，中國與世界其他國家一樣，網際網路，尤其是社群網路創造的新公共活動空間，其實是破碎、曇花一現的。觀點相似的網友（例如，新左派的網站）或相同利益的人更傾向於聚在一起，從而限制了辯論的多樣性，減少了人們的對立。另外，在中國這個空間遭到審查和扭曲，而那些有利於真正政治改革的自由主義網站和部落格，一個接一個被關閉了。[21]

狄忠蒲等人的調查研究顯示，中國網友整體上顯示支持網路言論自由（見第三章），卻認為自己沒有受到審查制度影響（多數用戶表示沒有遭遇審查：百分之七十二的人未遇過封鎖的網站；百分之七十七的人未遇過訊息被刪除；百分之九十一的人未遇過帳號封閉）。但如果審查制度確實影響了他們在網路上的活動，百分之四十九的受訪者態度是「無所謂」。[22]

最後，網路對於穩定政權非常重要。網路讓政府有了新的手段來觀察、控制甚至預測群眾的行為，比如潛在犯人未來的犯罪，儘管在我看來這是存疑的。這就是為什麼政府允許人們在網路上開展辯論，對於批評意見採取一定的寬容態度，因為這種新的表達方式能幫助政府來管理和預見風險。另外，國家安全機關迅速收集巨量資料（即大數據），其中包括個人資料和商業數據，他們可以不受譴責地持續積累資訊，再運用快速發展的人工智慧技術分析。這已經成為政府的重要任務之一，使得中國政府完美地變成了歐威爾《一九八四》中的「老大哥」。其效率和自由度不斷提高，已經與史諾登事件後的美國國家安全局一樣舉足輕重。[23]

在這種情況下，我們很難想像，自由政治運動能夠在網路審查的打壓下，還以網路為媒介發展起來，而完全的言論自由就變成一件更不可能的事情。躲在螢幕後面苦守個人利益和觀點的中國網路用戶，恐怕無法成為一支能夠與政權抗衡的政治力量。他們只是一個孤立且敏感的消費者集合。簡要地講，網際網路的出現讓政府能夠接受多樣性的存在，更願意聆聽民眾意見，但只依靠網路是無法令這個政體實現民主的。

關注衝突事件的治理機制

在中國，每一年有成千上萬的社會衝突事件（二〇一〇年有十八萬起，而一九九三年只有八千七百起）以及數量眾多的「秩序混亂」情況（二〇〇六年有六十萬起）發生。這些衝突事件的起因，可以是農業用地充公、工人失業、欠薪拖薪、環境污染、犯罪事件處理不當或行政決策不公平。這些被中國官方媒體稱之為「群體性事件」的衝突，是否能夠對中國政治制度的演變起催化作用呢？

這個問題的答案同樣是否定的。中國的政權是「威權」但不「極權」，自從天安門事件以來，此政權已經學會更好地處理社會衝突。他們首先將社會穩定設為主要目標，以保持中國經濟的快速發展：黨國體制的統治階層，顯然已經明白如今什麼能夠決定他們的升遷。除了經濟成長率和環境保護之外，維持穩定秩序的能力和預測「群體性事件」的能力，也已經成為重要的決定因素。這也就意味著他們要能夠將群體事件扼殺在萌芽之中，透過動用最基層的行政命令來完成，防止像血液流入其他血管一樣從一個村莊、企業、縣或城區流向其他地區。

當然，這些群體性事件的數量在一九九〇到二〇〇〇年間不斷成長，凸顯了不同群體對政府所採取措施的失望，同時也體現了政府對於群眾的維權要求採取了更加寬容的態度——他們很清楚群體性事件的原因所在。拆遷的賠償過低，倒閉的國有企業大量員工失業，得不到應得的工資或收入在物價上漲的情況下顯得太過微薄（特別是在沿海地區），一個污染企業將在居民區設點，這些都是群眾維權的導火線。

到二〇一二年，公安系統停止向外界公布「群體性事件」的相關數據，但是有人繼續預測每年數量大概是二十萬起，平均每天就有五百起。[24]但是大部分衝突並不是由政治原因引起的，不論是城市（罷工、遊行示威）還是農村（區、縣政府所在地的遊行）的群眾運動組織者，都小心翼翼地確保其組織的活動不被政府認為是政治運動。這些群眾運動的規模可大可小，從五十個人的遊行示威到幾萬人不等。另外，這些運動往往都是地區性的，很難成為可以燎原的星星之火。除非在工業化的地區，如廣東省或珠江三角洲區域，為外商工作的民工也有相似的維權訴求，選擇聯合抵抗聽命於共產黨的官方總工會，但這是少見的特殊情況。[25]二〇一四年本田工廠事件就屬於這類革命運動，對政權造成了潛在威脅。最後，也是特別重要的一點，社會衝突是由遭受不公平待遇的情緒（即「冤情」）引起的，而不完全是對社會不公平情況的嚴正抗議。換句話說，與一些像法國的托瑪．皮凱提（Thomas Piketty）的西方人士所想的不同，比起歐洲人來說，中國人更能夠接受明顯地、不斷加劇地收入不平等，這很少構成社會運動的核心原因（見第六章）。[26]

社會衝突的這些特點為政權提供了便利，而政府在今天主要的處理方法是壓迫和談判。通常，政府會逮捕領袖人物，但是與大部分抗議者或態度較為溫和的一部分人展開賠償的協商。如果抗議的對象是一個公司，當地的黨政機關便會扮演協調人的角色，但態度往往並不中立。在大部分情況下，政府會維護企業主而不是工人的利益，而其藉口往往是「為了經濟發展」。這種傾向性實際上已經與國際共產主義運動的歷史使命相背離。但是正如我們所知，對於黨國體制的統治階層來說，最重要的考核標準就是他們所在區域的經濟成長速度。而且，他們本身也是企業家，家人的偏見也會直接或間接對他們產生影響，所以他們也出於私人的意願，不希望公平的天秤向工人方面過多傾斜。在某些特別的情況下，調停的結果會比較公平，對工人或者受雇者有利，這就是當抗議對象是一些外國、香港或臺灣企業的情況。只有遇到這些公司時，在當地政府特別熱情地推動下，對工人有更多保護的二〇〇八年新勞動法才會加以嚴格實施。但是中國企業由於受到「經濟上的愛國主義」所庇護，通常能得到寬限期，或者一定程度上的照顧，這是他們的外國競爭對手永遠不會獲得的。

不論如何，當權者對於「群體性事件」特別警惕。從整體上看，他們懂得用「蘿蔔加大棒」的手段進行處理。如果當地政府控制局勢失敗，更高行政階層上的管理者就會介入，毫不猶豫地採取行動令抗議者回歸理性，從而重新穩定局面。二〇〇八年的甕安騷亂就是這樣的例子。甕安是貴州省的一個小城，在二〇〇八年，有流言認為一名公務員強姦並殺害了一名年輕女子。在當地警察拒絕調查相關流言之後，成千上萬人遊行示威，他們透過手機簡訊聯繫並迅速集合，在政府駐地放火，並焚燒警車。後來，省政府開始介入重建當地秩序，甕安政府負責人遭到撤職，另有多位官員遭到革職。

這種對於社會衝突的管理方法，讓我們看到黨國體制是如何像企業一樣開展談判。與其跟社會團體談判，政府選擇繞過他們直接與抗議者個體談判。我們已經知道，共產黨對於任何一種自由工會都會過度敏感，即使在基層，勞工相關的非政府組織都會受到嚴密監視，一旦有必要，政府會毫不留情地解散他們。但是，政府在二〇〇一年修改工會法，允許由抗議者選出的工人代表跟官方工會共同處理勞工糾紛。[27]雖然這項法律很難真正落實，但是這也體現了勞工糾紛的處理方式較為靈活，以社會穩定為首要考慮因素。此外，如阿里巴巴等很多大型企業，都傾向於採取這種方法，主要是為了保護企業形象。另外，由於城市化和工業化（水壩、工廠、公路的建設等）的需求，被迫放棄自己土地的農民也開始得到政府更多的補貼。

整體上看，自亞洲金融危機（一九九七至一九九八年）以來，政府在「維穩」方面的投入愈來愈大。維穩經費自從二〇一〇年以來已經超過軍隊支出，這包含的手段不僅是壓迫性的（非法監獄，專門用於在將其釋放之前控制抗議者和人權律師），還有其他一系列措施進行維穩，包括對於農民工（在中國約有三億人）以社會救濟、提供住房、教育等方式進行管理。[28]

換句話說，黨國體制已經學會了與社會協商的方法，並且有自己擅長的手段。由於社會群體處於零散、沒有組織結構的狀態，因此協商對於政府更為有利。有些觀察者會質疑政府的財政能力是否能夠繼續維持維穩的經費；顯然，這在經濟成長速度放緩或社會危機的情況下會更加困難。但我們能夠說這樣的情況短期之內不會發生。中國政府一直都很富裕，而且一直展現出很高的徵稅能力。最後，即使抗議者們能夠以現代通訊方式更快地進行動員，讓政府措手不及；但是政府的行政管治，特別是公共安全部門的管治，使得抗議者難以形成組織，更不必提政治組織了。

因此，在上述方面，政府也已經找到了「新的威權平衡」，並且這種平衡很有可能會繼續持續下去。

司法改革的重啟與司法獨立的嘗試

上述這些非正式的方式顯然不足以應付日益嚴重的社會衝突，而愈來愈多不同階層的群體，包括商界和中產階級，都在向體制尋求更高程度的司法安全。[29] 習近平的領導班子對這種要求了然於心。在忙於開展反腐運動的同時，他也在二〇一四年秋天（十八屆四中全會期間）開啟了司法體制改革。這一場改革最重要的目的，是更好地培訓地方法庭和法官，儘管司法系統已經比十年前更加專業化，同時削弱我們所說的「司法保護主義」傾向，即地方政府干涉司法系統以處理社會矛盾問題。因此，每一行政層級的法官與檢察官都在黨的政法委員會占有席位。雖然這個原則沒有在那些政治案件中被貫徹，但不論如何，這次改革使得垂直管理原則在司法系統中的地位被確立，地方政府將會更難加以干涉。此外，國家也設立了可以跨行政區劃管轄的司法機關。最終，司法系統的財政預算將與地方政府的預算分開，其人員的薪酬也不再由地方支付。[30]

當然，倘若現在就要評價這項改革，未免為時過早。很明顯，這項改革的目標並不是要去除現今政權的壓制手段。二〇一三年勞教制度被廢除，但這並沒有終結政府單方決策的拘禁行為。二〇一五年七月，政府逮捕了約二百名律師，他們被懷疑為政治相關嫌疑人辯護，這也揭示了此項改革的局限性。但是改革的目標是明確的，旨在為以下人士提供司法安全：首先是商界人士，然後是與企業法人發生糾紛的個人、與政府發生糾紛的個人，以及為與企業產生糾紛的受雇者。政府推動此項改革，主要是為了確保經濟發展、保護知識產權、促進創新、維持社會穩定等事務提供良好的法制環境。[31]由於異見人士和活動分子變的邊緣化，數量有限的他們並不被社會的大多數所知道（大部分境內的中國人連劉曉波的名字都不知道），而政府也因此有了機會在令這些人噤聲的同時，看起來像是正在積極推動改革，從而穩固自己的執政合法性。儘管在西方，我們只會認為黨國體制這樣的行為反而是在「削弱」自己的執政合法性。

宗教復興及政策變化

現今中國另一個值得關注的現象是宗教的復興。[32]這種現象吸引了眾多政治學家的關注，因為它某種程度上代表了中國的經濟飛速發展，創造了精神上的空洞，尤其是對於那些政治和經濟菁英階層來說。宗教的回歸是否有助於之前已經觀察到的社會民眾「自主化」的發展趨勢？如果是這樣，宗教組織或許至少是它們當中最獨立的那一部分，而他們會不會像在韓國、臺灣一樣，成為民眾追求社會乃至政治權利的先鋒？基督教在中國得到前所未有的發展，眾多政治活動家皈依基督教的現象會不會有助於推動民主運動的勢頭？

首先我們需要注意，雖然在中國，宗教信仰的自由是被法律所保障的，至少對於非共產黨員來說，但是合法建立的宗教組織（佛教、道教、伊斯蘭教、新教和基督教）仍然受到政府的嚴密管控，受到國家宗教事務局的管理，甚至需要符合共產黨中央委員會統一戰線工作部的領導。與毛澤東時代不同，今日的黨國體制不再反對宗教。共產黨甚至認為宗教具備積極作用。首先，在文化大革命期間和改革開放後，中國的社會價值觀被政治極端主義和自私自利思想的影響而惡化，而宗教宣揚的正面社會價值觀有助於彌補不足；就像官方的非政府組織一樣，宗教透過慈善事業可以幫助國家實施社會政策。此外，與過去的情況相同，宗教有助於團結民眾專注於精神追求，從而不再關心政治和反抗體制，這都是政府希望看到的結果。換句話說，「宗教是人民的鴉片」（馬克思對宗教的評價），而且在控制用量的情況下，是一種有積極作用的鴉片。

整體上看，宗教團體及其活動自從一九七九年開始重新得到發展，自一九八九年開始更為活躍，但是並沒有對政權構成威脅。大部分宗教活動，包括未經授權的宗教團體活動，都與舊時相同：他們不關心政治，並全心全意從事宗教唱誦，建立團結、互信的基層宗教組織。然而，中國的宗教復興對於黨國體制來說也暗藏風險，對此中共還是相當清楚。這就是為什麼中國優先發展所謂的「中國」或「祖國」宗教，這包括道教（百分之一的人口信奉）和佛教（百分之十八的人口信奉），儘管佛教實際上發源於印度。同時。相對於所謂的西方宗教基督教（一九八二年有六百萬人信奉，二〇一〇年有七千萬人信奉，而現時則有九千三百萬到一億二千三百萬人信奉，約占百分之七到九的人口）和伊斯蘭教（二千三百萬人信奉，約占百分之一點八的人口），政府優先發展地方信仰（約占百分之二十二到三十的人口信奉）。[33]政府對於所謂「本國宗教」，容忍度更高。

當然，正如我們知道的，在一九九九年江澤民毫不留情地打壓法輪功，而其繼任者都追隨他的政策。這個不被中國政府認可的佛教宗教組織，專注發展「氣功」。由於法輪功嘗試建立一個非常有組織的全國性宗教團體，不斷向政府要求合法化，從而失去了政府的信任。不過，各種寺廟和道觀在中國四處開花，他們不僅是宗教聖地，也是旅遊目的地和政府收入的來源，地方政府因此對它們特別支持。目前，除了已經被列為「邪教」，仍然有約千萬信奉者的法輪功外，沒有任何道教或佛教團體企圖涉及政治議題，更不會與政府意見相左。即使共產黨員理論上應當是無神論者，黨仍然對那些信奉了道教或佛教的共產黨員加以寬容，但是對信奉伊斯蘭教和基督教的黨員就不會如此仁慈。

對於政府來說，伊斯蘭教也是一個棘手的難題，這一點我會在後文談到新疆的時候再深入闡述。簡單來說，目前中國主要的穆斯林群體是新疆的維吾爾族（一千一百八十萬人），但是回族（一千一百四十萬人）也很大。回族主要集中在寧夏，但是在中國的眾多省分和城市均有分布。由於他們與漢人區別不大，已經被深度同化，回族不會成為北京的政治威脅。另外，雖然我們發現，中國眾多穆斯林開始回歸宗教，但是伊斯蘭教的傳播仍然只限於這一群歷史上長期信仰伊斯蘭教的少數民族，並沒有向其他民族或群體傳播。

中國基督宗教的迅速發展對政府來說顯然也是一個難題，[34]但其中問題的性質和程度不盡相同。中華人民共和國和梵蒂岡的外交關係自從一九五一年破裂後一直沒有得到重建。自此以後，雙方一直在進行討論。二〇一八年得到暫時協議，雙方在主教任命方法上達成了共同意見：由聖座根據中國政府提供的名單來任命。同時黨國領導的天主教愛國會與羅馬教廷承認的地下教會之間關係有所改善。目前的情況，中國的天主教徒（九百至一千二百萬人，其中六百萬人屬於官方教會）並不是有影響力的改革或政治異見派。

對北京政府來說，各種各樣的「非官方」新教宗教團體才是真正的政治威脅。基督教徒數量以前所未有的速度迅速成長（每年大於百分之十），有數據顯示其增加速度超過了共產黨員的增加速度（基督教徒每增加一億人，而共產黨員增加九千八百萬人），這顯然令北京感到擔憂。這種威脅並不是來自受到政府嚴密管控的官方教會（有約二千萬信奉者的愛國教會），也非來自一些小眾信仰（如福音主義者、五旬節運動、千禧年信徒或密教徒）。儘管某些教派（比如全能神教會）是有危險的，因為他們可能會以暴力手段來團結教友；[35]在這些時候，政府會在民意的支持下強勢鎮壓。我們難以看到上述宗派有能力掀起類似「太平天國運動」（一八五〇至一八六四年）的政治運動。[36]最後，這種危險也不會出現在那些家庭教會中（在二〇二三年信徒數量約為三千五百萬人）。[37]這些家庭教會或城市教會，大部分是開展精神活動或社會活動的團體。

事實上，在中國與世界其他地方一樣，非天主教的基督教組織分散且缺乏等級制度，這種現象對宗教政治化同時有促進和分散的作用，也逐漸產生了兩種並行不悖的現象：有些地下教會有時與境外（特別是美國、加拿大、澳洲、香港、臺灣）的姐妹組織有聯繫，走向政治化道路；愈來愈多的活動家和政治異見人士公開信奉基督教，從宗教中尋找必要的勇氣。與此同時，基督教徒在長江以南（安徽、江蘇、浙江和上海）地區分布較為集中，而這個區域在政治上十分重要。基督教徒一直以來也較集中在河南、河北和福建地區，這幾個省分經濟發展較為落後。基督教徒在其他地區的分布明顯較少。地下基督教思想和政策仍然相對較為薄弱和不成系統。

在可預見的未來，黨國體制將有能力控制這種「政治天主教主義」的上升趨勢。一方面，政府任命的主教將會把家庭教會融入到官方基督教會中，而且只允許不涉及政治的教會合法存在。[38]另一方面，政府會繼續追查國內已經政治化的、或者已經與境外建立聯繫的異見組織。這些聯繫其實具有兩面性：一方面，這些教會透過這些聯繫帶來了資金及其他各種形式的幫助，卻會招來政府公共安全和國家安全機構（反間諜機構）對於共產黨所謂「西方敵對勢力」的嚴密監控。美國福音傳教士的活動就是這類情況，他們以思想較保守聞名。傅希秋牧師（Bob Fu）的對華援助協會也是一個例子，這是一個公開的專門援助中國家庭教會的機構。

中國的新教教會與他們的香港或臺灣教友的聯絡，也是國家安全部門著重關注的議題，而這自習近平上臺之後愈發嚴格。這些組織在中國扎根時間長（衛理公會、長老會、聖公會）或產生自當地基督教義（比如靈糧堂，在香港及海外華人中影響力很大），因此政府很難鎮壓。它們在中國的新菁英階層（企業家、私企管理人員、學生）具有特別的影響力，並且具有天然的窗口通向自由世界，因此在中國民主化進程中能夠起作用。最後，一些新的家庭教會在一九九〇年代的中國產生，比如異見人士余杰在二〇一二年逃亡美國之前從屬的北京方舟教會，這些教會具有鮮明的政治要求——傳播民主思想。[39] 其他比如守望組織的觀點比較溫和，但也具備政治訴求——勸說政府承認地下教會。[40] 由於受到國安機構的追查打擊較臺灣和韓國民主化之前更為嚴重，因此這些教會也更為隱祕，他們的政治思想已經在中國的異見領域產生重要影響。因此他們將成為能夠長期促進政治革命進程的社會力量。

整體上看，基督教義特別是福音教徒思想，在中國的發展處於上升趨勢。有研究表明，二〇三〇年中國的基督教徒數量將達到二點二五億（占總人口的百分之十六）。[41] 在目前的宗教組織中，基督教給共產黨帶來的危險最大。愈來愈多共產黨員，認為自己可以在參與一個無神論組織的同時，保留自己的基督教信仰。[42] 共產黨為了控制這一趨勢發展做出眾多努力。雖然二〇一八年共產黨開始要求黨員要麼放棄宗教信仰，要麼離開共產黨，但收效甚微。不過，與其他第三波民主化的國家不同，中國政權對於宗教組織乃至地下組織都管控嚴格，有能力繼續維持宗教組織的分散，因為共產黨深知，宗教自治和團結將導致其政權合法性削弱甚至喪失。更重要的是，基督教在中國很可能一直會是個非主流的宗教，因為它被認為是西方世界的產物，在民族主義者看來是不合理的存在。雖然現時基督教信仰在菁英階層已十分普遍，但若誇大基督教在中國的長期影響力則是錯誤的，它影響中國未來政治走向的能力也應受到質疑。

共產黨仍然頗具吸引力

從黨員數量來看，中國共產黨和印度人民黨是世界上可以相媲美的兩個最大政黨。在二〇一五年的時候，中共黨員的數量還少於印度人民黨（分別為八千七百八十萬人與八千八百萬人），但自那之後便維持世界第一的數量（二〇二二年底數量為九千八百零四萬人），儘管按照一些報告，印度人民黨有一億一千萬人。無論中國共產黨是不是世界上最大的政黨，對於任何想入黨的人而言都意義重大。加入共產黨是能夠在體制內獲得職業發展的必要但非充分條件件，這包括政府、國有企業、事業單位及共產黨的組織機構。加入共產黨也是新菁英獲得政治權利、法律保護、經濟優勢和政府庇護的最佳手段。當然，部分企業家、學者或自由職業者也會選擇加入其他八個合法且受共產黨領導的所謂「民主政黨」之一，從而能夠在體制內當中發展（人民代表大會、政治協商會議），因為這些機構必須要有一定的非共產黨人員席位（在上述兩個機構中比例分別為百分之三十和百分之七十，見第一章）。這些黨派總人數大約一百萬人，處於邊緣化地位。[43]

共產黨是一個菁英的政黨，它有意保持這種形象，且正在愈來愈菁英化。當然，在天安門事件之後，共產黨黨員在人口中的比重愈來愈高，從一九九四年的百分之四點四成長到二〇二三年的百分之七。想要加入共產黨的流程非常冗長，並且需要經歷多種考核；自習近平上臺之後，對黨員的考核項目愈來愈多，且愈來愈嚴格。習近平希望能夠提升新共產黨員的職業素養、思想意識和精神層次。因此帶來的影響便是共產黨的實際加入人數成長放緩：在二〇一四年，共產黨入黨人數成長百分之一點三，二〇一五年為百分之一，而二〇一六年只有百分之零點八；在二〇二一年（共產黨一百週年）時來到百分之三點七，但是二〇二二年則只有百分之一點四。[44]

從一方面看，中國共產黨有點類似於一個少數民族：大部分中國人並不是黨員，他們並不在意政府的政治決策，不關心國家或黨國事務。他們認為日常生活和未來發展與共產黨和政府的關係不大。因此他們認為沒有任何需要加入共產黨的理由。不論如何，由於入黨的條件非常嚴格，且共產黨的招募重點是新菁英或未來菁英（企業家和學生）以及更多女性（在二〇二三年女性黨員的比重為百分之二十九點九，而一九九八年時比重只有百分之十四），因此很多人認為自己與共產黨的招募毫無關係。

不過從另外一個角度來看，由於共產黨對於國家和社會持有支配權，人們很難，甚至說不可能忽視共產黨的存在。幾乎所有公務員、軍官和國有企業管理人員都是共產黨員，不過在其他領域，共產黨員的比重就相對較低。共產黨員在中產階級（管理層、工程師、技術人員）的比重，遠大於工人和農民群體的比重（目前為百分之三十三點三，二〇〇五年為百分之四十四），這些數字隨著經濟發展一直在變化。[45]今天，百分之五十四點七共產黨員擁有本科及以上的學歷，而在二〇〇五年，這個數字是百分之二十九。[46]

自二〇〇六年開始，有消息稱，在中國一千二百七十萬私人企業家中，有三分之一（四百三十萬人，即百分之三十四）的人加入了共產黨。這個比例在近年來因為私人企業的數量翻倍（二〇二四年為五千二百萬）。按照官方消息，二〇一八年，私人企業的百分之四十八有黨委，百分之九十二的五百大私人企業有黨委。[47]不過，近幾年來共產黨僅招募了少量「新貴階層」企業家入黨。二〇一六年，只有約一點四萬企業家入黨（二〇〇五年數量為一萬人）；大部分中小企業家並不認為他們有特別理由投資政治，他們全心全意打造職業生涯和企業未來，而不是花時間試圖加入共產黨。但是如果他們的企業經營良好，並獲得成功，便會引起共產黨的關注；共產黨會透過各種各樣的方法干涉他們的企業，並向他們提出入黨邀請。我們可以說，共產黨的這種關注具有一定的剝削性質（權力尋租或者受賄），但整體上看，其目的是獲得支持和實施控制：共產黨想要獲得所有經濟財富創造者的支持，並控制他們中最重要的一部分人，以便於及時阻止不受共產黨控制的中產階級組織的誕生，尤其是那些具有政治野心的組織（見第五章）。

自二〇〇〇年開始，中共就開始全面實施，由江澤民提出的吸引和同化新貴階層的策略。這個策略有著清晰的目標：令新貴階層對黨忠誠、對黨依賴。從另一面看，對於這些企業家來說，由於他們的生意逐漸擴大，也需要與國家建立更多聯繫，加入共產黨就成了一張王牌，甚至是一個必需品，因為這有助於增加與政府的交易，並降低這些交易成本。當然，這也少不了要給政府一些好處費用。不過，為了保持自主權，有些企業家不希望加入共產黨。他們加入當地的人民代表大會或政治協商會議，希望能夠在當地的政策決策層面產生一定的影響力（雖然這非常有限），並且獲得政府更多的保護。不論如何，中共成功地令私人企業對它產生依賴，引導他們往黨的政策方向走，並確保企業的利益與現政權的利益一致（見第五章）。

在現在的社會經濟背景之下，加入共產黨有什麼好處呢？大部分新黨員的目的都是非常實際甚至自私的；當然，我們也不能排除其中有一小部分真正的理想主義者存在。入黨意味著獲得一系列好處，例如能夠獲取更多資訊、參與政治討論，特別是在黨內獲得有用的、能夠保護自己的人脈。入黨也有一些不可忽視的缺點，比如每個月需要向黨上繳個人收入的百分之一至三作為黨費（對於高收入的企業家和其他人員，比率更高），也需要定期參加冗長、無聊的思想會，學習來自中央的指示，同時前往國外的行動自由受到限制。隨著習近平就任，這些限制更加顯著而且必須每天讀習近平思想。很多普通黨員產生了無力感和挫敗的情緒，因為決策和提名的權力高度歸於中央；雖然胡錦濤在二〇〇七年開展了「黨內民主」運動，這本是一項長期有效的運動，但如今已經被人忘卻。[48]

這就是為什麼，我們稱之為「沉默黨員」的人數愈來愈多。在過去三十年間，大規模人口流動和城市化是造成這種現象的重要原因。例如，很多學生在學業結束後就與共產黨產生了距離，特別是對於那些在私人企業工作或去國外繼續深造的學生來說，但他們仍然維持著黨員身分。另外，共產黨黨員平均年齡上升（二〇二三年有百分之二十四點四的黨員是三十五歲以下；而在一九八八年則有百分之二十七），而且百分之二十點三的黨員是已退休人員。換句話說，典型的中國共產黨員是一名四、五十歲的男性，具有大學或技術高級院校學歷，在體制內從事管理工作。[49]

從更宏觀的角度看，基層共產黨員的形象產生了很大變化，甚至可以說他們的社會政治身分變得更加多元化，這也潛在地對黨組織構成了威脅。中國共產黨變成了一個「無所不管、黨國合一的民族主義政黨」，與從前的國民黨有幾分相似。不過，共產黨員中有些人對毛澤東時代無比懷念（黨內管理層、內陸地區人員、退休人員、知識分子領域），有些人嚮往自由主義（主要是私人企業、學校和沿海地區人員），也有很大一部分人是追隨別人的中間派，根據情況變化、勢力懸殊，特別是中央的傾向來選擇陣營。

從社會學的角度看，有中國政治學家將共產黨黨員分為五類人：[50]

（1）黨內管理階層（處級以上的六十五萬人）：他們是規則制定者。

（2）商業菁英，包括國有企業管理層和私人企業主：正如我們所見，他們具有眾多經濟資源並且與政府保持密切關係，具有較大影響力。

（3）公共知識分子和教育界菁英：這其中包括意見領袖，只有當他們的觀點能夠得到前兩類人認可的時候，他們才能夠產生影響力。

（4）被動黨員：這是中間層管理者、工程師、技術工程師和雇員。他們具有投票權（在組織提議的候選人中做選擇）和話語權，但是影響力很小（占黨員人數的百分之二十五）。

（5）底層黨員：農民、工人、退休者，特別是國有企業曾經的雇員及學生（黨員人數的百分之六十六）。[51]

換句話說，共產黨是由總人數的百分之十（大約八百萬人）的一小部分人所管理，這是一種充滿緊張和不確定性的狀態。不過到目前為止，共產黨的吸引力仍遠超不利因素，很多人願意成為其中的一名普通黨員。比如二〇一七年，接近二千萬中國人向共產黨提交入黨申請書，但只有一百九十八萬人成為發展黨員，只占了十分之一。[52]那些失望的共產黨員選擇了默默遠離，而不是試圖從內部改革。事實上，至少對普通底層黨員來說，所有試圖改變發展方向的努力都是竹籃打水一場空。

這就是為什麼，我們可以下結論說，大部分底層共產黨員對體制發揮了長期穩定的作用。他們不會掀起政治改革，因為他們依賴性強、無能為力並追求實際。只有共產黨的菁英團體才能夠帶來政治改革，我將在下文著重討論。

「社會信用」和社會管治

黨國體制在現代化的過程中，學會了利用複雜的技術手段來控制社會：這就是他們所謂的「社會治理」或「社會管理」。這種方式很大程度上是從國家安全角度考慮，也得到了習近平的進一步認可。習近平決定在二〇一三年底開始建立一個新的中央國家安全委員會，由他本人擔任主席，負責統籌社會管治和維護社會穩定。

自二〇一四年開始，國家逐漸掌握了新的工具來更好地控制民眾和企業：這就是「社會信用體系」。他們學習了西方信用體系的內容，並將其用於對個人和法人的信用程度進行評估和評分；這不僅涉及經濟金融上的信用，也同時對眾多不同領域開展評分：遵紀守法、納稅、信用借貸、政治社會行為及思想評價。換句話說，那些由於不看望父母，或在公共空間舉止不當的人，又或者是那些參與地下教會或勞工組織，被認為是異見人士的人，將會獲得負面評分或受到懲罰。這些懲戒措施包括禁止乘坐諸如高鐵和飛機的公共交通工具、剝奪住房福利、禁止擔任公職人員乃至禁止出境等。

國家及其安全機構積累的所有社會團體和個人的資料（即大數據），以及作為政府創新重點的人工智慧技術的發展，進一步為黨國體制執行這個體系提供了便利。[53] 社會信用體系於二〇〇〇年開始構建雛形，其目的是控制企業更好地履行司法、經濟和社會責任（遵守規章制度、履行企業責任、繳納賦稅、保護環境、節約能源等）。在地方性測試的基礎上，它逐漸發展，並於二〇一四年開始用於控制民眾，在部分地區進行小型試驗。

信用體系的第二個方面值得我們特別關注，因為它將民眾置於更加嚴格的政府監管之下，並有助於維護當前政體的穩定性。有趣的是，社會信用體系建設之初，最主要目的是重塑民眾對於經濟主體和其他人的信任，這一點也印證了一九四九年以來，中國社會自從改革開始後出現的嚴重信任缺失現象。這個體系的建設對中國和外資企業產生了重要的影響，因為該體系的目標之一，是透過政府收集企業的大量司法、金融、商業資訊，從而降低交易成本乃至預見經濟危機。現在，政府會將收集到的約四分之三的資訊向社會公布，而剩餘部分主要由政府使用，且只用於特別情況。[54]

該信用體系將個人責任機制與社會管控手段相結合。一方面，民眾希望加入該體系從而獲得多種服務和優待；另一方面，在該體系投入使用後，個體也有可能因此受到懲罰，所以也承擔了相當的責任和義務。[55] 儘管這個體系有可能發揮整頓國內經濟體系、規範商業行為和減少腐敗的作用，在網際網路技術的助力下，它依舊存在著濃厚的歐威爾主義色彩（見上文）。社會信用體系的建設令政府能夠更全面地監視企業活動，加強它對市場的干預以及對私有經濟的控制（當然也包括外資企業）。這個體系的構思讓我們再次確認了中共有意、也正在嘗試維持它在金字塔頂端的地位，同時盡全力阻止境外勢力透過經濟手段來動搖它的霸權。與此同時，社會信用體系也建立了對公民，特別是那些不老實的公民，更高層級的監視和管理體系。

當然，目前這個社會信用體系只是小規模試行，並沒有大規模投入使用。很多資料被地方政府保存並管理。中國民眾，特別是經濟領域的人士，已經提出很多批評意見，因為該體系侵犯了公民的自由權利，其獲得的資料相關性差，且評分體系存在潛在的操控風險。另外，由於技術原因，政府在二〇二〇年全面實施信用體系的目標很明顯無法兌現。[56]

但是，社會信用體系令信用公司、消費者、父母和政府感到心安，因為它滿足了國民對於安全穩定和可預測的要求，這對於一些人來說，比個人自由和私人空間更重要。這一點也印證了我先前所說的中國社會人際互信缺失的問題，同時也反映了社會成員的關注重點，以及主流的政治文化是怎麼樣的。不論如何，透過社會信用體系，政府將更有可能在可預見的未來具備一切控制社會的手段，而且能夠預測遊行示威等影響甚至不利於政權穩定的社會行為。

民族主義

正如我們所知，民族主義已經成為將民眾統一在共產黨周圍的「黏著劑」；這就是共產黨話語中所謂的「民族主義」的「凝聚力」。中國的民族主義是一個意識型態、一種感情和一種情緒，是一個矛盾的存在。[57]我們可以說，倘若透過個人行為來判斷的話，和日本人、韓國人相比，中國人已經是比較不「民族主義」的了。當然，與日本和韓國一樣，中國的民族主義的根源來自「漢族」的概念。這種觀念會令其他非漢族的民眾感到難以融入，一些漢人甚至會在其他少數民族面前表現出一種天生的優越感（所謂的大漢主義）。但是，中國人購買外國商品，將資金用於境外投資以尋求最高收益；如果有條件的話，他們就送孩子去美國最好的大學學習。這些人對外部世界懷有好奇心，但這種好奇心往往流於表面。這種傾向不僅存在於新中產階級，而是存在於大部分菁英階層，其中包括政治「新左派」以及行為與思想和「愛國主義」不統一的知識分子。

同時，我們不能否認中國的民族主義是一股正在不斷加強，未來也會繼續加強的力量。自天安門事件後，雖然官方話語仍在宣揚「中國特色社會主義」，但其實民族主義很大程度上代替了共產主義思想。更重要的是，共產黨仍然是「領袖」和中國民族主義的代言人。一方面，共產黨作為唯一政治權威，認為民族主義的內容和外延應由自己定義，也認為應該由它來選擇民眾需要用怎麼樣的手段、在哪個意識型態戰場進行它所想要的鬥爭。共產黨在煽動民眾感情方面一直是專家，而且他們一直明白如何控制這些我稱之為「民族主義時刻」的熱度。通俗來講，到目前為止，共產黨總是能夠在它認為合適的時刻「敲下課鈴」來冷卻群眾的熱情。我們有很多例子：一九九九年北約炸毀中國駐南斯拉夫大使館所引發的反美運動、二〇〇五年美國和日本在臺灣集結軍事力量引發的反日浪潮、二〇〇八年北京奧運火炬在巴黎傳遞事故引發的反法運動，還有最近的二〇一二年中國學生動員起來反對日本占據釣魚臺事件。一旦遊行示威開始涉及共產黨的軟肋，或者輿論風向開始往對當局不利的方向發展，國家安全部門就可以不費吹灰之力地勸說組織者結束這些運動。

另一方面，共產黨必須要維持民族主義的壟斷性。它不僅需要人們將其視為民族主義的唯一領袖，還需要將其他不受其領導的民族主義活動置於違法境地，特別是來自它的歷史宿敵——國民黨的活動。這支政治力量一定程度上在臺灣得到重建，在臺灣比中華民國大陸時期得到了更多支持。當然，那些擁護民主的個人和團體也會受到打擊，比如劉曉波或者憲政運動，因為這些人都深知任何一個改革運動都無法忽視民族主義。

到目前為止，中國共產黨在這條戰線上遠遠領先與其敵對勢力。江澤民等所有中國領導人都做出了貢獻，特別是習近平，他取得了比胡錦濤更大的成就。

自二〇一三年以來，追求權力、榮耀和昌盛的「中國夢」，以及到二〇二一年黨和二〇四九年國家的兩個「百年」夢想，似乎可以起到團結大部分中國民眾支持共產黨及習近平的作用，更別說「習近平思想」在二〇一七年已經被寫入黨章。在邊境問題上，中國與多個國家局勢緊張：與日本在東海、與數個東南亞國家在南海、與印度在喜馬拉雅邊界上，中國都展現出了強硬的態勢。此外，中美因為爭奪世界領導權而敵對，也起到了讓中國社會心甘情願支持黨國體制的作用。我們不禁發問：中國在二〇〇八年透過代表性的北京奧運向世界展示中國實力，是不是共產黨內部出於政治考慮而為之？畢竟，中國老百姓在此過程中，積極支持了共產黨的領導地位。

在中國也存在一些意見團體或著名學者，比如「新左派」或如《環球時報》在內的媒體，他們對於國際問題持有的態度較中國政府更加民族主義，甚至有時候會叫囂戰爭，這對中國外交政策也產生了實際的影響。另外，共產黨的領導層，特別是「紅二代」和官僚領袖，也不算是穩坐江山。自從薄熙來事件及其他貪污醜聞公之於眾，很多中國人看清了政府所謂民族主義的偽善。

但是，政府以及部分社會階層持續、有力地宣傳民族主義，在我看來或許能夠控制這些風險。共產黨繼續透過與抗日戰爭相關的電影和故事來宣傳民族主義；這些內容將共產黨游擊隊的勇氣和決心表現得淋漓盡致，同時否認蔣介石的國民革命軍在戰爭中發揮的合理作用，雖然這種情況在目前已經沒有那麼露骨。不過，這個手段已經被過度利用，以至於宣傳機器也開始採用新的策略，不過成效並不顯著。比如，二〇一七年在建軍九十週年之際上映的電影《建軍大業》，雖然免費發放大量電影票給相關單位，而同時期外國電影的檔期也被壓縮，不過最後取得的票房成績也十分有限。

但是，政府可以更多地信任由民間牽頭的計畫，在私人資金投資的情況下來傳播與政府思想一致的民族主義訊號。二〇一七年的電影《戰狼二》就是這樣，這部電影由武打影星吳京導演。自從上映第一週開始，《戰狼二》的票房就遠超其他外國電影。這部電影的拍攝技術不容質疑，同時它顯然觸動了中國民眾的心理敏感地帶，使得中國民眾對於平時屢見不鮮的民族主義宣傳產生了更為積極的回應。[58]

這部電影講述了一個類似《第一滴血》主角藍波的人物，他偶然來到非洲，並成功保護了一個中國人團體免受雇傭兵和美國軍火商的傷害，並幫助已經抵達當地的中國海軍完成任務。該電影巧妙地講述了目前中國政府和人民最為關心的故事：海外華人的安全問題、解放軍在外國的影響力、中國在非洲的積極與重要作用、中美競爭局勢以及不斷擴大的民族主義雄心。它傳遞的訊息非常明顯：中國共產黨為人民服務，並將保護人民；它也具備勢力和手段，能夠帶領中國超越美國並維持世界和平。這正如《戰狼二》中所說：「犯我中華者，雖遠必誅。」

顯然，這部電影不論是拍攝技術（拍攝受到了解放軍的技術支援）還是劇本內容（大量使用了黨的宣傳內容），都獲得了中國政府的支持和幫助。[59] 但是這部電影的製作方式及其巨大成功，都證明了中國民眾很大程度上已經內化接受了民族主義思想，而且印證了民族主義自豪和強大實力已經成為鞏固政權存在的黏著劑。雖然這部電影在海外獲得的評價比較普通，但是它在國內的成功表現，揭示了中國民族主義已經走到了不可戰勝的危險境地，而這並不利於中國與西方，特別是與美國外交關係的改善。不過，正如我們現在可以看到，這種民族主義傾向實際上有助於緩和漢族與少數民族的緊張關係，至少是與一部分少數民族。

進一步說，只要共產黨能夠堅持民族主義的戰略，對於任何一個反對力量來說，削弱或推翻共產黨就會愈來愈困難。

被邊緣化的弱勢少數民族

少數民族問題，至少說是一部分少數民族，給中國政府帶來了哪些挑戰呢？西藏、維吾爾或蒙古的獨立分子能不能真正改變中國現在的地理版圖？回答是否定的，原因非常簡單，就是巨大的力量懸殊。雖然北京政府透過改革給予了少數民族更多的自治權利，但這並沒有徹底解決問題，只是避免了民族問題分裂中國「帝國」。

在本文前述提及的民族主義背景下，在中國，少數民族在期待或害怕什麼呢？他們最大的恐懼是被同化，被要求學習漢語並逐漸喪失本民族文化，最終被一個中國（「中華民族」本質上也是一個種族概念）同化。中華人民共和國授予少數民族非常表面的自治權利，這同時還附有很多限制條件。顯然，任何追求獨立的意願都是禁忌，甚至是「犯罪」。

讓我們先來梳理一下中國少數民族非常矛盾的現狀。少數民族占中國人口百分之八點九（二〇二〇年少數民族數量為一點二五億人），官方認可的少數民族共有五十五個，而且各民族間數量分布非常不均。四川、雲南的彝族共計有九百八十萬人，而東北地區的朝鮮族不到二百萬人，新疆地區吉爾吉斯族甚至不到二十萬人。他們中的大部分都較為融入漢族，不再要求維持本民族的生活方式或宗教習慣。廣西的壯族（一千九百五十七萬人）和寧夏、甘肅及其他地區的回族（一千一百三十八萬人）就是這樣的例子。整體來說，少數民族仍居住在本民族地區，並透過官方機構（人民代表大會）參與國家行政事務，但很少擔任黨政機關領導幹部職位，這些職位主要由漢族人把持。在少數民族聚集程度高的地區，他們擁有憲法賦予的「自治」權利，屬於省級行政單位，在全中國共有五個「少數民族自治區」。但是從政治角度看，這種體制只給予他們有限的經濟、社會、文化和宗教權利。在這些地區，沒有政策要求漢族公務員必須學習當地語言。

在一九三一年，在江西瑞金成立了一個曇花一現的蘇維埃共和國臨時政權，在那個時候，中國共產黨就曾經建議給予少數民族所要求的獨立權利。但是自一九四九年之後，共產黨便放棄了這種想法，建立了現今的自治體制，但這個體制很大程度上是個空蕩的概念，事實上中國仍然由共產黨維持中央集權的官僚治理體系。一九七九年以來，大部分少數民族的文化得到復興，而經濟和旅遊產業的發展掩蓋了民族問題。但是在三個「自治區」（內蒙古、西藏和新疆）仍然集中發生了一些矛盾，主要涉及到三個重要的少數民族——蒙古族（六百二十九萬人）、藏族（七百零六萬人）和維吾爾族（一千一百七十七萬人）。

這三個少數民族的共同點是加入中國「帝國」的時間較短、融入程度低且內部存在較強的獨立傾向。當然，他們還有另外一個共同點：他們都很難實現一些人的獨立夢想，因為和北京相比，他們在人力、經濟、政治和軍隊實力上都相差懸殊。

不過在這些共同點之外，在土地面積、問題性質和緊張程度等方面，他們有很大不同。

在內蒙古地區（二〇二〇年共有二千四百零五萬人口），蒙古族只占其總人口的百分之十七點七（四百二十五萬人口）。一九一一年外蒙古獨立，而外蒙古與滿族政權的關係則寬鬆許多。一九九〇年，蒙古人民共和國得以民主化後，在中國的內蒙古地區發生了一場獨立運動，要求與蒙古國合併；但是這一運動很快被邊緣化，主要原因是內外蒙古存在極大不同，蒙古共和國內部存在諸多問題，而更重要的是中國經濟起飛。現今，在位於美國的部分組織支持下，中國的蒙古族開始表達尋求文化和語言方面的民族身分的意願。但是，這種訴求主要集中在漢化程度高的自治區城市，而不是較為傳統的草原地區。因此，除了與北方的蒙古國政權發展友好夥伴關係，以及對他們的民族文化更為關注之外，蒙古族服從北京政權的控制，與漢族共同生活。這不代表萬事大吉：事實上，內蒙古幾座城市在二〇二〇年就發生過大型示威，抗議蒙古語遭到邊緣化。但對習近平的同化政策來說，這些抗議活動根本不痛不癢。

西藏地區的情況則複雜很多。在西元十三世紀，蒙古人忽必烈建立元朝，將西藏列入中國版圖。然而在明朝（一三六八至一六四四年），西藏再次從中國分離。清朝的滿洲人與蒙古人存在政治和宗教（佛教密教）聯姻，將西藏再次歸入中國（滿洲）帝國，並開始監控達賴喇嘛轉世的選擇；達賴喇嘛是主流藏傳佛教的精神領袖。到一九一一年，乃至於一九四九年，中央政府對西藏的控制仍處於寬鬆甚至象徵性的狀態。藏族不認為自己是中國人，認為他們應歸於一個由佛教密教管理、歷史上長期獨立的國家管理。一九五九年藏族不服從北京政府的控制而發動起義，在起義失敗後，第十四世達賴喇嘛逃離拉薩，在印度北部的達蘭薩拉地區建立逃亡政府。

然而，正如蒙古問題一樣，藏族獨立運動的領袖在是否要呼籲建立獨立國家的問題上猶豫不決，導致了目前藏族要求獨立自治的呼聲愈來愈少。與受莫斯科保護的烏蘭巴托不同，一九四九年以前拉薩無法依賴任何一個外部力量完成獨立，即使是英國也無法依靠，英國已經在一九一四年就承認中國在西藏的宗主權（suzerainty）。

一九五一年以來，西藏就被中國人民解放軍控制，並由共和國政府實施行政管理。即使自一九七九年開始，西藏的經濟和宗教問題得到緩解，但由於北京始終拒絕讓渡藏族自治區更多政治權力，拒絕與達賴喇嘛就自治問題進行協商，在今天西藏問題仍然是一個懸而未決的棘手難題。一九八八年以來，達賴喇嘛和達蘭薩拉政府就放棄了獨立的綱領，要求獲得更大的自治權，旨在獲得一個類似一九九七年之後的香港「一國兩制」的地位。中國如果有一個民主政府，當然有可能同意藏族的這一要求；但對於流亡政府的「將自治區擴展至歷史上的西藏版圖，包括康區（四川）和安定地區（青海）」的要求是絕對不可能得到滿足的。只要共產黨繼續執政，西藏的現狀就很難有實質的變化，緊繃的氛圍也很難緩解。雖然在西藏大部分人口都是藏族（三百六十八萬人口中，百分之九十都是藏族），但是西藏的社會環境發生了很多變化。在城市中，不論是人口還是經濟，漢族都占據主體，而旅遊產業的發展都令這些人獲益。國安機構嚴格控制西藏所有寺院及宗教活動。這種變化讓藏族文化和語言陷入危險，也令藏區居民之間的差距拉大。

北京希望趁達賴喇嘛之死，獲得任命其繼任者的機會，從而加強對當地宗教勢力的控制。但必須得說，如果北京最終能夠成功，這也將會是一場慘勝，因為藏人要麼會要求自己選擇第十五世達賴，要麼很難認可中央欽點的達賴。不過，中國與藏族之間的力量懸殊，而在未來這種情況只會更加嚴重；除非中國政權更替，否則藏族絕不會獲得政治和宗教自治的權利。如果發生上述情況，顯然，任何中國中央政權都會否認藏族獨立，繼續管理西藏的外交關係，並透過軍事手段管理廣闊的西藏邊界。邊界這一點也有很多爭議，西藏邊界是中國與南亞，特別是印度的分界線。中央一定會有各種手段實現上述的目標。

新疆（二千五百八十五萬居民）是對北京政權威脅最大、問題最多的地區，一方面是由於維族要求獨立的持續努力，另一方面是一九九〇年代以來穆斯林宗教原教旨主義實力的抬頭，儘管新疆地區的經濟得到快速發展。事實上，根據官方資料，漢族只占人口的百分之四十二，而維吾爾族占百分之四十五，穆斯林少數民族整體占百分之五十八（吉爾吉斯族、哈薩克族、回族）。但是，漢族人得以控制新疆的政治和經濟話語權，透過一九五〇年代建立的兵團制度

（約有二百五十萬雇員）進行控制，特別是在經濟更為發達的北部地區（烏魯木齊、吐魯番、哈密、克拉瑪依、伊犁）。更重要的是，即使在極端維吾爾政治團體不斷製造襲擊、暴力行為的情況下，國家安全機構（武裝軍隊和安全部門）有足夠的能力重整局面，抓捕消滅「恐怖分子」並解決與鄰國（哈薩克、吉爾吉斯、塔吉克，以及特別是巴基斯坦）的邊界問題。總之，北京可以維持對新疆的統治，而且完全不需要二〇〇一年建立的上海合作組織（中國、俄羅斯、烏茲別克、印度等國家）的幫助。

顯然，關於新疆屬於中華帝國的歷史，漢族人與維吾爾人有不同的看法。漢族人認為這段歷史可以追溯至漢朝（西元一世紀），但維吾爾族認為是在非漢族統治的朝代（元朝、清朝），中國才與新疆建立這種聯繫。不論如何，這個被眾多帝國包圍的邊境地區，在一九四九年之前一直是兵家必爭之地，而共和國是第一個對新疆實現完全、嚴格政治控制的政權，並且在一九六〇年代開始透過遷移安置漢人（一九四九年漢人只占百分之五）實現這一目的。今日，維族與漢族之間的矛盾愈演愈烈。二〇〇九年烏魯木齊發生了一場反漢族騷亂，並迅速被政府強力鎮壓，但這場事件在新疆的各民族之間形成了一種「隔離狀態」；政府對穆斯林以及其宗教行為的控制不斷增加，引發穆斯林日益增加的犯案。二〇一八年以來，政府拘留約一百萬維吾爾人進行再教育（官方名目是職業技能教育培訓），這種做法不僅加劇了維吾爾人與漢人之間的衝突，也無助於化解雙方的政治歧見。[60]維吾爾族人透過世界維吾爾代表大會、與中亞國家和土耳其建立聯繫、在哈薩克（三十萬人口）和吉爾吉斯（三萬人口）尋找廣泛分布的「同胞」等方式，變得更加團結和活躍。

但實際上，對於絕大部分的中國人來說，新疆獨立是一件完全不可以接受的事情。即使世界維吾爾代表大會已經弱化其政治訴求，僅要求高度的政治自治，但那些反對北京統治的維吾爾人對此也是意見不一。維族發動的恐怖襲擊反而令整場自治運動割裂，這實質上加強了中央安全機關的控制，也使得漢族人的勢力得以加強。同樣地，如果中央沒有大的政治變動，新疆問題依舊會保持現狀。即使中國建立了一個民主政權，也很難找到一種能夠解決新疆問題，使得各民族和諧共存的方法。與法屬阿爾及利亞不同，漢族移民有能力抵抗任何強迫其離開的行為；中央政府很有可能繼續希望控制該地區的外部關係和安全治理（邊境管理和公共治安）；如果宗教極端主義不被消滅，北京則很可能對伊瑪目、穆斯林聖地、穆斯林及其與外國的關係進行更加嚴密的監控。

由於中國的帝國歷史，國內社會在看待這些民族問題上的視角，與國際社會完全無法互通。在國外，這些民族問題通常會被誇張其詞；但是在中國，這些問題是次要的、邊緣的。同時，占據中國版圖三分之一的西藏和新疆對任何中央政府都具有戰略重要性。不論如何，兩個互相矛盾、不平等的傾向正在產生：一方面，藏族和維族要求自治甚至獨立，這種訴求會持續很久；另一方面，中國大部分人認為，政府已經給予他們足夠多的文化自治和經濟發展權利，因此並不會支持這些訴求，並會錯誤地認為，這些地區的現代化發展及少數民族生活水準的提升，會讓他們逐漸放棄尋求獨立。雖然藏族、維族及所有中國少數民族都難以按照共產黨要求的那樣，實現完全「同化」於中國；但是他們在未來的戰略中應當意識到，共產黨在漢族內部宣傳的民族主義具備很強大的統一影響力。

換句話說，西藏、新疆及內蒙古的獨立可能性都是微不足道的。此外，這些民族問題對於中國政治的民主化進程實際上是一個障礙，而非催化劑。

結論

共產黨已經不再嘗試阻止公民社會的產生，因為這是一種無用，甚至有反作用的行為。但是共產黨已經找到了將其整體上中性化，甚至是一定程度上本土化的方法。

黨國體制並沒有能力控制一切，而我們可以說，中國的公民社會也出現了很多新的變化：不受官方認可的獨立非政府組織數量的增多、不受政府完全控制的網際網路新公共空間的出現、宗教勢力特別是基督教勢力的加強和政治化、社會衝突增多以及民眾與地方政府矛盾深化。雖然習近平政府不斷強化對公民社會的控制，但是中國民眾確實享受到比改革開放之前更多的自主和自由。不過，黨國體制已經在逐漸適應新的環境，嘗試增強自身的控制權，並比十年前更善於處理這些問題。政府已經用各種手段招安大部分非政府組織與自己合作；而相比於威脅，大部分宗教活動反而會有利於政權的存續；北京正在實現推動司法體系現代化和促進司法改革；政府對社會衝突的管理更加靈活；而每年有很多中國人願意加入共產黨；在宣傳機器的運作下，民族主義思想獲得了更高民意支持；藏族和維吾爾族的威脅對政府來說只不過是蚊子叮大象。

中國確實存在一個公民社會，但在可見的未來，它都會處於脆弱、被嚴密監控的狀態。在這種情況下，除了民主運動的進一步發展外，只有社會菁英階層才能夠推動民主進程。

第五章
菁英階層在未來中國政治體制改革中的重要性

黨國體制具備長期穩定控制公民的能力，因此，從實際的角度出發，群眾目前幾乎不可能成為向當局施壓的壓力團體。正如我們所看到的，至少一部分的社會群體可以發揮自己的主觀能動性，令菁英階層的意見不再是一塊鐵板。但是，目前中國群眾受到監視，他們是碎片化，乃至原子化的，幾乎不可能有力量發動民主化政治運動。

這種現象令我們必須著眼於菁英階層。正如我們所見，正是那些菁英階層的人才，特別是共產黨政治菁英，能夠對當權者施加壓力。雖然中國的菁英階層愈來愈多元化，我們也需要考慮到那些我稱之為「反菁英」的人，即活動分子和政治異見人士；他們為了追求國家的民主，承擔了巨大的個人風險。事實上，菁英階層和反菁英階層並不是兩個毫不相干的存在。我們將會看到，他們之間的連結和接觸是多種多樣的，但是這種連結非常祕密和脆弱，在可見的未來也無法改變權力局勢。

今日中國的政治、經濟菁英和知識分子大多被體制吸納；或者說，至少他們完全無法以依靠一個組織或個人的形式，推動政府向著更加透明、開放乃至民主的最終目標發展。至於那些支持完整民主化的活動分子，他們是脆弱的、孤立的、分散的，是政府透過強力而高效的手段鎮壓的對象。

中國的政治、經濟乃至國際環境都有可能在未來改變這種情況，甚至令共產黨政治菁英的內部進一步分裂（見第六章）。但是，我們不應當期待民主化運動會由黨內政治菁英引發，更不要寄希望於那些經濟和知識菁英，因為他們當中大部分人都高度依賴當前體制，受惠於這個體制，並受到這個體制的認知影響。在中共內部及外部，自由主義思潮都已經式微，並被新左派、民族主義者、新保守主義者和反西方分子邊緣化。事實上，自由主義在中共內部的失敗，一直都是民主改革的絆腳石。

共產黨的政治菁英

我們對於中共政治菁英群體的了解可能是最少的。正式地說，他們堅決支持共產黨的領導，也不被允許（至少在公開場合）表達與中央不同的意見。他們與領導思想保持高度一致、反覆重申領導思想的程度，常常會令那些有機會接近他們的外部觀察者感到震驚。從這個角度來看，他們的第一角色其實是政治公務員。

這種思想上的高度一致並不是無關痛癢的小事；對於中共來說，這是一件具有戰略意義、極度重要的事情。在天安門事件之後，國際媒體廣泛曝光了共產黨內部的分裂；鄧小平及其繼任者從中吸取教訓，開始加強內部管理，從而避免內部人員偏離中央的路線。習近平在上臺之後，進一步加強了這方面的管理，而違規人員將遭受嚴懲。

實際上，這種表面的一致性並不總是事實。在胡錦濤時期，黨國體制內出現了一定的權力分裂現象，甚至在政治局內部也出現了不同，甚至對立的政治意見。在二〇〇七至二〇一二年間，重慶市委書記薄熙來和廣東省市委書記汪洋一直處於競爭關係，這便是中央權力分裂的最好例證。薄熙來受到新左派的支持（見下文），他不僅專注於打壓貪污腐敗現象，也再次推崇文化大革命時期毛澤東的理念，希望用一種更加社會主義的方法來處理經濟、社會保障和貧富不均等議題，受到了全國多地領導人的支持，其中就包括時任國家副主席、胡錦濤選定的接班人習近平。與他不同，汪洋在二〇一一年採取較為民主的村委會選舉的方法，解決了烏坎事件，一度得到自由派的讚賞（但這非常短暫）。汪洋也反對貪污腐敗現象，但他的工作重點是藉助私有領域和境外的資本，來促進廣東省高技術和創新工業的發展。隨著薄熙來倒臺和習近平擔任總書記，這場權力鬥爭暫告一段落。到二〇二二年，這種導致薄熙來和汪洋之間矛盾的政治分歧，仍然在繼續分化中國的領導階層，而最有名的例子便是主席習近平和總理李克強之間的分歧。

但我們已經曉得，習近平有能耐逐漸鞏固自己的權威，排擠李克強。如今，中國領導班子之內幾乎不可能看到政治差異，習近平只拉拔盟友與舊部，例如總理李強和國安沙皇蔡奇。話雖如此，黨內高層將來說不定還是會有歧異，甚至齟齬，例如對私人企業在中國經濟中扮演的角色有不同意見：目前李強大力支持私人企業，習近平與中共黨政機構對私部門則是不慍不火，比較希望強力掌握。

然而，在關於體制未來走向的重要問題上，中共領導層的意見是否也存在分歧呢？在這樣的體制內，居於高位的民主派必須隱藏自己的觀點，至少在一黨專政制度真正能被動搖之前都必須如此。在集體決策的原則下，謹慎才是最佳的選擇，而非果斷。所有反對傳統路線，或者在決策層中被孤立的人，都有可能被革職。此外，黨內權力高度集中在現在的黨領袖習近平手中，因此所有政治改革的責任都會落在他身上，即使是那些微不足道的改革。

從二〇一二年開始，部分觀察家就認為習近平有一定的改革派特徵，認為他一定會首先穩固他的權力，從而在隨後開展他的經濟和政治自由化改革。這種猜測主要基於他的父親習仲勳。習仲勳對天安門事件中，中央的處理手段一直有所保留。但是，習近平上臺後所採取的一系列措施，完全否定了這種猜測。二〇一三年鎮壓憲政運動（逮捕許志永、浦志強等人），二〇一五年逮捕超過二百名人權律師，加大對網際網路和非政府組織的監控，這些只是其中的幾個例子。在經濟方面，對於習和他的經濟顧問來說，採取更加市場化的機制絕對不會令公有經濟邊緣化；相反地，更多龐大的國有企業成立，能夠令政府在它認為具有戰略意義的領域繼續發揮領導作用，令公有經濟得以平穩發展。

正如我們所見，習近平及大部分中國領導人都希望繼續改善當前的一黨專政體系，令它更現代化，從而保持這個體制的長期穩定。那些希望國家結束一黨專政制度的人，幾乎沒有任何機會進入這個體制的最高層。

我們知道，這並不意味著黨內領導人對一切政策都持同意態度。習近平的執政重點以及公共政策，在體制內也引起了很多非正面的批評；同樣地，他領導的反腐運動也引起許多人的不滿，這也體現在習近平隨後開展的經濟改革遭到諸多消極抵抗上。同時，中央在政府財政危機的問題上，也表現出意見不一：習近平和他的顧問劉鶴希望先解決財政問題；但總理李克強則希望先透過經濟刺激措施來維持更高的經濟發展速度。此外，二〇一六年以來，習近平獲得了中共領導班子的「核心」地位、十九大期間「習近平思想」被寫入黨章，以及關於他想要連任超過兩屆的猜測，這些事情都在黨內引起爭議，遠遠沒有達到意見一致。

二〇一八年三月，習近平決定修憲，讓自己想當多久的國家主席就能當多久，而黨內對習近平的反對也開始加深。黨員批判習近平的集權會傷害集體領導，批評他優先照顧國企，以及他對美國乃至於整個西方世界的戰狼外交政策。然而，習近平不太可能面臨政變威脅，畢竟中央政委不能橫向聯絡，他們的一舉一動也都受到中共總書記維安人員的掌控。共產世界中，政變成功打垮現任黨總書記的前例，就只有一九六四年赫魯雪夫下臺而已。

不過我們實際上很難羅列所有的黨內分歧，這其中也存在諸多不確定性。不論如何，這些分歧並不關乎中國的整體政治方向。在今天，我們可以說黨內的領導層已經形成了一致的意見，同意延續並穩固一黨專政制度，並以此為基礎，透過多種方式繼續推動這個制度的現代化。他們中的大部分人，都認為應該賦予習近平更大的政治權力，從而應對已經初見端倪的風暴。出於維護他們在政治、經濟和社會層面權益的角度，黨內領導層絕對不會願意質疑或改變現有秩序。

但這不意味著共產黨菁英沒有受到經濟菁英、知識菁英，甚至是「反菁英」的影響。經濟菁英一直在遊說他們允許一定程度上的政治和司法改革，例如放開私有經濟的發展（儘管私有經濟已經占國民生產毛額的百分之八十）以及加強知識產權的保護。同時，經濟菁英們也一直在透過行賄的方式影響共產黨菁英。不過正如我們所見，經濟菁英團體並沒有嘗試關於全面政改的遊說（見下文），而知識菁英團體也同樣沒有。雖然中國呈現出了思想多元化的局面，但現政權依舊會確保大部分的知識菁英都是新左派和民族主義者，那些持自由派和民主主義觀點的人大都被邊緣化（見下文）。我們甚至可以說，在政策決策，以及體制內的分歧中，大多數情況都是前者獲勝，這也無疑反映了這種不成比例的意識型態力量對比。至於那些「反菁英」，在目前這種高壓管理下，我們很難衡量他們對於黨內改革派的實際影響。

經濟菁英

我們很難了解經濟菁英對於未來政治走向的意見。首先，中國的經濟菁英分為兩類，一類是國有領域的行政管理者，而另一類是私人企業家。儘管我們是應該關注第一類菁英的政治傾向，但第二類人，這些在馬克思主義理論中被稱為「生產資料所有者」的人，在西方民主制度，特別是資本主義歷史的發展上發揮至關重要的作用，他們更值得我們關注。國有企業的負責人是由共產黨任命的，他們大部分都是共產黨員，因此與那些政治菁英的聯繫比私人企業家更加緊密。因此我們會說，這些國有領域的經濟菁英，會更加關注已經出現的公共政治問題以及利益的競爭，而非對於中國未來的假設性討論。不論如何，正如體制內幹部一樣，他們不可以在公共場合表達政治觀點；實際上也很少有人願意這麼做，因為這樣做很可能會讓自己的職業生涯毀於一旦。

那麼，就讓我們把關注點放在私人企業家身上。

第一點需要講清楚的是，上述兩個群體的區分並沒有我們所想的那麼清晰。一些私有企業，甚至是那些很著名的企業，它們的所有制度並不明晰。例如在二〇〇五年收購ＩＢＭ的聯想公司（Lenovo），它是一家在香港註冊的公司，因此我們很可能會相信它是一家外企，並且是一家很大程度上私有的企業；然而，它是一九八四年在中國科學院的協助下成立的公司，中國科學院占股百分之三十六。此外，華為是一家著名的私人通訊公司，由任正非在深圳創立；任正非曾經是中國人民解放軍的軍官，與黨國關係密切，因此人們對這家公司的性質和目標有很多猜疑。更有甚者，華為的所有權是由員工透過華為投資控股有限公司工會委員會所掌控，而中國所有的工會都是在中國共產黨領導班子底下運作的。整體上看，在一九九〇年代，眾多體制內成員紛紛「下海」，開立私人企業，但是他們大多都與政府聯繫緊密。[1]

此外，還有同樣重要的一點，是中國的私有企業地位並不穩定。「私有化」仍然是一個禁忌詞彙，而當權者更喜歡用「非公有制」這個詞。習近平在就任後，希望統一企業思想，促進公有及私有領域的科學研究、開發和創新合作。在中國這種資本主義制度中誕生的大企業家，其地位都十分脆弱，他們彷彿坐在彈射座椅上，只要黨國體制抓住他們在經濟或者政治上的一點問題，都能夠了結他們的生涯。這種突然下臺的例子不勝枚舉。二〇一七年，安邦保險公司董事長吳小暉（身家四十五億美元）突然入獄，就算他是鄧小平的外孫女婿也不能倖免。他只是眾多例子中的一個。另一個比較新的例子，則是馬雲實質上失去了阿里巴巴的領導權，而集團本身則遭拆分為六個較小且獨立的集團。

在這種情況下，我們不難明白為什麼大部分私人企業家都是現政權的擁護者。事實上，自二〇〇〇年以來，幾乎所有的研究都表明，他們忠於體制，且沒有爭取民主的意願。[2] 那些展現出改革意願或者批評政權的人，只是他們當中的很少一部分。整體上看，當他們選擇發表與社會有關的言論時，都會非常謹慎，更傾向於污染治理、移民勞工保護等議題。很少有人要求開展政治改革，更少會有人選擇與活動分子合作，尋求促進政治改革的方法。

在那些涉足政治最多的商人中，我們要提到投資人王功權，他總是毫不猶豫地向「新公民運動」提供資金支持；「新公民運動」是一個建立於二〇一〇年的非正式政治團體，長期致力於喚醒公民意識、促進憲制，在二〇一三年前後遭到打壓，包括許志永在內的負責人鋃鐺入獄（見下文）。由於呼籲政府釋放被逮捕人，王功權本人也於二〇一三年底入獄幾個月，他的新浪微博帳號（約一百五十萬關注者）也被封禁。在二〇一四年獲釋之後，王功權一直表現得非常謹慎，但他仍與潘石屹（新浪微博有一千六百萬名關注者）等其他人一起呼籲政府，在環境保護等方面提高政務透明性，並要求企業對社會進步做出更大貢獻。

任志強，一名財產頗豐的地產家（新浪微博有三千八百萬名關注者），在二〇一六年三月公開反對習近平對於媒體「應該與黨保持思想一致」；他特別指出，媒體應當「服務人民」，而不是「服務黨」。任所受的處罰較為輕微，身為黨員的他受到一年期留黨察看處罰。他與負責黨內監察的王岐山走得近，因此受到庇護，未被開除出黨。他的微博帳號被封禁。然而過了四年，任志強在二〇二〇年二月批評習近平的新冠抗疫政策，說他是「小丑」，結果大難臨頭。二〇二〇年七月，任志強遭開除共產黨籍，然後在九月因被控貪污，判刑十八年——對於膽敢插嘴政治的經濟菁英來說，這是個清楚的訊號。[3]

第三個例子也很有意思——聯想和聯想控股的創始人柳傳志。他經常批評中國的私人企業家缺乏勇氣、社會責任感、唯利是圖且自私自利。二〇一二年十月，他在《財經》雜誌上刊文，反對透過全民直接選舉的方式選擇政治領袖，至少在可見的未來如此。他希望由社會菁英來選舉政治領袖。但是，相對於目前進行的反腐工作，他認為中國應當將關注點放在建設「法制」，即建立一個更好的司法安全制度。他的觀點在企業家中很有代表性，我們會發現，有很多知識分子也持類似觀點。實際上，這種觀點也代表了大部分香港「建制派」，他們控制了香港特別行政區立法會中的「功能界別」（二〇二一年以前在立法會七十個席位中，功能界別占三十席；而現在立法會共設九十個席位，功能界別占三十席，公民直選占二十席，而由共產黨控制的一千五百人組成的選舉委員會界別則占四十席）。這些擁有特權的中國人，所希望不便是這種菁英能夠有很大話語權的「部分民主」嗎？

當然，在習近平的「新常態」政策的影響下，柳傳志表現得更加謹慎，要求高級主管們在政治環境不允許的情況下，盡可能避免表達自己的觀點，特別是無論如何都不要越過「紅線」。[4] 部分自由派的企業家朋友批評他，要求他更正言論；不久之後，他在不引起任何麻煩的前提下調整了他的表述，承認在中國，經濟菁英很難置身於政治之外。[5]

最後一個例子：部分私人企業家持有驚世駭俗的觀點。二〇一六年十一月，電商集團京東的董事長，當時中國排名第二十六位的富豪劉強東，在接受商業新聞媒體《第一財經》的採訪時表示，伴隨著近幾年技術發展，社會主義在不遠的將來一定可以實現，中國可以建造一個「沒有貧富差距、所有企業都會是國有的」社會。[6]阿里巴巴創始人，中國第三富豪（當時身家三百億美元）馬雲也語出驚人，在二〇一七年五月表示支持「透過大數據技術建立計畫經濟」，並補充說「這樣，我們再也不會見到市場這隻看不見的手」。[7]這些企業家公開發表這類意見，借此來吹捧政府，以獲得政府的庇護；而且實際上，這些言論也有被黨內的專業人士指導修正過，要求他們謹慎使用「共產主義」這個詞彙。這並不是因為社會主義這個概念在黨的章程中是神聖不可侵犯的，而是有愈來愈多富有的資本家對社會主義提出諷刺和質疑。[8]

其實，並不是所有私人企業家都逃避政治；尤其是在習近平上臺之後，私人企業家參與政治的情況愈來愈多。正如知識菁英和「反菁英」分子一樣，名聲、社會關係、年齡資歷都會保護他們，至少令他們更少有可能遭到迫害，聯想的創始人柳傳志就是這樣。但整體上看，這些企業家在公共場合發聲都非常謹慎，因為他們依賴於體制，並且妄議政治可能會給他們帶來極大風險。因此，在二〇〇八年劉曉波發表的《零八憲章》三百零三名連署人中，僅有十七名商業人士。[9]

更重要的是，大部分的中國企業家都在努力地擠進體制內，特別是在那些正式的官僚機構內。這令中國社會的不平等現象更加嚴重，社會流動性更小，而社會也逐漸菁英主義化。他們自認為是毛時期之後，甚至說是建國後的中國特權階層。[10]

他們對於黨國體制的影響力毫無疑問正在增加。在地方和中央層面，大企業家有時可能會獲得隱晦的政治角色。這種政治參與可以是透過正式機構的，比如地方的人民代表大會或政治協商會議（雖然它們實際權力相對較小）；但他們更多會加入商會或行業協會；這些協會雖然理論上直接隸屬於黨國體制，但實際上，它們已經成為了商界遊說參政的場所。中國的新資本家也常常捐款給基金會或者其他的非營利組織，這也增強了他們的影響力和名氣，讓他們成為社會的「模範」。這種政治影響也可以是非正式的。企業家對於地方政府管理施加經濟影響力，令地方政府也希望與這些新社會力量結成同盟。比如騰訊的馬化騰或者華為的創始人任正非，儘管他們都無法與習近平抗衡，但他們心裡明白：他們的戰略便是沿著政府希望的公共政策方向前進，這樣做可以盡可能獲得政府所給予的保障和庇護。[11]

不過，這種政治參與和政治影響也不是毫無限制的。二〇一七年，中國政治針對大型企業為了控制風險進行的境外投資開展限制，萬達、復星和海南航空等企業的遭遇也證實了政府對私有領域的崛起有所顧忌。實際上，像王健林、郭廣昌和陳峰等企業管理者都是共產黨員，在近幾年也依舊以各種方式與當局意見不一。馬雲在二〇一八年夏天，突然宣布自己從阿里巴巴的執行長職位退休，這也體現了中共想要對新資本家施加影響和壓力（馬雲在一九八〇年代初入共產黨）。[12]在中國，有一些被稱為「黑犀牛」的企業，藉著自身與政府高層的聯繫，獲得了國有銀行大量慷慨的貸款；隨著中國逐漸參與經濟全球化進程，他們很自然地想要在境外投資，卻違背了黨國體制的利益。這一點反應了中國政治體制的一個重要矛盾：它的一些經濟決策並不是出於經濟利益的考慮，而是出於庇護主義（clientelism）的考量。

如果我們研究郭文貴的例子，便能夠對這種矛盾有更清楚的了解。身為北京政泉控股的創始人和政治活動分子，他在二〇一三年逃難到美國，自此經常對曾經背叛他的中國高級官員做出言語攻擊，其中就包括了掌管國家監察大權的王岐山和海南航空的董事長陳峰。郭曾經受到眾多包括前國安部副部長馬建在內，已經落馬的高官庇佑。但是郭文貴並非民主派，他曾宣稱支持習近平反腐，並指出在二〇一七年十月退休的王岐山就是中國腐敗現象的直接責任人之一。顯然，郭文貴的這番言論有可能是為了保護自己，整件事情的真相仍是未知數。肖建華也是相似的例子。作為資本家的他於二〇一七年一月在香港被捕，並在非法的情況下由國安部門遣返至中國大陸；他是體制內眾多權貴的財富代理人，這其中就包括習近平的姊姊齊橋橋和姊夫鄧家貴。[13] 肖與萬達的關係也是導致其被捕的原因。郭文貴的爆料和肖建華的失蹤，揭露了黨國體制與企業家之間錯綜複雜而又密切的關係。

不論如何，以上這些訊息告訴我們，中國的大型企業具備自主運作的能力，並且，至少在現在，仍然能夠應對政府所施加的限制。在未來，黨國體制與私人企業家之間不正當且複雜的關係將會如何發展呢？就目前看來，中共仍然能夠透過一系列略微寬鬆的政策來控制企業家；但是在經濟下行和社會危機的情況下，這種關係可能急劇惡化。在現在，當局從未如此需要私有經濟來確保經濟發展和就業充足，但新菁英對中共的依賴也無疑會阻礙任何變革的發生。

政府處於特別需要利用私人企業提升經濟和就業的階段，但是中國的新菁英們對於黨的獨立性絕對會阻礙這個過程。

巴林頓・摩爾（Barrington Moore）曾經提出一個著名的觀點，「沒有資產階級就沒有民主」。[14] 中國是否能夠挑戰這位美國憲制元勳的觀點呢？目前看來中國成功了，因為正如蔡欣怡（Kellee Tsai）所指出的那樣，大部分中國私人企業家都認為他們能夠受惠於當前的政治體制。[15] 但是，從長遠來看，這種觀點可能不會一成不變，因為中國二十世紀的歷史、當今中國企業家對於獨立自主的渴望，以及他們在今天所扮演的角色都或許能夠證明摩爾的觀點。[16] 不過就算這樣，尤其是在中國，資產階級的獨立也只能夠成為走向民主的必要不充分條件。

知識菁英

那麼，在中國，知識菁英群體在政治體制的演變中，扮演了怎麼樣的角色呢？

一方面，自改革開始以來，中國知識分子群體就在不斷地演化。雖然在一九八〇年代末中國發生了天安門事件，但是教育界，以及更為寬泛的「公共知識分子」群體，對於中國政治的未來所進行的討論，似乎一直是頻繁、激烈且多元化的。這些討論凸顯出了中國在一九八九年後興起的多種思想流派，其中便包括我們所稱的「新左派」、文化民族主義或稱儒家民族主義流派、新保守主義者和自由派等，以上所引皆為目前存在的較大的流派。[17]繼這種多元化局面之後，在一九九〇年代，中國的主流思想逐漸兩極化，成為了「新左派」和「自由派」之間的對立；實際上，這裡的「左派」與我們所理解的相反；在中國的政治光譜中，那些保守的知識分子和親威權政體的人是「左派」，而那些改革派和民主派則是「右派」。

另一方面，出於黨國體制對知識分子群體的審查、壓制和經濟手段，以及體制對於塑造意識型態的需要，這兩個群體之間的力量對比並不平衡；相較於那些西方的、選舉產生的，以及多數主義民主制度支持者，那些反對自由主義、政治光譜上偏保守「左派」、支持儒家民族主義，乃至認同菁英主義甚至「中國特色民主制」的人更占上風。這種力量對比從一九九〇年代初出現，並持續受到黨的支持，而在習近平上臺以後更為明顯。當然，部分與我後文會提及的「反菁英」群體走得比較近的自由派，仍然會有機會繼續發聲；但他們必須要更加謹慎，而且常常會被要求保持沉默。

在被艾米莉・法蘭基爾（Emilie Frenkiel）稱為「有機知識分子」（organic intellectuals）的群體推動下，這種天然不均的力量對比，以及他們的話語不一致現象有著多種原因，但最根本的是植根於幾代中國人的歷史。年紀較長的人有著文化大革命時期的慘痛經歷，而一九四九年中華人民共和國的成立，也造成了深刻而具有結構性的思想斷層（見第二章）。在這種情況下，我們不能夠討論「革命」，只有「改革」才能夠改善政治體制，並找到最終的解決辦法。我們非常震驚地發現，在儒家思想回歸和傳統政治的文化影響下，一些中國大陸的知識分子，呈現出被中共意識型態「洗腦」的傾向，並相信中共所詮釋的「民主、自由、人權」價值。[18]

換句話說，雖然大部分中國知識分子（並不是所有）似乎支持政治民主化的改革，但是正如整個中國社會一樣（見第三章），他們對於民主的含義是存在誤解的。包括中共最著名的改革派思想家俞可平在內，一些知識分子在中共的「社會主義民主」前提下，借助自由主義的外衣（比如僅僅提議地方選舉）來改善，乃至合理化這個政治制度。[19]中國人民大學教授楊光斌等人認為，中國已經很大程度上實現了民主，因為黨國設立了政治協商體制，而社會的不同利益群體都能夠派出代表參加。北京清華大學教授崔之元，他是薄熙來在重慶期間的顧問，認為中國保持一黨制也能夠逐漸實現民主。對他來說，中共代表了人民的利益，一方面是因為中共內部已經實現了民主，而另一方面中共的存在確保了不同利益的平衡：他認為，反對不平等現象也是一種「經濟民主」，這是比選舉制度更為重要的民主體現；中國透過政治制度的創新，已經成為了一個新的政治制度「範本」。身為薄熙來親信的香港中文大學教授王紹光也認同類似觀點：他支持「實質上的民主」，認為這種民主更加鼓勵群眾的參與、更加公平，而強烈抨擊選舉制民主，認為它可能會給國家帶來風險。與胡鞍鋼等其他人一樣，王紹光認為，中國目前的政治重點應該是社會穩定和現代化。我們也能夠在新左派領袖汪暉的作品中找到類似的觀點：他認為中國有能力在融入全球化進程的同時，革新馬克思主義和社會主義思想，並與此同時維持一黨專政制度。為了達成這個目標，汪暉提出，現在的中共已經被「國家主義」思想影響太深，它應該重新「再政治化」，或者在毛澤東的「群眾路線」思想指導下，重啟理論辯論和政治鬥爭，以加強群眾的政治參與。[20]

相較於新左派的代表人物，那些以北京清華大學教授康曉光為代表，儒家民族主義的人更為認同「中國模式」的觀點；實際上，康曉光自稱是他提出這種概念的。康認為，菁英主義和菁英治國理念是「中國模式」的基石，而中國應該拋棄馬克思主義意識型態，轉而擁抱傳統政治文化的意識型態基礎。

不僅僅只是自由派，中國的另一些知識分子擁有和我們對民主制度相似的認識，即民主制度無法與一黨專政和政治打壓共存；但他們也並不總是認為這種民主可以在中國行得通。他們當中的一些人，甚至反對中國施行這種民主制度，比如秉持文化民族主義思想的康曉光，以及身為貴州「陽明精舍」學院創始人的蔣慶。北京大學教授潘維也秉持相似的觀點，認為中國也可以效仿新加坡，建立一個非民主的法制國家，儘管事實上新加坡已經施行了以選舉為基礎的多元主義政治制度。曾經是自由派的學者甘陽目前也主張建設一個「儒家社會主義共和國」；而康曉光和蔣慶則更進一步，在提出「儒家主義憲制」的同時，他們還想要將儒家思想制度化，呼籲將儒家思想列為國家的領導意識型態和官方宗教。[21]

此外，還有一個圍繞著「新威權主義」和「新保守主義」思想的群體，以上海師範大學教授蕭功秦為例，認為中國還沒有為民主制度做好準備，因為中國人民的「素養低」。這種觀點也得到了政治菁英以及城市中產階級的廣泛響應。對於這群知識分子來說，中國有必要變革，但這有賴於中國的政治和意識型態傳統，並需要保障國家凝聚力不會受損。實際上，早在二十世紀初，中國就已經出現過類似的觀點，當時梁啟超試圖改革帝制，提出了「開明專制」的觀點（見第二章）。但是蕭功秦並不反對民主制度，他認為，當中產階級能夠主導社會的時候，國家就應當實行民主制。[22] 基於這種觀點，他提出，中國在未來應該效仿臺灣模式進行民主化改革。

蕭功秦並不是唯一一個主張漸進、和平實現民主的人。部分法學家，如上海交通大學的季衛東，也認為在實現民主之前，中國需要建立法制，尊重法律秩序；這種邏輯是中華人民共和國所獨有的，因為在中國，司法秩序常常被忽視。[23]

大部分自由派也支持漸進理論，同樣的還有「反菁英」的民主人士。這種理論起源於李澤厚和劉再復在一九九五年出版的書籍《告別革命》，並受到如韓寒等部落格作者的贊同。漸進理論也源於對激進主義的深刻批判，其中也包括了長居美國的儒家思想家和民主派人士余英時，他是一個典型的代表。[24]

正如其他流派一樣，自由派知識分子也並不是一個團結的團體：他們中的一部分人僅僅支持經濟改革，強調私有經濟的發展和市場邏輯；不過，考慮到經濟發展對於社會和政治制度的影響，他們中的大多數人都支持拓展更多的自由權利，強調更高的執政透明性，呼籲建立一個真正的多元選舉制度以及向憲政體制過渡；這意味著他們的根本目標是結束中共的一黨專政，儘管他們從未公開表達這一個目標。[25]

長期執教於上海大學的朱學勤是這個自由流派思想的典型代表。其他代表還包括徐友漁、秦暉、李強、姚洋、賀衛方、劉軍寧，儘管他們之間的觀點時常不一。比如說，徐友漁在年輕時期曾做過紅衛兵，隨後在文革中遭受迫害，晚年從中國社會科學院退休；他便反對中國直接照抄美國和歐洲的政治制度；與之相比，北京清華大學教授秦暉則一直致力於宣揚社會民主主義，希望能夠調和自由派和新左派的觀念矛盾，儘管這在中國從未實現。北京大學教授李強的觀點則更為不同：他認同中共在國家建設和現代化領域所達到的成就，卻認為中國遲早要面對憲政和民主化的問題。與余英時類似，北京大學的經濟學家姚洋認為中國的傳統與自由民主可以兼容。北京大學法學教授賀衛方認為司法改革和司法獨立是需要解決的重點。[26]最後，劉軍寧曾就任於中國社會科學院，常常被認為是自由主義的信徒，也曾嘗試找到自由主義在中國語境下的根基。劉、賀和徐都曾簽署《零八憲章》，呼籲中國逐步過渡到民主制度。我們也可以將一些經濟學家歸類到自由派去，他們的主要觀點是擔心不寬鬆的政治制度，可能會構成阻礙經濟改革的結構性因素，希望追求可持續的經濟成長；當然他們主要是擔憂中國可能陷入中等收入陷阱（見第六章）。不過，大部分經濟學家都避免涉及政治改革的話題。[27]

知識分子與「反菁英」群體的聯繫是千絲萬縷的，而我們也不確定是否要將這些主張憲制的自由派歸於「有機知識分子」的陣營中，因為在今天，他們已經被當局威脅，保持噤聲。這種不確定也涵蓋那些親近胡耀邦和趙紫陽的老共產黨員，兩位一九八〇年代最偉大的改革領導者。他們在晚年成為自由派（中國意義上的自由派），親近社會民主主義，其代表為李銳（在二〇一九年二月以一百零一歲逝世）和杜導正，以《炎黃春秋》雜誌為主要陣地。[28]《炎黃春秋》在二〇一六年七月停刊，並由親近當局的「知識分子」控制，自由派自此被噤聲和邊緣化。不過當局很可能無法完全令自由派不發聲。二〇一八年七月，北京清華大學憲法學家許章潤教授，公開撰文批評習近平的獨裁傾向以及他要連任的意圖；儘管這篇文章很快就被封禁，它仍然在菁英群體中流傳。就算有超過一百名中國學者公開支持許章潤，許章潤隨後還是被停職調查。[29]

因此，大部分嚴格意義上的「有機知識分子」，很有可能繼續支持體制和威權管理，而非發揮促進民主化的作用。此外，大部分中國的國際關係專家，並不會直接參與到這種討論中，而是透過那些研究分析和對於中國成為世界一流強國的樂觀預言，展示他們對於強有力的、威權的黨國體制的支持。這些專家大都反對民主化和自由化進程；他們甚至不考慮這種可能性。[30]

如果我們深入探究這個問題，便可以發現那些親近政權的新左派和文化民族主義者，已經獲得了官方媒體的話語權，擁有了危險的強大影響力。他們的理論是東拼西湊的結果，但只有像北京大學哲學教授劉東等少數人，願意承認這種「編織」工作的真實性質。他們還不斷混淆民主的含義。[31]事實上，一個人要怎麼樣能夠相信，好比說中共虛無縹緲、仍然神祕不可測的「黨內民主」，能夠成為國家民主化的第一步呢？如果司法系統仍然聽命於中共，中國可能建成一個法制國家嗎？中共是否有將不斷深化的不平等問題作為它的工作重點？這些保守的知識分子，推動十九世紀嚴復引入的「社會達爾文主義」概念，縱容菁英主義在社會各個領域深化，始終維護毛澤東遺留的政治遺產，並毫不猶疑地抨擊臺灣的民主制度；實質上，這些人一邊向政權阿諛奉承，另一方面又做政權的獵犬，向我們所維護的價值狂吠。

這種力量對比在未來很有可能發生改變，但是其前提是政權的變革，因此，這一切最終又需要政治菁英的支持。好消息是，自由派知識分子、新保守主義人士甚至是經濟學家，與「反菁英」者有很多相似之處，而且中國未來政治環境的變化還會讓他們逐漸合流。雖然一九八〇年代所發生的公共討論，在今天已經銷聲匿跡，但它仍然是一個好的先例。[32] 壞消息是，中國大部分的知識菁英認為，只有維持現有政體，才能實現國家的經濟發展和國家強大。他們在今天仍然病態地依賴當權者和他們所宣傳的敘事，他們甚至參與其中，讓這些敘事更加可信，令更多人接受。在很長一段時間內，中共仍然會繼續詆毀臺灣的民主制度，宣揚會學習新加坡制度，卻仍然不會打開政治遊戲的大門（見第六章）。

「反菁英」

我對於「反菁英」的定義如下：他們是那些常常受到黨國體制封口和打擊的活動分子和公共知識分子，因為他們公開地批評當局，或者參與那些或合法或非法的政治活動中。但在我看來，他們的存在是完全合理的，並且有利於民主化進程的推進。在這個定義下，反菁英就包含了不斷挑戰行政和司法仲裁底線的人權律師、那些試圖參加基層人民代表大會（鄉縣層級）卻總是失敗的政治活動家、如今大部分已經被關押的立憲運動倡導者，以及所有那些公開組織政治運動、與中共對立的人，他們冒著被逮捕的風險，最後卻只能眼睜睜看著這些運動和組織被打擊解散。不必明說，這些活動都被公共安全部門持續監視，如果存在境外聯繫，則會是被國家安全部門監視；他們幾乎沒有希望能夠成功。

因此，我們應該提出三個重要的問題：（1）在中國社會內，反菁英的數量和影響力有多大，特別是在菁英階層內？（2）如果他們組織的政治運動影響力變大，公安部門能夠繼續阻止他們嗎？（3）這些反菁英在未來的政權演變中將會扮演怎麼樣的角色？

在今日，這些反菁英和他們組織的運動仍然非常脆弱、分裂和邊緣化。在針對孫志剛事件（學生孫志剛在二〇〇三年離奇死於廣州的三無人員收容所內）的「維權運動」中，只有不到五百至一千名律師參與（全國有三十萬名律師）；這起醜聞引起了司法人員的強烈不滿，迫使政府廢除了收容非法流動民工的法規。[33] 但是，參與活動的這些律師很快便被當局所限制；二〇一五年七月，這場運動最終被政府取締，超過二百名律師被捕。即使政府在後來釋放了大部分的維權律師，政府還是成功地給予這場運動一記重擊，阻止了它繼續發展。[34]

劉曉波與其他人起草的《零八憲章》，呼籲建立一個立憲制民主政體，在一開始獲得了三百零三個連署，最終在一部分身處境外的異見人士參與下，達到了約一萬人。[35]二〇一〇年，在許志永、滕彪和浦志強帶頭下發起的「新公民運動」一開始獲得了約五千人的支持，再次舉起了立憲運動的大旗；到二〇一三年春天，許、浦等人被捕，運動遭到打壓之前，最多有約一萬人公開聲明支持。[36]

目標和戰略的多元化也削弱了這支中國民主戰隊的力量。全職的維權律師數量很少，並且他們並不歸屬於一個有組織的「運動」，而那些因為偶然原因，接受一份敏感案件委託的律師，也希望與那些「全職」的維權律師保持一定距離。當局對該運動反覆的打擊也削弱和分化了這一股力量，令其中的一部分人變得更加謹慎，其中便包括最終選擇流亡到香港和美國的滕彪。一系列的打擊也令一些活動分子開始質疑大部分改革派所相信的「漸進理論」，令反菁英群體更加分裂。一些人轉而批判劉曉波的路線是「溫和主義」甚至「投降主義」，因為在審判當中他曾經說過一句名言「我沒有敵人」。[37]

最後，反菁英群體被邊緣化是一個不爭的事實。令人震驚的是，大部分中國人對於劉曉波等人的狀況毫不在意。劉曉波由於維權運動在獄中被關押十一年，並於二〇一七年七月死於癌症。大部分中國人並不知曉民運發起人最後的悲慘結局；當然，也有很多人知情卻不關心。大部分知情的知識分子愈來愈傾向於採取漠視的態度，這也揭露了中國人缺乏政治和道德意識的現狀。

不過，雖然活動分子的力量與政府相比相去甚遠，在今天，他們的人數仍在不斷增多，影響力也不斷擴大，這也包括在黨內的影響力。《零八憲章》在政治菁英群體中所引起的共鳴其實比我們想像中的更大，受到影響的群體不僅包括大學學者、知識分子，也包括文藝和商業界人士，後者有八千四百八十四人參與連署，也有一部分人旅居國外，這讓政權感到憂慮。[38]二〇〇九年，劉曉波被授予諾貝爾和平獎，這不僅僅只是因為國際對他的支持，更是因為他在國內所產生的影響。雖然劉曉波被逮捕並因「煽動顛覆國家政權」入獄，但像經濟學家茅于軾、律師莫少平、前地方人大代表姚立法等連署者並沒有放棄鬥爭。他們仍然參與立憲運動，儘管該運動的領袖也大多被逮捕，他們仍然在繼續努力。

政權在可見的未來仍然具備能力監視並控制他們的活動，限制他們在公共場合發聲。但是，自習近平上臺後，不斷加強的打擊手段也體現了當局對異見人士活動的焦慮不安和偏執狂。不論是確有其事，還是無稽之談，「顏色革命」的鬼魂已經在中國的上空飄蕩。[39]

換句話說，政府所憂慮的東西有很多：民主思想在國內的傳播，以南部地區為首的民眾對於臺灣民主轉型經驗的關注，以及二〇一四年雨傘革命到二〇一九年反送中抗議中香港對北京威權政府的抵制。[40] 這也是為什麼政府自二〇二〇年以來，決定打壓香港的民主運動與政黨，要限制中國民眾赴臺灣旅遊，並密切監視在香港、臺灣讀書的大陸學生。反菁英群體，尤其是那些居住在美國的人，在中共內部和外部的影響力不斷提升，也讓中共不得不加強監管，但是中共的確遇到了諸如資金、可行性和執行效率等問題。

《零八憲章》是中共對於公民社會監管放鬆的產物。在二〇〇〇年初的孫志剛事件後，公盟（Open Constitution Initiative）在許志永及滕彪提議下誕生，並在二〇〇九年被解散。眾多見證者都表示，對於《零八憲章》持續不斷的打壓以及習近平上臺後對異見人士群體的打壓，都讓民主派人士驚訝地認識到，原來公開表達意願的時刻還沒有到來。早在二〇〇八年，黨國就體認到自己應該更加警惕意識型態領域的變化；二〇一一年阿拉伯之春的發生只讓他們更加緊張了。

顯然，中國還沒有到達一個政府打擊的代價遠超政治改革的分水嶺。我們要明白，黨國已經投入了大量資金用於監視以反菁英群體為主的中國社會，而且他們也有資金和技術實力來實現這一目的，尤其是在大數據的支持下，他們能夠獲得更多的資訊。只要政權想要長期存續，監視就會持續。[41]

但是，中國當局不得不面臨一個兩難局面：他們希望令政治反對派繼續保持沉默，但社會進步、國家開放以及國際壓力令他們不得不節制其打壓行為。例如，在《零八憲章》簽署人中，只有劉曉波被起訴判罪。二〇一四年浦志強律師被逮捕，被處以三年緩刑，而後免於入獄。只有許志永得到比較嚴重的審判，先於二〇一三年被判四年有期徒刑，然後二〇二三年被判十四年有期徒刑。政府花費了大量資源監控大部分其他的活動人士和異見分子，但這些舉措的長期效果還得打上問號。這些事件無疑拉開了民眾與政府之間的距離，令後者的政治話語說服力愈來愈小；民眾，尤其是那些受過教育的城市居民，愈來愈向反菁英所宣揚的自由民主思想靠近。

本著「坦白從寬、抗拒從嚴」的方針，中國政權以為已經找到了治理政治活動的最佳方案。二〇一七年十二月十六日，謝陽律師在受刑訊逼供後，被迫承認自己「煽動顛覆國家政權」的罪名，被獲得釋放；而與之相比，部落客吳淦由於拒絕認罪，最終被判處八年有期徒刑。但是，不管怎麼樣，保護人權和政治權利的運動在中國會繼續發展。

在今天，我們幾乎不可能知道反菁英在中國社會及政治、知識菁英內部的影響力。我們只能這樣進行總結：大部分中國人雖然希望比較大的輿論自由，但對於政治漠不關心，而在日常生活中則時時受到中共的政治敘事所影響。政府官員隨時準備著打擊自由主義思想，而打擊的力度和殘酷程度比我們想像中的更甚。

以旅居美國的天安門事件參與者王丹為首，中國的民主人士將劉曉波之死與清末的政治改革派相比較。王丹總結說，儘管劉曉波走的是康有為的道路，卻像譚嗣同一樣拋頭顱灑熱血。譚嗣同是一八九八年清末改革派，在百日革命後被斬首。[42]雖然劉曉波並沒有被斬首，但我認為這個比喻是中肯的。清末的人們不可能想像日後康有為和譚嗣同會被稱為中國政治現代化的英雄；同樣地，雖然劉曉波沒有像捷克思想家瓦茨拉夫・哈維爾（Václav Havel）一樣的命運，他也一定會在中國歷史上留下濃墨重彩的一筆。

結論

哪一個菁英階層可以改變中國的現狀呢？首先，當然不是中共的政治菁英，短期內也不會是絕大多數的知識菁英。我們在私人企業家身上看到了這種可能性，但是他們看起來勢力單薄、脆弱，也害怕承擔風險。在習近平推動的「新常態」之下，他們不敢承擔損失全部經濟利益的風險。反菁英群體只能等待更好的時機，才有機會抬起頭來。總之，黨國體制內的政治權貴、新資本家和知識菁英中的大部分人，已經形成了一個冷酷無情的「階級」聯盟，在未來的十年至二十年中，很有可能繼續處於不可戰勝的地位。

儘管如此，我們仍然看到了自由派菁英、反菁英和部分經濟菁英的另一個同盟。《零八憲章》雖然遭受了嚴酷的打擊，但它至少也是這個同盟公開發聲的先例。黨國體制已經堅定了它的信念，確信它必須透過控制、分化等措施，將所有敵對勢力扼殺在襁褓之中，絕不允許其產生任何實質性的影響。

在下一章，我們將談及更實質性的內容。但是這一章的重要性在於分析菁英階層在政治改革的未來引起的作用。我們必須知道，這種改革，或者說一場革命，一般都是從一小部分活動分子開始的。韓國和臺灣的民主道路就是一個先例。整體上看，只有政治的星星之火被反菁英群體等人點起的時候，公民社會和普羅大眾才會真正地參與到裡面去；也只有這個時候，這一場火才有可能真正燎原，觸及、改革甚至分裂與瓦解現在的中共政權。

第六章
中國政治的未來：走向一個威權和帝國的政權

現在，我們將會進入本書最具思辨意義的章節。在前述章節中，我已經分析了一系列傾向和假設。我們已經了解到在中國，未來任何的政治變革，不論是漸進的改革還是徹底的革命，都將會面臨一系列的障礙：一個強大且現代的黨國體制；受蘇聯體制影響，具備高效政治打壓能力的政權；令國家居功自傲，且不可否認的經濟飛躍成就；去政治化的社會；具備強大影響力的民族主義思潮；表面且脆弱的民主文化、脆弱的公民社會，以及保守、對中共政治菁英高度依賴的經濟和知識菁英群體。

那麼，究竟什麼因素能夠推動中國政治體制的變革，甚至是與一九四九年建立的這個政治制度徹底決裂呢？在眾多影響因素中，有四個最受觀察者推崇：經濟遲滯甚至是經濟危機、社會危機、政治危機和國際關係危機。

顯然，以上所提及的因素是存在相互聯繫的：經濟危機可以引發社會危機；社會危機政治化之後會造成黨內高層的分化和紛爭；同樣地，國際關係危機和政治危機也有可能相互觸發；深刻的社會危機會迫使政權向外轉移矛盾。為了表述得清晰，我們將依次分析這四種情況。

我的假設是：在可見的未來，現存的威權政權將能夠解決這些危機，像之前一樣成功地適應環境變化。不過，從長遠角度看，政權萎縮的表現將愈來愈鮮明，並迫使其開始自我轉型。那麼，中共政權是否能自己實現民主化？我認為，中華人民共和國將很有可能變成一個表面上是共產主義的，但實際上是高度威權的、菁英主義的、家長制的、根本上民族主義且愈來愈帝國式的政體。在強大的經濟和外交實力支持下，它將向全世界宣傳其獨特的發展路徑。

經濟遲滯或經濟危機

很多研究中國的人認為，中國經濟的飛躍進步強化了當前政治體系的穩定性和可靠性，使其能夠存在更長時間。[1] 所以部分學者下結論說，當中國經濟增速放緩，或者發生一場經濟金融危機時，共產黨的統治將會被削弱，並促使其進行政治改革；不過，我認為，做這個結論為時過早。還有一些人認為，如果沒有政治改革，黨國將無法保證國家的經濟發展，因為其組織架構過於僵化、反自由，因此不能適應全球化的環境，並且不利於創新。[2] 我認為這些觀點都沒有足夠的依據。我們必須用相對的眼光去看待中國面對的經濟、金融問題，以及一黨制度與現代經濟體制之間的矛盾。如果黨國真的遇到經濟和社會危機，實際上它具備了強大的政治和安全資源來維持其統治；這種實力其實比我們想像的更強大。

中國未來的經濟問題

中國的經濟是龐大、複雜且多元化的。作為二〇一〇年以降的世界第二大經濟體，中國的經濟體制由多種結構組成，其中包括：（1）中央及地方的國有企業；（2）那些主要集中在地方、規模較小的集體企業；（3）國家級、省級的大型私人企業和無數的小型石油企業；（4）所謂「灰色」企業，即國家控股的私企。在中國，農業經濟主要基於劃分至家庭的土地所有制，這種碎片化的經濟收益甚微；雖然在一些地區出現了土地集中化（至少在土地使用權上）和生產現代化的趨勢，但這個過程非常緩慢。

雖然中國的經濟發展不可否認地慢了下來（這實際上不無好處），但是它仍舊以令諸多國家羨慕的速度成長（二〇二三年成長率為百分之五點二，而二〇一〇年成長率為百分之十點六）。不過，這個數字掩蓋了嚴重的地方不平等狀況：部分內陸省分，以及像東北三省等傳統工業大省都陷入了蕭條，而中國沿海地區的經濟依舊快速成長。儘管國有經濟被不斷鞏固並整體開始取得盈利，它的經濟貢獻仍舊不突出，部分國企也在繼續虧損；國家依舊需要倚賴私人經濟來創造經濟成長和就業機會。自二〇二一年起，房地產危機更是讓難題不斷的中國經濟雪上加霜。

不過，政府已經知道，現在已經到了不得不處理以下經濟問題的時間點：從依靠投資和出口到內部消費、創新和服務業發展的經濟轉型；地方政府和企業嚴重的債務問題（二〇二三年國內赤字率已經達到百分之二百八十八）；在重工業（鋼鋁製造）、船舶建造、電動車、太陽能板、水泥生產等領域嚴重的生產過剩問題。前述的問題也因為地方保護主義、許多經濟部門缺乏全國市場的事實，以及美國、歐盟對部分中國出口商品（例如電動車、電池與太陽能板）實施禁令而更形嚴重。從更宏觀的角度來看，中國經濟存在陷入「中等收入陷阱」的風險：當生產成本（尤其是人力成本）過高，而科技和人才優勢仍不足以與發達經濟體抗衡的時候，國家經濟便會失去競爭優勢。[3]

以上這些風險都是真實存在的，而中國的經濟學家早已了然於心。[4] 經濟轉型的道路漫漫，目標尚未實現，而政府自二〇〇八年以來，一直依靠公共投資刺激經濟發展。大量經濟主體的債務存在於一個與傳統銀行體系並行、不受監管的金融體系（即影子銀行），沒有人知道這個體系內真實的債務數字（據信占總債務的一半），也沒有人能夠控制這些經濟活動。[5]雖然政府從二〇二二年開始打擊影子銀行，但影子銀行仍是規模達三兆美元的產業。[6]以建築業為代表的重要行業未能及時調整供需關係，已經導致了嚴重的泡沫。有些泡沫已經在部分地區，尤其是那些「三線、四線」的中小城市破裂，導致房地產價格下跌。在二〇一八年春天「爆發」的中美貿易戰，也影響了國際投資者對中國經濟體的信心，令人民幣貶值，也使得中國經濟發展放緩。新冠危機落幕以來，經濟問題不斷累積。要知道，世界上目前只有像日本、韓國和臺灣等少數經濟體成功跨過了中等收入陷阱。

儘管如此，中國政府依舊很清楚，經濟領域是他們的重中之重。我認為與其他國家相比，中國更具備解決上述大部分經濟問題的實力。儘管中國民眾的儲蓄率很高（二〇二三年為國民生產毛額的百分之三十二，二〇〇八年則為百分之五十二），民眾的消費還是有不斷增多的趨勢，從二〇一〇年占國民生產毛額百分之三十五點六，來到二〇二一年的百分之三十八點二。雖然這個比重仍舊較低，但是在二〇二〇年代，消費將貢獻國民生產毛額的百分之五十一，高於二〇一〇年代的百分之四十一。與此同時，投資在國民生產毛額的百分比將由百分之四十二下降至百分之三十四。[7] 服務業經濟也預期有大幅成長，其占國民生產毛額的百分比已由二〇一〇年的百分之四十三和二〇一三年的百分之四十六，升至二〇二三年底的百分之五十四點六，這主要是因為中國的家庭消費結構有所調整。一部分勞動密集型工業（紡織、製鞋、小電器）已經離開了中國，轉向東南亞、南亞甚至是非洲發展。

此外，在民眾高儲蓄率的支持下，政府有足夠的資金來應對地方政府和國有企業的債務問題，最後只會有一部分最脆弱的國企需要面臨破產重組。[8] 政府也有能力說服私人大型企業向政府支持的公有企業投資。比如在二〇一七年夏天，阿里巴巴、百度和騰訊考慮到聯合經營的收益，決定投資中國的電信公司中國聯通。[9] 儘管政府在二〇一七年採取了嚴格的限制措施，影子銀行依舊成為銀行體系不可或缺的一部分，而中國的銀行體系主要還是國有性質。[10] 在二〇一五年八月股災之後，人民幣對照美元貶值百分之四，中國政府便即刻採取了一系列穩定措施。在面臨各種情況的時候，中國政府都展示出了透過貨幣和財政政策應對的能力。例如，它持續嚴格控制人民幣，在促進人民幣國際化的同時不允許民間自由兌換；它控制資本流向，自二〇一六年開始，限制中國企業，尤其是私人企業，在境外進行投資。在這些努力下，經歷了二〇一四到二〇一七年的外匯流失（中國的美元外匯儲備從二〇一四年六月的四兆美元，下降至二〇一七年一月的三兆美元），中國龐大的外匯儲備終於在二〇二四年三月底趨於穩定，達三點二四五兆美元。

運用這些類似「柯爾貝爾主義」（Colbertism）和「戴高樂主義」（Gaullism）的政策，中國政府正在引領中國經濟走向現代化。[11] 中國政府在二〇一五年春天宣布的「中國製造二〇二五」戰略也體現了它的野心：中國不僅僅要成為世界製造業的龍頭，也要在未來世界的高級、精密、尖端產業中占據一席之地。「中國製造二〇二五」有一個關鍵指標：在二〇二〇年前提升關鍵零組件產量百分之四十，並在二〇二五年前提高百分之七十。[12] 為了實現此一目標，政府透過直接或間接的形式，促進科研（預算超過國民生產毛額的百分之二）、創新的發展，推動諸如電動汽車、機器人、人工智慧、航太航空、生物科技和微電子技術等「高精尖產業」的發展。同時，中國政府也意識到私人企業在創新方面的重要角色，透過補貼的形式鼓勵國有企業與私人企業開展合作，並鼓勵具備充足資本的大型私人企業，在境外收購高科技領域為首的公司，以期幫助中國更快地掌握關鍵技術。美國、歐盟與日本、南韓、臺灣等國家對先進技術轉移祭出禁令，讓中國在科學與技術領域追求更加自主的腳步加速，宏觀來說多少也是為了與前述經濟體脫鉤。儘管中國政府在經濟成長方面遭遇難題，但目前仍算是成功達標。總之，中國有足夠的能力完成經濟轉型，克服中等收入陷阱。與很多其他國家相比，中國更有可能完成這一使命。

共產黨是否會阻礙中國的經濟發展進程？

在這種情況下，我們很難說共產黨，甚至是習近平領導下的共產黨，會成為中國經濟發展的障礙。這種假設來自美國的自由主義學派，但它首先錯在忽略了歷史：事實上，在一九六〇年代，亞洲四小龍（韓國、香港、新加坡和臺灣）便在實現民主之前先實現了現代化。他們的現代化很大程度上依靠政府在整個過程中扮演的核心角色，及其有選擇的保護主義政策。

其次，這種思路錯在低估了中共的適應能力。正如我在前面章節所述，中共是為經濟發展服務的組織。中共不斷調整政治體系，令其在不阻礙國家現代化的同時，促進人才培養（工程師、技師、經濟學家、行政人員、法官）、科學研究、創新、投資、消費和出口。正如我們所見，網路審查制度雖然扼殺了自由，但卻沒有影響到現代科技的發展和傳播。我們進一步推測，中共會繼續為菁英階層等對國家現代化有貢獻的人提供必要的方便（更高的薪酬和更容易獲得的住房）。最近幾年，中共也展現出吸引天安門事件前後外流的菁英（所謂的「海龜」）歸國的能力，同時也展現了說服愈來愈多外國工程師、科學家前來為中國效力的能力。

顯然，這些經濟和科學菁英對這種遊戲規則並不是全盤接受，也經常會抱怨網路審查。[13]其中一部分人選擇離開，將他們的企業或者一部分市場轉移到國外，選擇移民到更加自由的國家，或者為收入更高的科研中心效力。但是他們中的大部分人並沒有選擇，只能在中國開展事業；雖然在習近平領導下的政權變得更加嚴苛，他們還是勉強與政府達成「妥協」狀態。與此同時，中國在工業方面取得的巨大成就已經能夠證明中共政策的有效性，這包括高速鐵路、航空航太、核電廠、可再生能源等。[14] 華為和阿里巴巴等多個大型私人企業的崛起也是一個有利的證據。國企和私企開始走向境外，雖然政府從二〇一五年開始控制資產外流，但中國企業成功地展示出了拓展海外市場、分散風險的商業邏輯和策略。這種策略已經令這些企業在境外市場上與當地企業競爭時占了上風。

那些唱衰中國的人會說，中國到現在為止都只會抄襲發達國家，永遠都無法創新。這裡有一些事實可以回應這種看法：中國每年的專利數量都在上升（二〇二三年超過四百二十萬個），發明總數已經非常多，超過美國和日本（三百三十萬個和二百萬個）；[15] 與其他新興國家相比，中華人民共和國所擁有用於創新的人才和資本數量都更加充足，甚至在眾多產業具備與發達國家競爭的實力；本國內部市場巨大，其規模效應也能夠幫助中國實現它的願景。[16]

雖然中共無法在很短時間內，迅速招安所有的經濟和科學菁英，更無法將他們完全納入體制內，現有的戰略依舊會繼續為中共帶來它所期望的成果。

如果爆發了一場經濟危機，會怎麼樣？

不論如何，我們無法排除經濟危機發生的可能性，以及可能會隨之而來的社會危機。中國的經濟結構十分多元，一個地區很可能在陷入了經濟遲滯或衰退之後突然爆發危機，也很難說這不會像星星之火一樣引發全國的危機。人們提出了不同的假設，而其中最有名的便是類似日本在一九九〇年代一樣的路徑：中國的經濟可能會進入蕭條階段，並在類似拉丁美洲的高債務問題下陷入「中等收入陷阱」。[17] 部分經濟學家認為，中國的經濟已經出現了「蕭條」的跡象，進入上述假設的第一階段。在這些情況下，中國所面臨的經濟困難（失業、收入和社會福利急劇減少）的問題將會引發社會危機，使得群眾選擇站在政權的對立面。

不過，中共政權是否已經無力面對這些困難？正如我們將會看到的，經濟發展並不是中共治理的唯一基石；它具備其他武器，在需要的時候可以使用。不過在此之前，讓我們考慮一下其他可能引發社會危機，乃至政治危機的因素。

反過來說，假如政權朝著被沈大偉稱之為「彈性威權主義」或「半民主」制度的方向發展，這是否能夠幫助其戰勝經濟和社會問題的挑戰，從而生存下來呢？我們尚未能有所定論，中央的決策者也同樣如此。這種逐漸累積的經濟危機風險，也解釋了為什麼黨國體制自二〇〇八年以來種種焦慮產生的偏執行為，以及自二〇一二年習近平就任之後不斷將權力集中的一系列手段。

社會危機及其政治化的風險

顯然，目前的中國社會已經面臨緊張的社會危機，也許並不需要經濟危機就會被觸發。社會危機的風險包含以下方面：收入差距擴大；城市和沿海地區生活成本，特別是房地產價格的暴漲；持有大學學歷的年輕人無法找到一份有合適收入的工作；社會保障體系仍處於不成熟階段；二點八億進城務工農民工的未來不明朗；農村地區逐漸被邊緣化，部分人口仍處於貧窮狀態；經歷了毛澤東時代和改革開放初期的人群和「八〇後」、「九〇後」三代人存在嚴重的代溝。在這些風險之外，政權和民眾也需要面對以下問題造成的影響：不可逆轉的環境破壞；人口老齡化；對於高等教育和職業教育水準提升的需要。

但是，這些問題是否足夠大，以至於引發社會危機，進而引發政治危機？就算這些風險加大，這是否會令政權更加脆弱，甚至於倒逼政權開始自由化或民主化的進程？一個更有彈性的威權主義政體或「半民主」政體是否能夠更好地處理這些危機，解決當前中共面臨的問題？在下文，先讓我們逐一分析可能導致社會危機的主要風險。

社會矛盾的主要來源

第一個來源是民眾對於政府不斷提高的期待。[18] 在國家現代化、社會處於前所未有的轉型期時，如果政府沒有履行它的承諾，或者它的決策被部分社會群體認定為「不公平」，受到影響的社會群體將會比以往更快速、更直接地反應出來。[19] 黨國選擇對民眾整體控制放鬆，從而將精力集中在鎮壓異見人士的策略也帶來了一定的影響。正如我們所見，近年來「群體性事件」數量不斷上升，使得政權不得不更加專注於處理這些事件。

社會矛盾的第二個主要來源是加深的貧富差距。中國已經成為世界上貧富差距較大的國家之一，吉尼係數（Gini Coefficient）達到零點三七（在一九八〇年代僅為零點三）。當然，比巴西（零點五三）或南非（零點六三）小。[20] 但是，在社會金字塔的頂端，富豪（占人口的百分之零點五）持有國家財富的三分之一（美國是百分之四十二）。[21] 中國今日約有八十六萬人身價逾百萬美元，以及二千多人身價逾一億美元的富翁。此外，雖然貧窮人口數量正在快速下降，但中國仍然有一億八千萬，日平均收入低於五點五美元的貧窮人口（即年收入少於二千美元）。[22]不過，這種嚴重的不平等現象是近年來城市示威遊行和農村群體性事件的直接原因嗎？又或者，真正的導火線是官員的貪污腐敗，以及對私人財產的非法侵占？懷默霆（Martin K. Whyte）等社會學家的研究表示，和歐洲相比，中國民眾更能夠接受社會不平等，這一點與美國和拉美國家相似（見第四章）。因此，政府，或者說更寬泛來說，管理層（如企業內部）的專橫決策和腐敗才是更能夠激發民眾反抗的因素。[23]正是因為如此，國家才會這麼關注那些反對不平等的民眾抗議運動，[24]也正是如此，習近平才開展了反腐運動（見下文）。

不過這並不意味著，倘若一場經濟危機發生，中國部分社會群體不會將怒火撒向那些社會不平等的象徵群體（比如說富豪的住宅和汽車），甚至攻擊那些公開展露財富的腐敗官員，儘管習近平曾經嚴令禁止官員公開炫富。但是，我並不認為在目前的中國社會，這種暴亂會發生，因為這很難爭取到中國城市民眾的支持，尤其是體量巨大的中產階級（現在占人口約三分之一）。正如其他正在現代化的國家，尤其在亞洲，中國的中產階級可能會選擇支持政權，擔任被部分政治學家稱為「穩定力量」（stabilizing force）的角色。[25]這並不是說，中國的中產階級無法被動員，他們已經在捍衛自己的利益：他們在部分問題上要求政府讓步，比如反對在居住區附近建設有污染的工廠或者鐵路。但是，這些反抗將會持續透過和平手段完成，在大部分情況下都是合法的，而且中產階級會盡量避免將這些行動政治化。我將在後文中繼續闡釋。

第三個潛在矛盾的來源，也是我認為最嚴重的一個，是自一九九〇年代以來國家迅速的城市化，尤其是從其實現的方式來看。在一九七八年，僅有百分之十八的中國人口為城市人口；而在今天，有百分之六十七（即十四億人口中的九億三千多萬人）的人口為城市人口，而在二〇三〇年這個數字將會達到百分之七十。此外，中國的城市人口主要分為兩類：第一類是所謂合法人口，即擁有「戶口」，可以享受城市提供的社會服務的群體；不過，這些服務也是分層的，根據他們資產水準的不同，他們會獲得不同層次的公共服務（教育、醫療、最低收入和退休金），而且不同城市間存在嚴重的不平等。另一類人是移民工人，他們是所謂的「二等公民」，無權享受城市提供的大部分服務（比如他們的子女只能就讀於需要自費的私立學校）。當然，一些富有的城市也在逐漸將他們納入城市計畫，因為這些人前來城市的初衷就是為了提高生活水準，以及給予子女更好的未來，因此他們幾乎不會再離開城市，回到農村。不過，那些第一類的「合法城市人口」因為害怕自己的利益受損，常常會傾向於反對這些改革。[26]

城市化的進程使得人口向城市區域集中，這也不可避免地會有利於不滿情緒和政治訴求的傳播，從而使得民眾與政權對峙的風險提升。[27] 從整體上看，與歐洲和其他地區一樣，城市化的進程就意味著深層次的社會動盪，這在帶來進步與希望的同時，也會帶來失望甚至絕望。我們無法排除一個由移民工人和經濟發展中掉隊的群體發起的「窮人起義」可能性，但他們是否會有機會，像何清漣所述，推動政權的政治改革呢？[28] 正如何女士在其他書籍中所述，由於中產階級只會關注自己的利益，移民工人群體又孤立無援，中國城市居民的社會分層實際上是有助於政權穩定的；因此，任何試圖反對政權的動員和政治運動都有極大的困難。

農村的演變也是社會矛盾的潛在來源，卻經常被忽視。不過，巨大的地區差異、碎片化的農村社會和大量的人口流失增大了分析的難度。即使政府為農產品價格和農業機械化提供補貼，微薄的土地收入、碎片化的土地面積（每片農田平均面積僅為零點六公頃）導致的高昂生產成本，仍迫使大量農村人口放棄農業生產，前往城市務工或者經商。官方資料顯示，二〇二三年中國農民平均年收入是三千零一十五美元，這遠低於城市平均收入（高於七千二百美元）和人均國民生產毛額（一萬三千美元）。這樣的條件使得農村人口中，只有少於百分之四十的人口真正從事農業生產，而且還在減少與老化。要解決中國農民的持續貧困問題，必須透過土地集中化、機械化、多樣化種植和鼓勵一部分農民先富裕起來的手段。但是中共似乎總在猶豫是否要創造並承認一個新的「富農」群體，儘管在現實中它只能默許這個群體的存在。大量的土地被那些留下務農的農戶承包，但他們當中很多人已經放棄盈利微薄的糧食種植，糧食的產地開始向中國東北的大型農場集中。事實上，包括黃豆在內的部分糧食已經必須依靠進口來滿足。

農村社會的結構變化，令農村人口的訴求更加分散、個體化。農村社會矛盾最大的來源是在城市化背景下的土地徵用，這個問題在逐年深化，主要由當地政府處理，也時常會由公安部門和武警部隊介入。不過，農村社會整體上仍然服從管理，與城市相比，對於中共的威權統治反抗較少。[29] 另外，中國的農村不公平等問題主要源於政府負債和地方菁英的「幫派化」。[30] 我不認為中國農村人口能夠成為引發社會危機的主要原因，更遑論政治危機了。社會危機及其政治化的風險，仍然會主要來自城市地區。

最後，我們必須談一談社會代溝的問題。不斷改變的思想、興趣和行為方式引發了不同代際人群之間的溝通問題，也增加了年輕人與政權的溝通困難。當然，人口老齡化也是引發這一問題的成因之一。中國經歷了經濟的迅速發展，但是在二〇〇五年前一直嚴格執行計畫生育政策，養育了被父母和祖父母寵溺、過度保護、「過度教育」的一代人：他們往往缺乏自主性，在舒適的環境中長大，沉迷消費的他們很快成為電子產品、網路遊戲和社群網路的奴隸。這些「小皇帝」以自大、自我為中心和拒絕成長著稱，缺乏擔當和獨立。心理學家武志紅在他的一本暢銷書《巨嬰國》中寫道，他們會讓中國成為一個「巨嬰國」；這本書很快便遭到禁售。[31]

中國的年輕人在獲得大學或大專的學歷之後發現，大多數最好的管理職位已經被填滿，多數大城市的房價高到令人望而生畏，大賺一筆的機會變得渺茫。他們大多是不關心政治的中產階級，只對個人生活和職業生涯感興趣。此外，他們與老一代人相比，對工作的投入也更少，很多人已經發展出中國人稱之為「喪」的文化：他們對待生活態度不積極，缺乏動力；對於求職、購置房地產和致富不十分關心，整體上呈現出麻木的生活態度。[32]

「小皇帝」和「喪」文化下的年輕人對於政治沒有興趣，反而方便了掌權的人，方便威權主義制度。不過這種遠離政治、拒絕加入共產黨的行為難道不是一樣暗藏風險嗎？中國年輕人能夠成為引爆社會危機的群體，反抗那個無法與他們溝通的政府？他們是否能夠組織社會力量，影響政治方向呢？

中國年輕人面臨很多嚴峻的社會問題，但是他們太過以自我為中心，這種原子化的傾向很難令他們形成有組織的社會力量。但是，變化的世界總是存在各種可能。二〇二二年底的白紙抗議強調變化的可能性。在二〇一〇年前後，我們震驚地看到香港年輕人實現政治化，成為二〇一四年黃雨傘運動的主力，要求用真正民主的方式選舉特首和特區議會；在此之前的香港年輕人以癡迷消費和政治冷感著稱。同樣令人震驚的，是要求民主的香港年輕人在遭遇挫折的情況下，學習並傳播美國學者吉恩．夏普（Gene Sharp）的公民不暴力和不服從運動的策略和方法。[33] 但是，我們必須馬上意識到兩地政治環境的區別：二〇二〇年以前的香港社會較為自由，而中國大陸是威權政治的環境。一九九七年香港政權移交之前，北京政府承諾，未來的香港政府將會完全民主化，並讓香港人相信北京一定會兌現承諾。[34]二〇一九年反送中運動的暴力化，給北京一個藉口通過國安法，並取消香港的民主環境和半民主政治制度。後來香港運動放棄夏普的和平策略和方法，事實上是踏入一個陷阱。

目前中國的年輕人不要求、不指望任何政府的政治改革，但卻希望得到一份收入更高的工作和舒適的住宅；同樣地，政府目前很難滿足年輕人的這兩個訴求，卻告知年輕人國家一定會努力實現這兩個訴求。直到今日，在中國大陸沒有發生過任何形式的公民不服從運動，但我們可以期待未來或早或晚會產生這樣的行動。

與此同時，中國年輕人比香港人更民族主義。他們當中有富二代和官二代，而一部分人選擇出國留學（從一九七八到二〇二一年，計有八百萬人留學，六百萬人回國），但是卻未曾如預料一般接受民主價值觀，而是透過更加極端的方式捍衛自己的國家和政府，甚至走上與西方，特別是與美國敵對的道路。此外，中國留學生數量眾多，對西方的大學（歐洲、北美和澳洲）的收入貢獻也愈來愈大，迫使這些大學進行自我審查，以迎合中國學生的意見。當然，不是所有大學都是這種情況，但群體輿論的壓力和大使館的監督，令保守思想在年輕人群體中扎根，也令他們更為分裂。[35]

但是，年齡的代溝和僵化的體制制度，正迫使年輕人漸行漸遠。黨及其群眾組織「共青團」（二〇二四年人數為七千三百五十萬人，這在二〇一二年人數為九千萬人），也在不斷採取新方法試圖控制十四至二十八歲的年輕人，這也是習近平對胡錦濤時期政策的改革。[36]為了這個目的，共青團的預算大規模削減，主要目標從培養中共未來的管理人員，調整為在意識型態和思想上培養年輕人。舉個例子，共青團也開設了「嗶哩嗶哩」（Bilibili）的帳號，這個被稱為「B站」的社群媒體，是中國的動漫、網路遊戲，特別是日本文化愛好者的影音分享網站。共青團不會直接批評這個網站傳播的日本漫畫，而是批評部分漫畫的思想有害。同時，共青團針對不同主題開展知識競賽。比如「如何抵制西方的思想殖民？」和「為什麼中國成功？」[37]但是我們不禁質疑這種策略的有效性。[38]

總之，只要中國年輕人保持目前政治冷感和以自我為中心的特徵，掌權者就沒什麼好擔心的。不過，在未來的某個時刻，他們也有可能有所變化，逐漸政治化，並因為缺乏話語權或者就某些社會問題向政府提出訴求。他們當中的大部分人都在現代城市的舒適環境中成長，有可能會成為抗議的主力軍，甚至作為反對政權的核心團體。在他們想要爭取的權利中，呼聲較高的是網際網路自由，以及訪問境外網站的自由。然而，大部分中國城市民眾並沒有選擇與年輕人並肩作戰，因此，只有可能是更年輕的一代人（二〇〇〇年後甚至是二〇一〇年後），找到一種在政治體系中表達、影響和存在的方式。

就目前來看，最能夠引起城市人口和政府關注的社會問題，是空氣和水污染、經濟轉型、老齡化（二〇二三年六十歲以上人口數量為三億人，達人口的百分之二十一；二〇三五年將達到四十六億人，達人口的百分之三十）、勞動力數量相對下降（到二〇五〇年將下降二百五十萬人）和針對勞動力市場變化的教育改革等問題。[39] 然而，在這些方面，政府的改革沒有絲毫起色，而民眾對政府的訴求和壓力不斷增加，黨國已經清晰地意識到這個問題。這也是為什麼在習近平就任以後，中央決定更加嚴格地執行威權治理制度。

總而言之，在中國，有兩個主要的社會群體能對政府施加壓力，實現政治化並有可能引發政治危機：城市民眾和城市青年。他們的教育水準、國際化程度和對政府的要求都更高，因此有可能對政治變革施加影響。這兩個社會力量是否會被動員的關鍵在於政權和執政菁英。他們將根據自己的政治利益，選擇對社會群體的管理方式：是打壓，還是疏導，抑或培養利用。

政治危機

在中國，一場政治危機將會怎麼樣爆發呢？怎麼樣的政治危機，能夠最終威脅到黨國體制的統治，或者令政權走向「彈性威權體制」，甚至是「半民主」制度？

首先，正如我們將會看到，黨國體制所擁有的政治和安全資源，遠比大部分觀察者所認為的更為豐富。它能夠利用這些資源，將那些經濟或社會訴求在政治化之前扼殺在搖籃之中。倘若是常規下可利用的資源不足以分配，政府也會將維護一黨專政作為重中之重的任務。在這種情況下，什麼政治力量能夠威脅到一黨專政呢？當黨內高層出現意見不一，甚至公開分歧的時候，又會發生什麼呢？

我們必須區分不同類型的政治危機：一種源於個人利益衝突和政治鬥爭，比如二〇一二年的薄熙來事件；另一種，也正是我們真正關心的，是那些源於對體制改革和政治方向的分歧，所引發的深層政治危機。儘管前者揭露了黨內系統性的矛盾，也可能動搖黨的統治，但只有後者才會成為政權動盪的不穩定因素。

中共的政治和安全資源

一些人會宣稱，當中國遭遇經濟發展遲滯、經濟危機或者社會危機的時候，中共的統治將會受到影響，甚至受到威脅。他們之所以提出這個觀點，是因為他們相信現存政治體制之所以能夠維持，是因為中國經濟取得了前所未有的發展。這個觀點實際上並不完全正確。當然，黨國體制需要一個最基礎的經濟成長率，大約是百分之三至五（並不是長期以來人們認為的百分之七），從而實現之前承諾的「全面建成小康社會」，以及推進它在醫療保險、失業保險、退休金、「廉租房」、最低收入和扶貧等領域的公共服務建設。從政治角度來看，黨國體制在建設社會保障體系方面投入巨大，自二〇〇〇年代初期，便在「民生」一項下做足功課。「民生」來源於孫中山和國民黨的三民主義原則；在三民主義中，共產黨強調了「民族」和「民生」，卻從未提及「民權」。在重新包裝了「民生」原則後，中共在這方面的宣傳簡直多到令人厭煩。[40]

除了令中國的人均生活水準得到提高，中共還有兩點執政合法性（legitimacy）的支柱：一是中共維持穩定、社會安全的能力；二是化身國家民族利益的代表，壟斷對「民族主義」的詮釋權力。

這兩個支柱可以追溯至一九四九年，中共在內戰中戰勝了國民黨。經歷毛澤東時期的混亂之後，鄧小平及其繼任者開始強調第一個支柱，認為它是國家經濟現代化的必要條件；正是因為如此，鄧小平以血腥鎮壓的形式，打擊了一九八九年的民主運動。自那時起，每當有社會事件發生，哪怕僅僅只是幾個活動分子提出更多自由權利的訴求，黨國體制便會以維穩為理由打擊這些「惹是生非的人」。這個維持穩定的理由很有可能繼續被使用，不但能夠阻止任何真正的政治運動，也可能得到群眾，特別是新興中產階級的認可。[41]

我們也已經見到，中國民眾，尤其是中產階級，對自己的人身和財產安全十分重視，甚至因此排擠、怪罪外地的移民工人（特別是維族和穆斯林）。這種趨勢在法國人的眼中就是「勒龐主義」——即法國前極右翼政黨領導人尚—馬里·勒龐（Jean-Marie Le Pen）和他的女兒瑪琳·勒龐（Marine Le Pen）的政治觀點。很顯然，這種傾向符合中共的安全政策，也有利於它打擊異見人士的舉措。[42]

如果經濟危機真的突然發生，我們現在顯然無法預測社會不同階層的直接反應。但是，黨國體制一定會將維穩作為首要任務；他們會像過去很多次一樣，使用手中掌握的一切資源來實現這個目標。在維護社會秩序的同時，它會盡可能保持社會凝聚力不下降，在必要時刻使用壓制措施；它會用盡手段，撲滅任何一場會讓體制難堪的火。假設另外一種情境：倘若上海證券交易所或深圳證券交易所的股市遭遇股災，不計其數的中產階級甚至富裕階層的人們一定會損失慘重。然而，這些人是否會繼續像二〇一五年一樣，接納政府的穩定和修正性措施？正如貝托爾特·布萊希特（Berthold Brecht）所述，小股民的不滿其實是最容易解決的。

同時，我們將看到，在那些站在「統一戰線」的群體幫助下，中共會繼續以近乎壟斷的方式，將自己塑造為民族主義的代言人。民眾的民族主義情緒也因為以下因素日益高漲：中國國力增強、整體上國際社會的尊重、前所未有的現代化成就以及強大的軍隊。但反而言之，一場可能的經濟或社會危機是否會削弱這種民族主義情緒，甚至令民族主義者轉而反對中共？

起碼，在我看來不會。黨國體制嚴格控制官方媒體，也因此有能力在經濟困難或政治危機時刻，將大部分中國民眾團結在自己周圍。就像歷史一樣，黨國會利用這些危機時刻，說服群眾支持政府，並毫不猶豫地將整個國家的災難事件，歸因於部分經濟主體，甚至更簡單地將責任推卸給境外勢力、西方資本主義或者美國。但是不會向最終主戰派讓步，不會因為國內面對困難而跟臺灣作戰。

換句話說，中共不缺乏政治和安全資源；它能夠處理經濟或社會危機，並阻止其進一步演化為政治危機。

誰能夠令政權分化和演變？

第一個也是最直接的分化力量，位於中共管理層內部，就是習近平本人。前所未有的權力成長、猛烈且帶偏向的反腐運動、對發展國有經濟的意願、對任何政治改革的反感，以及對於永久統治的希冀，這些都是可能分化政權的因素。雖然黨內所有人表面上都擁護習近平，而他的黨羽也總是厚顏無恥地奉承他，我們仍然認為，黨內權貴階層對於習近平帶來的變化並不完全認可。近幾年官方公布的改革措施進展緩慢，也印證了這一點。孫政才事件（見第一章）也同樣是一個例子。不過，二〇一七年十月開展的十九大，不但沒有令習近平的權力遭到削弱，反而增強了他的政治聯盟實力。中國目前的政治方向很有可能會繼續不變，本就為數不多的自由派和改革派，在黨中央和各級行政單位也會繼續被邊緣化。二〇一八年三月的修憲（讓習近平的國家主席任期不受限制）、李克強在二〇二二年十月的二十大後完全退出中央政治局，以及胡錦濤在二十大閉幕會遭架出場的方式，已經明確證實了局勢走向。

這並不意味著習近平完全不需要向他的批評者讓步，降低反腐的強度，從而能夠開展他認為重要的經濟改革（比如整合國有企業）以及刺激經濟發展。比如，二〇二四年因為經濟不景氣，他接受擴大私人企業的角色和吸引更多外國公司的投資。在政治控制方面，我們也不排除暫時放鬆對活動分子壓制的可能性。本質上來說，中共在政治和經濟方面，一直都懂得怎麼樣「收放」自如。[43]

這種利益交換和相互的妥協，增強了黨內管理層的一致性，令政治鬥爭引發政治變革的可能性更加渺茫了。同時，與部分觀察者的觀點不同的是，黨內權力「收」和「放」的交替，從來沒有影響到政體的穩定。這其實只是一種跨越制度束縛，透過週期循環的方式尋求政治靈活性的手段。

當然，在每一個政治控制的放鬆階段，那些親近胡耀邦和趙紫陽的黨內改革派和自由派都看到了機遇，而活動分子也得以繼續活動。不過，除了在一九八九年，這些活動從來都不成氣候，這也是當時鄧小平和黨內領導層為鎮壓天安門事件所辯護的理由。此外，江澤民和胡錦濤在政治方面，也並不比習近平更支持改革；而習近平和李強的意見差異也很小。在考慮過任何一種政治改革可能帶來的風險之後，習近平的繼任者肯定也會很快走上與其前任領導者們相似的道路。

因此，正如沈大偉和其他人預測的那樣，更靈活的威權制度並不是邁向政治改革的第一步。這只代表或長或短、寒冬來臨前的一個休戰期。這種情況會一直持續，直至中共政府願意從根本上檢視其治理國家的方式。

那麼，究竟誰能夠推動黨國體制的政治改革？

在我之前所著書籍的結論部分，我已經提出了多種政治改革的可能性。[44] 我會在分析長期政權演變時回到這一話題。依靠經濟、知識菁英或公民社會來推動政治體制改革，在可預見的未來是不可能的。同樣地，我們也不可能期待軍隊會因為不願意打壓示威者，從而推動政權改革：一方面，大型的社會或政治運動很難產生，也很難發展到需要依靠武警部隊或解放軍介入的程度；另一方面，黨對軍隊持有絕對管控權，控制了部隊軍官的職業生涯和對黨的忠誠。就像一九八九年的天安門事件一樣，只有少數軍官拒絕鎮壓示威者，而大部分軍官選擇了服從。

有一種可能性是，在社會動盪時刻，軍隊首領的影響力不斷增強，令部分軍官產生了政治野心。中共週期性的駁斥和反駁「軍隊國家化」的宣傳也從側面反應，部分軍人確實對黨之於軍隊的控制感到不滿，希望能夠獲得一種新的軍隊與政治制度，甚至軍隊與政權的關係。但是這些猜想與現實相去過於遙遠，目前也不符合大多數軍官的想法。

還有一種可能性，是自上而下的改革。有些人寄希望於新的領導中央。目前第五代以習近平為中央的領導人，在文革的影響下長大；他們在一個政治混亂、經濟停滯的時期成長，對於維持社會秩序和實現現代化的願望有所執著。他們在很晚的時候才得以接觸外國，因此對國際社會認知不夠全面。他們大多是不信任西方的民族主義者。

當然，我們也不能排除政治局多數人會因為對黨的路線不滿，而決定迫使習近平下臺的可能。問題是這在中國共產黨歷史上史無前例。我只知道一九六四年蘇聯領導人赫魯雪夫倒臺。另一個問題是習近平只會提拔追隨者，提拔他所信任的人進入政治局，乃至於擔任常委。第三個阻礙在於習近平與總書記直屬的維安部門，在蔡奇的幫助下嚴密監視每一位政治局委員：他們不能在兩次政治局會議期間會面或交流，連電話都遭到竊聽監控。最後，假如真有針對習近平的政變，那結果會是政權的更迭，抑或只是讓中共稍加放鬆目前對經濟與社會的控制？恐怕只是後者。

下一代中共領導人將會如何？未來的第六代領導中央之中，會有一部分人出生於一九六〇年代，他們現在便在中央政治局中，很難會有更開放的思想。像丁薛祥、陳敏爾等習近平的親信，甚至是政治局的新委員上海黨委書記陳吉寧、重慶黨委書記袁家軍都是這樣的情況。因此，我們可能要等到多數於一九九〇年代到二〇〇〇年初出國留學的第七代領導人，才有可能從內部產生政治改革的可能性。不過，這個「代際」理論存在天然的缺陷，因為這些年輕的領導人是在列寧主義、新左派、新儒家威權思想和民族主義的背景下薰陶成長的，這與一九八〇年代的臺灣情況不同。這些新一代領導人從本質上是與任何民主思想背道而馳的。[45]

換句話說，在未來五到十年內，沒有任何政治力量能夠迫使黨國體制轉移發展重點，它將繼續致力於現代化和完善現有的這個政治體系，儘管它從一九七九年延續至今，少有改革，更不會破壞一九四九年建國時設立的根基。目前存在的分化力量，無法迫使黨國從根本上改革運行機制，因為正如托克維爾在《舊制度與大革命》一書中所述，真正的政治改革將會令國家陷入危險境地。二〇一二年底，王岐山在黨內大力推崇這本書，其目的就是幫助習近平為一黨專政正名，並否定任何影響社會穩定的政治改革。

國際危機

最後，我們也需要考慮國際危機影響到中國政權演變的可能性。不得不說，在現今中國政權控制力強，國力旺盛和在國際舞臺上謹慎避險的情況下，這種可能性幾乎為零。但是，我們也要考慮到一種來自境外的危機，對中國政府造成壓力的可能：當中國政府沒有其他選擇，只能正面面對，並努力不讓這些風險對國內社會產生實質性的影響。

誠然，考慮到中國的經濟和軍事實力強大、盛行的民族主義情緒和高漲的地區野心，中國也有可能走上軍事擴張的道路。比如，自二〇一二年以來，中國一直在加強自己對周邊海域的控制，尤其是在東海和南海領域，與有領土爭議的鄰國產生衝突，並不斷地與越南和菲律賓等部分東南亞國家、日本和美國的海軍發生摩擦。相似的野心也體現在喜馬拉雅山脈邊界上，近幾年中國與印度之間的局勢也愈發緊張。但是習近平最大的目標是加快和臺灣統一：因為大部分的臺灣人反對和中華人民共和國統一，變成中共的特別行政區，他很可能會用武力達到這個目的。[46] 任何一個有機會觀看中國電視頻道的人，會發現諸多節目無不讚揚中國人民解放軍裝備先進，並不由得想像在真正的戰爭環境下，中國的軍隊會是怎麼樣作戰的。在習近平的十九大、二十大發言之後，更多人相信北京會透過武力手段鞏固其國際地位。

但是，中國政府也深諳避免武力紛爭之道。例如，在南中國海域，中國於二〇一二年四月奪得印尼棄置的斯卡伯勒淺灘（Scarborough Shoal，也就是中國所稱的黃岩島）的控制權，並修建數座人工島，在島上進行軍事部署，卻沒有主動驅逐居住在其他島礁上的越南、菲律賓、馬來西亞甚至是臺灣居民。與此同時，中國不斷地試探印度的底線，比如二〇一七年八月，中國在洞朗地區與印度軍隊對峙（不丹也同時對該地區提出聲索），二〇二〇年六月在喜馬拉雅邊界的西邊發生衝突（二十多名印度軍人和最少四名中國軍人身亡），但卻謹慎地沒有令事態升級到戰爭。此外，中國在釣魚臺的問題上也同樣非常謹慎：釣魚臺自從一八九五年起便處於日本治下，中華人民共和國於一九七一年開始宣稱主權。雖然中國的海岸巡邏隊、漁船及最近一段時間的戰鬥機屢次出現在釣魚臺周圍，但北京始終沒有嘗試奪取釣魚臺的控制權，因為他們知道一旦他們這麼做，《美日安保條約》將有可能生效，而華盛頓就此也多次警告北京。在臺灣方面，儘管美方有諸多的不確定性，中國也沒有忽視美國介入的可能性；當臺灣本土政治家表現得過於傾向獨立時，中國會加大威懾的力度：從二〇一九年起，闖入臺灣防空識別區的解放軍戰鬥機和軍艦愈來愈多，但是中共繼續強調灰色地帶的戰術和行動，避免爆發戰爭。因為中共知道美國還是很可能有軍事反應。中共要使臺灣人害怕與讓步，比如接受所謂的九二共識，然後開始政治談判。同時繼續依靠經濟一體化和「統一戰線」的戰略來對臺灣施加影響。

該戰略的主要目標，是首先獲得臺灣菁英階層的好感，其次才是廣大民眾。這兩個不同的戰略之間有明顯的矛盾，但是臺灣收到的整體壓力愈來愈大。

從整體上看，中華人民共和國試圖與美國維持穩定且緊密的關係，並繼續嘗試解決那些可能會引起兩國對峙的分歧，以此避免任何可能造成中美關係惡化的情況。與此同時，北京希望能夠藉助自身經濟和貿易實力增大自己的優勢，提出包括「一帶一路」戰略和「亞洲基礎設施投資銀行」等在內的多個外交戰略倡議；藉助它日益精密的政治宣傳和「統一戰線」策略提升它的軟實力。

中國面臨的一大風險因素其實來源於北韓。一旦朝鮮半島爆發戰爭或者金正恩政權倒臺，中國將不得不介入，為了控制北韓發展的核子武器，或者避免美國—南韓軍隊越過三八線。因此，中國必須時刻關注朝鮮半島的動態，這實際上與明朝和一九五〇年代是一樣的。一九五〇年，毛澤東不顧他同僚的反對，決定派遣解放軍支援金日成政權。換句話說，朝鮮半島的局勢實際上與中國的安全利益息息相關。

不過，平壤政權比我們想像的要更為穩固。北韓不斷加大核武器研發的力度，是為了將用於國防的預算轉移到經濟發展上去。平壤在經濟改革方面做了一些嘗試，並開始在旅遊領域逐步向外開放，以獲得更多外匯。聯合國目前的制裁措施可能會影響到平壤，但並不足以完全阻止它。此外，平壤認為它的戰略行之有效，並令它有更多理由為它發展核武器的戰略辯護。

不論如何，讓我們設想一場可能發生的軍事危機：這場危機可能會因為美國政府引起，也有可能是因為平壤政權倒臺或北韓逐漸的民主化進程。我們很難評估這些假設對中國政局的影響。一方面，顯然任何軍事化危機都有可能影響中國東北地區，也有可能會引發國內社會對於中國政權的性質和未來的討論。但是另一方面，中國目前的政權太過穩固，就算是在最鄰近的國家發生政權變更的時候，都不會直接受到影響。北韓或臺灣的民主化進程並沒有實質上影響中國國內政治菁英和知識分子。那麼，北韓政局的變化又怎麼樣能夠撼動北京政權呢？在這樣的條件下，北韓的民主化進程很可能會是緩慢漸進的，正如南北韓統一的進程一樣；那麼對於北京來說，這就是一個完全可以控制的風險。

真正的風險可能來自於一次失敗的、令中國蒙羞的軍事行動。這樣的一次失敗可能會令中共的可信度受損，讓失望的民族主義者轉而反對它，並最終爆發一場政治危機。在人們設想的眾多可能性中，最多出現的是進攻臺灣或者釣魚臺失敗。為了避免這種結果，解放軍最可能會選擇閃電戰的策略，在美國和日本軍事介入之前，令臺灣投降。其次，解放軍的海軍實力必須要能夠超越日本，而目前日本海軍的規模雖然更小，但其現代化和人員訓練水準都高於中國。即使具備了這兩個條件，中國要發動一場軍事行動仍然十分冒險。不論如何，在美國和中國仍有可能發生核對峙的情況下，任何軍事行動的風險係數都極高。[47]

這便是為什麼中國政府到現在，對於上文所提及的種種衝突中都保持高度克制，沒有將矛盾擴大到軍事層面。不論如何，我們無法確定一場軍事行動的失敗是否可能造成一場政治危機：黨國體制很可能具備充分的政治、意識型態和安全資源來重新控制局面；此外，除非發生大規模的社會運動（見第五章），在這樣一場政治危機中，民族主義菁英可能會選擇一個替罪羊來擔責，但整體上他們一定會繼續支持一個強有力的政權。總之，一場外部的軍事失敗很難點燃中國政權的民主化進程。

不過，中國也有可能會針對實力弱小的對手發起一場迅速、果斷的戰爭；這個對手可能會是南海地區的越南或菲律賓，也有可能是在一個非洲政變國家的撤僑行動，正如二〇一七年上映的《戰狼二》一樣，也許反西方的色彩並不會那麼濃烈（見第四章）。[48]中共政權最終可能會得到民眾的擁護，而它在民族主義方面的執政合法性便會更強。

反之，中共是否會因為國內危機的不斷加深，轉而向國外轉移矛盾？

如果讓我們回顧一下共和國的戰爭史，便知道這個問題的答案是否定的。在一九五〇年韓戰中，是因為美國（以及聯合國）對中朝邊界鴨綠江的威脅，才導致毛澤東決定出兵北韓。一九六二年中印邊界戰爭的爆發確實有國內社會的動機：黨中央重新獲得了解放軍的掌控權，急需在大躍進後透過一場軍事勝利穩固它的地位；但中國發動這場戰爭的原因，主要還是出於國際因素，毛澤東希望向國際社會證明中國已經擺脫蘇聯的影響，並希望藉此削弱蘇聯盟友的實力。鄧小平在一九七九年對「亞洲古巴」越南的「教訓」，是因為北京希望抑制後者在中南半島的野心。

顯然，國際局勢在這幾十年間發生了巨大的變化，解放軍自一九九〇年代後就已經大幅現代化。此外，與西方的武器，特別是美國的武器不同，中國已經有四十五年沒有使用過自己的軍備（如果考慮一九八八年中國與越南在南海的軍事衝突，則是三十六年）。種種因素可能會讓北京依舊對發動一場熱戰保持高度謹慎態度，當然，北京也仍有可能樂意測試一下自己的武器。不過，不論怎麼說，國家的穩定和政權的存續仍然會比戰爭更加優先，畢竟後者的成效尚未確定。因此，這種對外戰爭作為轉移國內矛盾的假設不符合共和國的歷史，也不符合中共的戰略文化。正如一九八九年一樣，在中國社會陷入分裂，領導層被社會部分群體挑戰的時候，中共更傾向將矛盾保留在內部，在潛在的解放軍支持下重新控制國內局勢，並避免任何國際的軍事衝突。

從更長遠的角度來看呢？

從更長遠的角度來看，中國政權不同結局的可能性都會增加，但各種可能改變或者摧毀現政權的因素也會增多。在未來二十到三十年內，中國政治體制的前景將會非常不確定，各種假設也僅僅停留在推測層面。不論現在占據上風的政治勢力是否會繼續掌權，在未來，中國政權的適應性並不一定能夠戰勝其萎縮的趨勢。換言之，中共在政權適應性方面所做的努力，會讓政權在轉型的路上愈走愈遠，也從而導致了漸進的衰退。這便是狄忠蒲所述的「獨裁者困境」，他的書籍為我的思考提供了很大的幫助。那麼，中共政權的轉型甚至衰退會帶來什麼結果呢？中國最終會像臺灣一樣走向民主化進程嗎？但因為臺灣和中國之間的社會差異太大，以至於我們難以預測這種可能性；又或者中國會像新加坡一樣走向「半民主政體」呢？同樣地，進行這種預測也是十分困難。那麼，我們可以說，中國有可能會走向一個特殊的、獨一無二的政體，一個愈來愈不共產主義、大體上威權和民族主義的，並且愈來愈走向帝國主義和新傳統主義的政體。

適應與萎縮

我們必須承認，現政權需要依據新的經濟、社會和國際環境適應調整的時候，它便在逐漸喪失其政權的完整性。正如黎安友、裴敏欣和沈大偉等人所認為，中共政權的損耗、僵化和萎縮正在逐漸蠶食黨國體制，令其在未來需要面臨轉型的問題。

在萎縮的種種跡象中，我們得先討論中共在處理腐敗和領導人特權上的局限，因為這些問題都是系統性的問題。習近平發起的反腐運動，迫使領導幹部更加低調，某種程度上減輕了體制內的輕微腐敗，卻提高了官僚主義的交易成本（見第一章）。官商勾結的現象實質上並不會減少。只要中共繼續執政，它就很可能會繼續拒絕公開領導人的財產資訊。毫無疑問的是，「太子黨」仍然會占據政治菁英群體的大多數，裙帶主義現象仍會廣泛存在於體制的各個層級，而不只是局限於中央層面。政治權貴群體會繼續「走向世界」，將他們的部分資產轉移至境外，並將他們的子女送至國外留學。他們的特權、腐敗和權力尋租現象會持續地激化社會矛盾，增強反對政權的實力，尤其是對於那些愈來愈好奇資金去向的納稅人群體來說。

政權萎縮的第二個跡象與上一個緊密相關：中共黨員的思想愈來愈明目張膽地與黨的理念背離，以及黨的正式架構與實際運作愈來愈脫離。在現在，很少有黨員真正地信仰共產主義和社會主義，愈來愈多的黨員違背規則，選擇信奉佛教和道教，也有少數人信仰天主教。黨員不再遵循黨的規章；民主集中制的原則常常不被遵守；選舉和民意調查只不過是一種形式；黨的會議變得愈來愈多，卻愈來愈無聊和流於表面；不少黨員不繳納黨費；「黨內民主」的原則只不過是一句口號；黨校開始成為商業會所，而黨校的學員只會討論如何快速致富；真正活躍的共產主義者只是那些領導幹部，或者是能在黨的活動中謀求到經濟利益的人。總而言之，現在的中共內部鮮有理想主義者，卻有大量的野心家，以及那些把入黨當作上層社會入場券的個體。在這樣的條件下，黨還是那個「社會模範」嗎？政治菁英群體要怎麼樣能夠在不對主要領導人問責的條件下，改變這個現狀，並開始國家的民主化進程呢？

第三個萎縮的跡象，是中國的社會、經濟現實與黨的政治話語之間的巨大鴻溝，後者仍然沉浸於馬列理論、理想主義術語和不切實際的口號之中。雖然中共已經在努力改進自身的政治宣傳，而加入不少儒家保守的概念，令自己不脫離群眾；但是，愈來愈少的國人會選擇講那些中共在體制內和媒體上所講的「共產主義行話」。就算「黨內民主」可能會成為現實（但不太可能是在習近平任下），這依舊無法彌補這條鴻溝，畢竟只有少於百分之七的人口可能會受益於這個改革措施，除非「黨內民主」真的會是中共民主化、政府普選的第一步——這比「黨內民主」成為現實還要不可能。

第四個跡象，則是中共所宣傳的社會主義與現實中冷酷的資本主義特徵之間，日益擴大的間隙。我們可以看見中共已經悄然間，在向國民黨的意識型態靠近；儘管共產主義和國家主義仍是中共話語體系的終極目標，但中國的經濟發展已經很大程度上依靠私有資本主義經濟的發展。這種巨大的理論與實踐之間的差距還能持續多久呢？

另一個常常被忽略的問題，則是領導職位被男性牢固占據，而中共也難以推動女性走上體制內的重要職位。中國女性的地位仍處於不清晰而多變的階段：我之所以稱其為不清晰，是因為自一九四九年毛澤東時代開始，國家便一直宣傳女性「半邊天」的地位；但是，正如所有社會主義國家一樣，「半邊天」意味著女性要在承擔傳統的家庭事務責任的同時「參與生產」，但她們的政治地位卻沒有實質性的提升。改革開放的政策給女性地位帶來了矛盾性的影響：一方面社會要求女性回歸最傳統的男女關係角色，而另一方面卻將她們從中共和社會主義道德觀提倡的儒家思想中解放出來。在不考慮性別理論的情況下，我們可以推測，如果女性能夠更多地參與到政治中，這很可能會很大程度影響中共政權的未來。臺灣的女性在政治中擔任了重要的角色，這會是相對於中國一個十分有趣的比較，儘管這實質上也是民主化進程的結果。

最後一點政權被蠶食的原因，也是我認為最重要的，是中國社會和經濟、知識菁英群體正在逐漸接受民主價值。實際上，中共自身也在宣傳這些價值，比如像「憲法」等官方的政治理念，以及透過多種管道定期地宣傳諸如「人權保護」、「公平公正」或者「民主」等價值。不過，我們也應該謹慎對待這些受到黨的官方話語和新左派價值觀影響的話語，因為這些話語早就被「做了手腳」。反之，我們也需要留意臺灣和海外流亡群體對共和國，尤其是對共和國的政治價值觀的影響。隨著時間流逝，民間團體以及那些更為自由派的菁英群體，對黨國體制施加的壓力可能會愈來愈大。換句話說，在十八世紀的美國頗為盛行的一句口號「無代表，不納稅」在中國也可能會生根發芽。

這種政治模式與社會現實之間日益增大的差距，在未來可能會引起多種變革和撕裂。目前習近平集中權力的行為，是否也是這個自一九四九年來建立的政治體系陷入萎縮的表現？換言之，這種愈來愈類似個人獨裁的變化，是否也是一種阻止黨國體制與中國社會發生決定性變化的絕望嘗試呢？

但是，目前的中國體制是否真的是個人獨裁？中共是否已經真的頻臨滅亡？習近平並不是毛澤東，與他的前任相同，他雖然一定程度上可以控制黨內菁英和軍隊，但如果希望他的改革措施成功，也一定需要獲得黨內菁英和軍隊的支持。正如我們所見，中共和解放軍的組織結構穩定而有韌性，即使只是出於這兩個組織的慣性。也正是因為如此，中共的機構也只會是政治體系中最後一個衰亡的組織架構。此外，國家治理體系的現代化和對經濟發展的強調也會延緩政權的衰亡。不過，我先前所提及的種種萎縮跡象，將會從內部蠶食中共的政治體制，只有不可預知的特殊狀況不斷發生，才會加速最終結局的到來：可能一場經濟危機會轉化為社會危機，最終引發一場政治危機；又或者是一部分黨內最高領導層決定推進改革，並獲得了被動員的社會力量的支持……

我在前述的章節都在嘗試討論一個自上而下、在黨的領導下的政治變革，但這場變革會是漸進及和平的嗎？又或者，任何的政治轉型嘗試都會引向社會的撕裂呢？

在分析這些不同情況之前，我們要意識到，中共政權不太可能選擇臺灣的民主化路徑，也不太可能擁抱新加坡的半民主化政體。

自上而下的、臺灣形式的民主化進程可能性較小

第一個困難源自中共在思想和政治層面，對一切形式民主的堅決牴觸。一九四九年流亡至臺灣的國民黨，在意識型態上偏向自由主義，而他們僅僅只是以國共持續內戰為由，將民主化進程推遲到了一九八六年左右。對於很多中國的自由派和異見人士來說，臺灣模式是一個民主制度與中國傳統文化兼容的絕佳範例，也展示了一種能夠有序和平地走向政治自由化的路徑。

不過如果中共真的決定要走這樣一條路，它一定會先面對黨內領導層的一場意識型態破裂。

第二個困難來自於兩個政權的「起點」不同。自一九五〇年以來，雖然臺灣實行了戒嚴令，國民黨也實施了多種嚴格的限制，不完全的、地方的選舉活動仍在進行。在那個時候，臺灣的反對派人士是有權利以「黨外人士」身分參選，也正是這些人士在一九八六年組建了反對黨「民主進步黨」。當時蔣經國總統還沒有解除戒嚴令容忍民進黨的建立。在中國卻不是這樣：村民選舉被共產黨嚴格控制，基層人民代表大會禁止任何真正獨立的個體參選，更別論那些有組織的反對勢力了。大部分的中國人對這些選舉根本沒有興趣。原因很簡單：選舉沒有什麼意義。選舉活動仍然處於初級階段，雖然有一些領導人做出了承諾，但選舉形式絕不會出現在體制的更高層級。不管是黨內或黨外，習近平更不喜歡不知道結果的選舉。

第三個不同，是兩個政權所面臨的地緣政治環境的不同。與美國的結盟令臺灣政權受到了來自外部的民主壓力；而中國與美國在意識型態、戰略和經濟層面的競爭關係反而增加了中國民主化的困難——幾乎沒有可能引入任何形式的多元多黨政治制度。此外，中華人民共和國的國力已經如此強大，以至於那些最大的民主國家也已然選擇放鬆在人權和政治改革方面對中國的施壓。[49]

在臺灣，蔣介石之子蔣經國是一個具有魄力的人物；他藉助個人魅力，成功地將臺灣帶入民主化進程——在國民黨高層反對這一舉措的情況下，將反對黨合法化，並於一九八七年取消戒嚴令。但是，就算中國有像習近平一樣強勢的人物，中共的一把手是否能夠在沒有支持的情況下推進民主化進程？當然，如果中央政治局大多數成員選擇支持總書記，習慣性服從的傾向有可能令政權支持這項改革措施。但是我們可以想像，如果黨內幹部的權力和特權受到威脅，在中共體制內各個層級都會出現反抗。和國民黨政府相比，現在中國的黨和國家融合程度更深，而龐大的體量令整個體系更加分散，這個黨國機器會有更多手段去抵抗民主化的改革。[50]除非那位改革派領袖決定發動群眾的力量，尤其是公民社會的力量來推動改革，則有機會取得勝利；但這種做法實際上與中共的政治文化相左，並有可能會打開一個連自己都無法控制的潘朵拉寶盒。[51]

兩個政權間還有最後一個不同：區域地理和人文的不同。中國的行政區劃眾多，人口龐大，因此自上而下的民主化進程會更為緩慢、不均勻，因此會存在區域差異。一旦這種民主化進程開始，這一舉措可能會令地方反對勢力獲益，增大暴亂甚至內戰的可能性。換句話說，如果沒有得到地方菁英的支持，一個大國的民主化進程會存在更大的風險。

向新加坡的半民主形式發展？

自一九七八年鄧小平訪問新加坡開始，中共便十分欽慕這個城邦國家的經濟發展和政治穩定。現今仍然有很多國家領導人和知識分子認為，新加坡是一個中國可以效仿的範例。新加坡在李光耀（於二〇一五年逝世）的領導下於一九六五年從馬來西亞獨立出來，而新加坡的成功除了因為這樣一位領袖之外，還有許多與中國不同的地方。因此，對於北京是否能夠真正完整地學習這個政治模範，我們要持懷疑態度。[52]

首先，與中國不同，儘管有所局限，新加坡一直都存在民主選舉的多黨制。人民行動黨（People's Action Party）是李光耀及其兒子，以及一直到二〇二四年的總理李顯龍的政黨，長年控制新加坡議會（二〇一五年以來占據議會八十九個總席位中的八十三席），其反對黨能夠獲得議會大多數的可能性幾乎為零。像二〇一一年主要反對黨工人黨贏得議會六個席位，都引起了人民行動黨的高度關注。

作為英國前殖民地，新加坡也因此繼承了普通法系的司法傳統，這一點與香港較為相似。李光耀在早年是一名偏左派的律師，也因此一直致力於保持這一傳統。雖然在那些涉及異見人士的案例中，新加坡的司法系統都會表現出嚴重的局限性，但其法院所維護的司法安全，仍較中華人民共和國為可信，也因此吸引了大量跨國公司和外派人員的入駐。

新加坡也同時繼承了英國的反腐敗機制，在一九五二年成立的「貪污調查局」直接向總理負責，這種獨立性確保其工作效率。[53]新加坡另一個低腐敗的因素，是其公務員的「高薪養廉」機制。

顯然，新加坡政府與中國一樣，追求穩定的社會和政府的控制。但是在新加坡，紙質和電子媒體、網際網路和社群網路享受更大的自由空間。雖然近幾年，為了應對中國的崛起，新加坡與美國在安全領域的合作更加緊密，但是這並沒有影響這個城邦國家的內部政治局勢，新加坡社會仍然具有較為自由的政治氣氛和環境。[54]

最後，新加坡與中國在國土面積上的差異比臺灣更大，這點無需贅述。因此，即使中共會選擇學習一部分新加坡的經驗，它並不能，也沒有意願複製新加坡的模式。

結論：向威權主義、菁英主義、家長制、帝國式方向發展

與臺灣和新加坡的巨大差異，以及上述的影響因素，令中國政權幾乎沒有可能走向民主制度。儘管在背離它原有社會主義願景的路上愈走愈遠，中共會繼續在適應和現代化的同時，維

持其對政治體制的壟斷權力。中共會在不更名改姓，也不挑戰建國者的偉大迷思（一九四九年的「解放」、中華「人民」共和國和毛澤東）的前提下，推崇國家儒家主義思想，對其加以利用，尤其是其中的威權主義、菁英主義、家長制和帝國元素。為了維護國家的統一和穩定，中共會繼續專注於經濟發展和社會現代化，並在其中擔任關鍵角色。裝備更為強大的解放軍會繼續支持這個政權。政府行政體系日漸強盛，將會進一步改善國家行政的現代化和經濟治理。一個更專業和自治的司法體系，會給予經濟主體和中產階級更大的司法保障。在未來，政權將更注意聽取民眾的意見，特別是菁英階層的意見；它有可能選擇建立一個正式的民意代表機制，但是不會冒險進行民主化或放開地方選舉。以保護人民的名義，中共總是手握最終的決定權。政府為人民服務，但顯然不受人民控制和限制（government for the people but not by the people）。[55]

在對外方面，共和國很可能會繼續嘗試重塑亞洲領導者這種「帝國在國內，霸權在國外」的地位，與此同時在國際上制衡、削弱美國和西方社會的影響力。但是，中共不會貿然與美國開戰，因為其核心目標在於維持國內經濟發展和社會穩定，從而確保政權的長期延續。

就算在中國發生一場損害政治穩定的事件，甚至是一次推動國家民主化的嘗試，現有的威權政權仍會因為以下因素維持：中國眾多的人口和廣袤的領土、明顯的城鄉差距、旺盛的經濟和社會需求、人口的老齡化、長期的官僚主義傳統和扎根於中國社會的政治價值觀。但是，中共在未來數年將要面對眾多社會和政治方面的挑戰，包括嚴重的環境污染、氣候變化，日益擴張的社會貧富差距以及未受保障的公民維權途徑等。

總之，中國會很有可能向一個更加威權主義、菁英主義、家長制和帝國式的政治體制過渡。中共將會繼續執行「收放自如」的策略，並拒絕明確體制的未來走向。不僅僅對於西方民主國家說，中國會利用它獨特的文化背景，繼續成為所有民主國家的最大挑戰，並繼續對我們之於政治制度和政治生活的認知帶來很大挑戰。

結語
一個長期「緩刑」的政權

歷史上有不少的國家長期無法推進變革，最終導致了革命的爆發。正如十八世紀的法國或十九世紀初的俄國，現在的中國也許就在重複這種歷史。滿清政府在它的末期時，也曾急於擺脫那些試著推動一些無關痛癢變革措施的菁英；曾經推遲一切土地分配改革和民主化進程的蔣介石政權，也最終將勝利讓給了共產黨，儘管中日戰爭和蘇聯對共產黨的援助也很大程度導致了國民黨在一九四八至一九四九年的軍事失敗。在今天，中共的青英以為自己還有能力拒絕一切形式的政治改革，讓這個一九四九年建立的政權存續千年；癡迷於其所謂中華民族復興的大夢，他們愈來愈熱衷於向全世界推廣這一條威權發展的路徑。不過，他們真的確信自己會成功嗎？對於歐盟和其他的民主國家來說，作為民主國家的我們要怎麼樣理解和處理中共的野心？

從長遠來看，中華人民共和國最終會走向滅亡

我認為，福山的理論到最終會生效：善治（good governance）固然重要，但民主制度也有同樣的重要程度。倘若是闡釋福山的論點，中國的一黨專政制度之所以可以持續，主要是因為經濟的良好發展、壓制制度和民主勢力的缺失。[1]但我們可以肯定的是，這個政權會走向衰落，誤入歧途；為了實現自己的民族主義夢想，它早就埋葬了自己的共產主義甚至社會主義理想，去建設一個沒有民主、自由和平等的「偉大、繁榮和強大」的國家。這恰恰是一個大國的缺陷之處。這樣看來，我認為從長遠來看，沈大偉、裴敏欣和黎安友的觀點會是正確的，但並不是因為他們提出的論點（見前言）：自由的缺位並不會阻礙經濟的發展；政治菁英的腐敗現象並不會加速政權的垮臺；社會民眾也不會是第一個率先揭竿反對威權政權的力量。

我認為，知識菁英，甚至是政治菁英群體，對於中國全球化發展的政策導向都是意見不一的。有些人認為新加坡是一個好的範例，卻並不支持效仿它的政治模式；另外一些人認為中國最終會民主化並走向臺灣模式，但這群人注定數量更少。不過，在他們看來，這種變革終究需要時間，也許需要一個世紀或至少五十年，所以他們也期待中國社會到那時候會更加「優秀」，直到足以最終參與到這場變革中來，或者說他們的後代會推動變革的發生。其他人則在

這兩種假設中搖擺不一，有些人希望完全接納新加坡模式，而另一些人則期待中國選擇類似香港的半社團主義（semicorporatism），一種傾向於由菁英領導的半民主政體。不論如何，愈來愈少人認為中國文化，尤其是儒家文化，無法與民主價值觀共存。顯然，仍然有一些像白魯恂一樣的學者仍然堅持這種想法，[2] 而像胡少華（Shaohua Hu）等學者則認為中國的傳統政治文化是「無民主」而非「反民主」的。[3] 儘管如此，民主價值從十九世紀便開始在中國扎根，儘管它的詮釋常常被曲解；正如之前的臺灣以及南韓一樣，共和國的自由派知識分子借用魏丕信（Pierre-Etienne Will）的理論，開始從中國帝制歷史的元素中尋找民主的根源，比如臣子向君主諫言的權力、科舉制、文人的道德義務甚至臣民叛變的權利。[4] 從臺灣和香港（到二〇一九年）傳播的自由價值（包括女性運動，至少說是男女平等議題）也開始影響中國的菁英群體以及普羅大眾。愈來愈多的納稅中國人希望獲得代表權，並開始質疑中共的資金來源。我們在這本書中進行的討論可以證明，我們不必再像柏楊一樣，為中國人民無法進入「現代社會」而感到哀嘆，因為正如柏楊發表了他聲名遠揚著作時的臺灣一樣（即一九八五年），如今中國的問題是那些改革派受到了威脅，而非中國人民的「奴隸心態」導致中國「無法設想一個民主的社會」。[5]

與此同時，我們沒有必要討論中國政權是否在未來會變革為一個稍微不那麼威權主義、難以定義的一個政權，因為一旦政治改革的進程開始，我們很難控制它的進展。如果政權能夠及時反應，在公民社會的壓力變得不能承受之前有所行動，民主化的進程也許能夠是漸進、受到控制的；中國可能在一開始會發展成一個新加坡模式。從這個角度來看，目前仍舊占中國社會主流的偏保守政治文化，可能會成為政權可以利用的優勢。[6]

就算如此，沒有人能夠保證一場緩慢、和平的民主化變革能夠成功，因為歷史已經向我們證明了這一條路徑的局限性：自由化和民主化彷彿是機制性的，一旦政權開始自由化，長期上整個國家都一定會向民主制度發展，除非政權花費極大的代價取消這一改革，重新回到威權制度。[7] 如果說在未來，也許會是很遠的未來，中國民眾或自發要求或被給予了民主制度，中國將不會長期被中共所控制，也不會一直存在一個可能的、部分直選的議會。波蘭在一九八九年的政治變革便是一個很好的例子。不論那些政治菁英希望與否，一旦「一人一票」的制度被確立，其他的民主訴求將會不斷地湧現出來：言論自由、媒體自由、集會自由、結社自由、司法獨立和分權制度，以及釋放政治犯和停止對異見人士的迫害等等。中共現在的領導層十分了解這麼做的後果，也正是如此，他們才會只推行十分表面的改革措施，並始終堅持黨的領導權。

不過，當習近平和他的同僚決定無限期推遲任何形式的政治改革時，中國民主轉型的風險卻更高了：這個進程也可以是暴力的；正如大禹治水一般，如果當局沒有選擇疏導和治理，那麼民主的洪水也有可能是間歇性的、毫無秩序的。民主化進程不一定是一個國家就未來的政治方向達成共識，還可以是伴隨著一場內戰，令軍隊不得不介入，從而恢復社會秩序和維持國家統一。又或者連軍隊內部都存在分歧，在擔任中共的守護者和民主的擁護者之間猶豫不決，各派系相互攻訐，令中國陷入無止境的混亂。

這便是為什麼說中共的第七代和第八代領導班子，或至少說是其中的一部分領導人，會願意推動和引導一場政治改革，令中國與世界上其他的文明國家更為相似，改善中國的國際形象和中國與民主國家（特別是美國）的關係。不過，他們必須在推動這樣一場改革之前，嘗試獲得體制外的公民社會、知識菁英、經濟菁英甚至反菁英群體的支持，從而與體制內的保守主義者和既得利益者對抗，並保障軍隊的中立位置。總而言之，推動這樣一場變革比推遲它要更加危險，就算這場變革是自上而下的。

中共的領導層會有足夠的勇氣承受這些風險嗎？當他們意識到壓制的成本已經高到望而卻步，正如勞勃．道爾（Robert Dahl）所說，他們會果斷地選擇開始民主化進程嗎？[8] 什麼外來的事件可能會令領導層分裂，導致民主變革的發生呢？[9] 沒有人知道這些答案。

在這本書中，我嘗試證明，中共政權從長遠來看注定滅亡，但這不是因為經濟抑或是政治的因素。只有當納稅人有代表權的訴求，當菁英群體和社會群眾不能夠接受因言入罪，當他們受夠了中國被一個不透明的中共所統治，並相信只有一個民主的中國才能被國際社會所接納和尊重的時候，中共政權才會真正走向滅亡。

換句話說，歷史會證明，中國不會永遠是一個威權的政體。不過，正如我想強調的，在國家走向民主化的路途上仍然有許多障礙，而民主化本身也帶來了許多風險。我認為這些危險比我們所想像的都要嚴重，因為正如我先前所指出的，這一決策一定會令中國社會和菁英群體撕裂。也正是如此，中共領導層和那些支持政權的知識分子群體，才會如此堅定地拒絕任何政治自由化措施。

這也是為什麼，在可見的未來，共和國會繼續批判和否定所謂的「西式民主」，與民主國家為敵，繼續支持那些能夠凸顯出中國模式優越性的政權，並同時持續「揭露」民主制度的缺陷。我們應該怎麼應對這一挑戰？我將在下文簡要地討論這個困難的問題。

民主國家應該做什麼？

在面對中共威權政權勢力的鞏固，及其在國際上的崛起時候，民主國家應當做些什麼？他們能夠做什麼？他們應當怎麼樣處理這個挑戰？不僅僅只是歐洲和北美的民主國家，所有民主國家，包括日本、南韓和臺灣，應該採取怎麼樣的共同策略來捍衛他們的利益，遏制威權主義的回歸和鞏固，令民主和自由價值能夠成為世界的領導價值觀？[10]

這些問題實際上已經遠遠超出了本書的討論範圍。這些問題的答案取決於世界上諸多角色的經濟、社會、政治和軍事策略動態的變化：從川普政府下美國的國際靜修政策到民粹主義的崛起；從阿拉伯之春的失敗到伊斯蘭恐怖主義的持續存在；從中國和其他新興國家的崛起，到非洲國家發展政策持續的失敗；從西方國家經濟長期的停滯，到歐盟和其他民主政體的管治失效。我們必須承認，那些日益增多，針對民主制度的攻擊其實是源於西方國家整體的衰退，或者說是大眾認知中的衰退。[11]我們也必須承認，這一點使得中國在處理對外關係的時候更有底氣，特別是當中國已經是世界第二大經濟體的時候；現在的中國具有野心，更具有手段去挑戰這些自二戰後建立起來最根本、最具普適性的觀念，甚至試圖取代美國，成為世界的領導者。

考慮到中國未來可能有的政治轉型，我認為，我們民主國家首先應當保持謙遜和實際。尤其是對於以美國和歐盟為首的，想要影響中國政治未來的國家來說，我認為當下最重要的事情是先管好自己。換句話說，我們需要改良我們自己的政治制度，尤其需要提防陷入民粹主義的泥潭，確保我們民眾的自由權利，提高政府的問責性，讓我們的民主制度對中國乃至其他威權國家的人民來說更具吸引力。我們應該要優先處理民粹主義思潮，更應當對症下藥地去解決它經濟和社會的癥結——去工業化、日益擴大的收入和地區不平等、處置不當的移民問題等等。民粹主義思潮不僅僅只是激發了民眾反菁英主義的情緒，更令他們偏向於強權政治，損害了選舉代表制、司法獨立和民主秩序的原則。

我們也需要求同存異，將目光放在捍衛自由民主上，並在這個目標上達成共識。顯然，川普第一政府（二〇一七至二〇二一年）的種種舉措，這些包括中美貿易戰、伊核問題、退出巴黎協定和其他對國際組織秩序的破壞，對前述目標完全沒有幫助。地緣政治上，各國在責任和利益上的不一致，也顯然讓這個問題更加複雜：當美國和它的亞太盟友對中國的快速軍事現代化和蓬勃野心表示十分關切的時候，歐洲國家似乎並沒有那麼關心：他們應該關心的是歐洲的安全，特別是俄羅斯的威脅，尤其是自從普丁於二〇二二年二月二十四日決定侵略烏克蘭之後。好比說，儘管英國和法國的海軍艦隊常常在南中國海上航行，以提醒中國尊重國際海洋法，但他們並不想，或者說是不能夠像美國艦隊一樣執行「航海自由行動」（Freedom of Navigation Operations）。這項挑釁中國的行動，在於回應其在南沙群島建設人工島的行為。當然，歐盟無法對中美兩國之間日益嚴峻的戰略敵對視而不見，也不能夠忽視兩國之間一場新的「冷戰」甚至「熱戰」。作為美國的盟友，日本、南韓、大部分的歐洲國家等等，會受到這個新常態的直接影響，並時常會被迫做出困難的選擇。

應該說，歐盟（特別是法國、德國、義大利、西班牙和波蘭等主要國家）、美國和其他相似的國家（例如澳洲、加拿大、紐西蘭和英國）應該和美國政府（不管誰在白宮當總統），共同致力於制定一個處理與中國外交關係的目標和策略。在這些目標中，我們應當優先提倡一個基於規則的國際秩序，以及強調人權的普適性（特別是公民和政治權利）。此外，儘管可能與外交問題關聯較小，我們也應該更好地保護我們的敏感關鍵技術，推動世貿改革，進一步就開放問題向中國施壓，消除它的非貿易壁壘，削弱其國有企業的勢力、補貼和特權，令他們服從市場秩序；這些措施都能夠更好地鞏固基於自由的國際秩序，與民主國家的存亡息息相關。與此同時，美國也應當盡快批准《聯合國海洋法公約》，這能夠更好地幫助我們應對中國在南中國海的動作。

與此同時，我們在繼續與黨國體制交涉的時候（見下文），亦需要盡可能提升與中國社會的互動，培訓他們未來的菁英，提供學生獎學金，並同時增加雙方在知識、文化和宗教方面互動和溝通的管道。新冠大流行導致交流凍結與縮減，眼下必須盡速恢復、深化這些交流。

當然，我們不能夠推動未來中國的民主化，只有中國民眾自己才可以。在沒有發生國際衝突的情況下，這些內部的力量能夠在經濟、社會、文化、司法和政治領域與黨國體制對抗。與此同時，我們向中國社會提供的開放環境和資源，也能對此有所幫助。儘管如此，我們也不應該對「境外勢力」，尤其是美國，能夠改變中國的未來抱有幻想。從這個角度來看，我推薦所有人重新讀一遍孟捷慕（James Mann）頗具先見之明的書籍《中國幻想》（*The China Fantasy*）。[12] 此外，我認為，美國當前關於對華政策失敗的討論也是具有意義的，儘管這其中有一些錯誤的假設；但我認為有必要反思自理查・尼克森（Richard Nixon）和亨利・季辛吉（Henry Kissinger）開始的對華政策，因為即便這可能無法撲滅美國一直以來的民主傳教熱忱，這種討論也有利於讓愈來愈多的美國政策決策者和學者採納一個更現實、更具可行性和更務實的對華政策，並對此抱有合理的期待。就此而論，我確實認為拜登政府有保持正確路線，歐洲對其制定與推動的對中政策也多表贊同。雖然美國與歐盟對中政策有所差異，但都是「去風險」路線，充分說明了雙方價值觀與關注焦點趨於一致。

我認為，我們也同時應該更好地提防任何可能損害我們利益，來自中國的影響。因此，我們必須正視所有在意識型態和戰略上與中國的敵對。中共從未停止對啟蒙運動和自由主義政治價值觀的否定，儘管在國際舞臺上，中國的外交官一直在做含糊其辭的敘述，我們必須意識到，中共已經向我們的價值和理想宣戰。

有一些人會說，中國對「西式民主」的敵意只不過是防禦性的，中國並沒有意圖要向全世界宣揚它的中國模式和「北京共識」。這在以前或許是正確的，但自二〇〇八年開始，中國已經開始更強硬地展示它的勢力了，而習近平只不過是令其更為聲勢浩大。[13]中國的經濟全球化進程和更大的國際野心，使它沉迷於向全世界「秀肌肉」，而中共也一直在向民眾宣傳「社會主義民主」的優越性，並同時引用馬克思對「資本主義民主」的譴責。在國際舞臺上，中國不斷削弱民主國家對於普適性民主價值的聲譽，並向全世界灌輸威權主義意識型態。在這場戰役中，中國不乏其他威權國家和美國所稱的「非自由民主政體」（illiberal democracies）相伴：普丁領導下的俄羅斯、白羅斯、中亞國家、盧安達、委內瑞拉和其他發展中國家。令人擔憂的是，像希臘和匈牙利等歐盟國家由於經濟上高度依賴中國，在人權、新疆、西藏和達賴喇嘛等議題上向中國妥協，選擇了保持沉默。更令人擔憂的是，一些西方的政治和經濟菁英出於個人利益，也許是對中國政府或中國企業的經濟依賴，選擇放棄捍衛我們的價值觀。

這個問題已經有所時日，但因為以上所述的原因，在這幾年愈發凸顯出來。在意識型態領域，中國變得愈來愈咄咄逼人，而民主制度正因為民粹運動所呼籲的強權政治和反民主的極端方案而身陷囹圄。[14]這一新常態在未來一定會有所變化，但倘若我們不作為，甚至放棄抗爭，它會變得更有利於我們嗎？

正因為中國在不斷崛起，這一抗爭將會變得更加艱難。我們不可能與中國全面中斷聯繫，我們的經濟也不可能與中國經濟脫鉤，自中國改革開放以來，民主國家與中國之間的千絲萬縷早就不可能完全切斷。我們也沒必要與中國在經濟、外交、環境、文化甚至安全領域停止合作。中美貿易戰和兩國之間的地緣政治矛盾，顯然令雙方之間的共同利益變得更少了，但這種利益仍舊不可忽視。儘管美國、歐盟與中國在某些戰略或敏感領域的合作已經受到質疑，要西方與中國的經濟完全脫鉤，在我看來仍舊是不可能的選項。中國與美國的軍事矛盾在近年有所增加，尤其是在臺灣海峽和南中國海海域，這也增加了兩國爆發事件甚至危機的風險。就算如此，這兩個核大國之間也幾乎不可能會陷入格雷厄姆・艾利森（Graham Allison）所稱的「修昔底德陷阱」，更沒有可能會爆發熱戰，因為它會觸發世界末日。[15]

自二〇一八年以來，前任美國政府的對華「接觸」（engagement）政策就飽受詬病，令諸多政客和專家轉而擁護一個對華的「部分接觸」甚至「對抗」政策。[16]正如孟捷慕所提醒我們的一樣，「接觸」實際上有兩層含義。第一層含義已經被廣泛接受：停止忽視或孤立中華人民共和國，盡可能與其互動和溝通，尋求共識，在意見分歧時對其施壓。第二層含義在比爾・柯林頓（Bill Clinton）政府時期由美國和歐盟引入，更具野心，也因此更不現實：令中國的經濟和政治制度更符合我們的期待。[17]我認為，後者在今天顯然需要被棄用，正如這整整一本書試圖說明的，中共沒有意願完全開放它的政權，也不願意完全自由化中國的經濟結構。事實上，美國、歐盟和其他民主國家已經採納這種「部分接觸」的對華政策已有一段時間，我也同時呼籲，為了更好地捍衛民主價值，以及為了更好地保護自己的利益，各國應該在與中國接觸的時候，附加更多的條件和限制。因此，我認為，民主國家應該更加警惕，更加謹慎，更加有選擇性，更加有抗爭性，以及更有自信。我也同時建議各國盡可能地擱置爭議，在對華政策上有所討論和協調，並採用一致的對華政策和戰略。當我們針對那些「同」的地方與中國展開「部分接觸」的時候，我們也應當不畏懼在那些「異」的地方與中國對抗。

更警惕

首先，我們應當對中國任何試圖削弱我們的地位和增加其地位的動作持警惕態度。這些動作包括：對於南中國海領土和海域主權的宣示，以及在那裡的軍事化人工島的建設；一帶一路戰略；在北韓核武問題上，中國還提議要讓平壤政權和南韓以及美國平起平坐。[18]

關於那些諸如人權等意識型態的問題，我們也當然應該去推進溝通和討論，從而填補西方與中國在這一點上的空白。但我認為長期的、無建設性的對話也一樣是有害的。這些對話應該是結果導向的，應該附加類似於「釋放政治犯和異見人士」等條件。

在西藏問題上，任何政府試圖會見第十四世達賴喇嘛的政治和經濟成本都變得愈來愈高。

但難道向中國屈服就是唯一的解決方法嗎？我個人認為，民主國家的政治領袖不僅僅應該在合適的條件下，繼續會見這位西藏的精神領袖（以及他的繼任者），更應該公開支持第十四世達賴喇嘛自一九八八年以來的訴求：在中華人民共和國的體制框架內，給予西藏更高的政治自治權利。

在新疆問題上，考慮到北京對任何穆斯林活動長期並日益擴大的打壓，民主國家應當持續發聲，並嘗試與維吾爾族和其他流亡民主組織展開對話，提倡一個在中國框架內的解決方案。我們也同時應當在香港問題上更加警惕。當一些勝選議員在二〇一六年九月的立法會選舉中，因為被懷疑支持獨立而被取消資格時，歐盟沒有對此做出任何回應。與此同時，在美國，也僅止於美中經濟暨安全檢討委員會做出無關痛癢的警告和批評。[19]港府在這一點上的做法，也只是為二〇一七年監禁三名雨傘運動領袖以及在為二〇一八年九月取締港獨政黨香港民族黨鋪墊。這些對香港自治和政治自由的威脅，已經多到民主國家難以逐一聲討，當時只是引致了布魯塞爾、柏林、巴黎甚至華盛頓的一些溫和批評。二〇一九年反送中運動失敗以來，香港局勢每況愈下。無論是二〇二〇年六月底北京制訂的港版《國安法》實施、《蘋果日報》創辦人黎智英被捕、四十七名民主派因籌辦立法會與區議會初選而遭起訴……這些變化已經扼殺了香港的政治自由與「混和」政治制度。如今的香港處於新加坡式威權體制下，真正的大權不在港府手裡，而是由北京派駐的中聯辦掌握。民主陣營能給香港人什麼幫助呢？那就是盡可能與香港人保持聯繫，提供援助，守護香港殘存的公民社會與基本自由，以及相對的網路自由與整體學術自由。

就算民主國家與臺灣的半官方關係自一九九〇年後有了很大進展，我們也需要在一些議題上有更堅定的立場：我們需要反對中華人民共和國的威脅，以及其對臺灣政治和選舉的干預，支持兩岸無條件的對話，並增加民主國家與臺灣政府之間的溝通合作。二〇一八年美國國會通過的《臺灣旅行法案》便是這個立場的一個良好例證；就算其他民主國家難以通過這種特殊法案，他們也一樣可以增加對臺灣的大使級訪問。此外，民主國家應該對於臺灣的政治自主和民主經驗更為關切，因為它的和平民主化進程，很好地證明了中國社會和儒家思想能夠與民主價值相兼容。

我們更需要對中國那些表面上是文化領域、實則是政治領域的倡議更加警惕。孔子學院和其他教育部中外語言交流合作中心（漢辦）的計畫，便是一個很好的例子。我並不是說我們就一定要取締這些機構，或者說不能給予這些計畫像法語聯盟和哥德學院一樣的便利，但我們一定要清楚地意識到，孔子學院計畫屬於中共統一戰線政策的一部分，其目的之一是為了提升中國的「軟實力」。在這樣的條件下，讓孔子學院自由地進駐大學是一個政治錯誤，因為這會令這些高等教育機構對中國更加依賴，讓他們在中國的議題上自我審查。這也是為什麼在近幾年，愈來愈多的美國大學選擇終止與孔子學院的合作，而其他民主國家也應當效仿。我們要歡迎孔子學院，但我們必須限制他們的影響力。[20]

最後，我們也應當對中國大使館更加警惕：大使館系統長期監視境外的中國留學生，控制各地的華人群體，並透過經濟形式影響民主選舉。[21] 我們應當牢記二〇一七年在加拿大、澳洲和紐西蘭所發生的醜聞。[22]

更謹慎和更具選擇性

當我們在繼續與中國（尤其是中國社會）展開合作及對話的同時，民主國家也應當對它們的行動更加謹慎和具有選擇性，對中共這個具有意識型態和霸權主義野心愈來愈明顯的政權施加政治、經濟和軍事的壓力。總而言之，我們不應該在外交關係中再用「友誼」（friendship）這個詞。作為純粹的蘇聯術語，任何與友誼相關的表述，只會令任何國家在面臨中國要求的時候失去抵抗能力。一旦一個國家與中國建成了「友誼關係」，任何談判都將變得十分艱難，而我們並不需要這種對我們毫無利益的義務。[23] 此外，我們並不需要與一個不認可我們政治價值的政權建立友好關係（當然，我在這裡並不是指中國社會）。這個邏輯也同樣適用於「信任」這個老套的詞彙。我們不需要從一個並不信任我們的政權那裡獲取信任，它已經將民主制度視作自身的威脅；相反地，我們應該保護自身的「利益」，正如中國從未如此地看重這一點。

民主國家已經不再像以前一樣，集中精力與中國中央政府打交道，而是轉而與地方政府和組織發展合作。但我們應當保持這個趨勢，並更進一步繞過北京，與地方政府、私人企業、非政府組織和公民社會整體開展合作。當然，在中國，政府、外交和國安人員無處不在；但我們應當知道，只要我們能夠達成任何一個實質性的合作，它都能夠限制黨國體制介入的能力。

與此同時，我們也開始意識到，中國其中一些在歐洲、北美和其他民主國家的投資計畫有掌握我們核心技術的目的。因此，在這個領域，我們需要在非常謹慎的同時有所選擇，這不僅僅只是出於保護我們企業競爭性的經濟目的，更是出於戰略的考慮：很多尖端科技實際上是軍民兩用的，因此具有軍事性質。

自一九八九年的天安門事件後，歐盟一直都禁止出口軍事武器到中國，儘管在二〇〇三年時各國有嘗試取消這一禁運，但最終也因未能達成共識而失敗。與此同時，美國也通過了類似的武器禁運政策。不過，這些禁運措施僅適用於致命性武器，並不涉及到軍民兩用的技術和產品。因此我建議各國依舊需要在此一問題上保持謹慎和選擇性，因為在今天，中國企業擁有愈來愈多的手段和資源，例如透過收購境外公司，來獲取這些敏感的尖端科技。因此，川普政府也在二〇一七年八月通過一項《外國投資風險評估現代化法案》（FIRRMA），從而給予美國海外投資委員會（CFIUS）更多權力審查這些投資計畫。在德國政府於二〇一六年未能阻止中國集團美的（Midea）收購德國機器人公司庫卡（Kuka）之後，許多歐洲國家也開始有所動作。從那時候開始，以法國和德國為首的歐洲國家，就開始引入基於國家安全的限制性審查機制；儘管如此，截至二〇一八年末，也只有不到一半的歐盟成員通過了更為嚴格的法規。實際上，義大利、葡萄牙和希臘等經濟次發達的國家，都在猶豫是否要跟進這種審查機制，甚至不是十分情願支持歐盟委員會在二〇一八年十一月所啟動，關於非成員國在歐盟內貿易專案的資訊互換計畫。因此，歐盟沒有辦法引入一個類似美國海外投資委員會針對中國投資計畫的審查機制，這也令歐洲與美國的關係進一步複雜化。儘管這一場戰役尚未結束，歐洲的主要經濟體和企業（特別半導體行業）都已經意識到這一問題，知道自己應該做一些什麼選擇來保護他們的核心科技，以及更重要地，確保自己在美國的利益不會受損。[24]

最後，我們也應該對中國的國際倡議更加警惕和更具選擇性，一帶一路戰略便是一個例子。習近平政府在二〇一三年啟動了這一戰略，其目的不僅僅是經濟上的，更是外交上的。不過，一帶一路戰略真的令我們受益了嗎？我們真的不需要對這個戰略更為謹慎嗎？誠然，這種警惕心並不意味著我們不能參與一帶一路戰略中的一些合作計畫，只要在計畫進展、資金來源和目的是完全透明的情況下。[25]不過，如果一帶一路戰略的「17＋1合作」計畫，成功拉攏了中歐和南歐的經濟較不發達國家，並使得歐盟分裂，我們便不能夠再冷眼旁觀；[26]實際上，布魯塞爾當局正是這麼認為的。我在這裡還想要再次強調我對任何一帶一路計畫的擔憂，因為這些計畫可能會促使一些或新或老的歐洲民主國家，以及愈來愈多的發展中國家逐漸地靠近北京，這將給我們帶來不利的後果。不過，好消息是，二〇一八年美國和歐盟都決定支持成員國在一帶一路國家的私有投資計畫，尤其是在亞洲和非洲。在二〇一八年十月，美國國會通過了《善用投資促進發展法案》（BUILD Act），支持成立一個新的主體「美國國際開發金融公司」（U.S. International Development Finance Corporation），以加強美國在國際扶貧領域的角色，並支援美國公司在海外的活動；為此，這個主體獲得的預算達到了六百億美元。與此同時，歐盟也通過了一個新的戰略，以連結歐洲和亞洲為主題，「將群眾的利益和權利作為任何政策的核心出發點」，並同意撥付額外的六百億歐元在這些投資計畫中。當然，為了與中國的一帶一路戰略抗衡，我們還需要做更多；不過令人諷刺的是，習近平的一帶一路戰略也確實迫使美國、歐盟以及其他像日本等民主國家，將更多投資和資源向發展中國家傾斜。這一系列的新動向或許能夠令美國和歐盟在一帶一路戰略這個議題上，展開更多的溝通與對話，並加強投資目標國家的經濟和政治實力。[27]

更加有抗爭性和信心

在民主國家與中國的關係中，現在最大的分歧實際上是國際規範，尤其是那些政治上由所有聯合國成員支持，經濟上由世貿組織支持的規範。這些規範與國際安全、領土糾紛、經濟、社會、公民和政治權利都有所關聯。

正因為中國在逐漸崛起，它也理所當然地試圖在國際多邊組織中獲取更大的話語權，並試圖將國際規範往對自己有利的方向改變。比如，在二〇一五年，中國提高了自己在國際貨幣基金組織的財政配額（由百分之三點八提高到百分之六），也因此獲得了更大的投票權。與此同時，儘管不可自由兌換貨幣，人民幣也因此成為國際貨幣基金組織特別提款權（SDRs）貨幣組合的一部分。

問題是，出於其自身政治制度的原因，中華人民共和國在挑戰它的上屆政權，也就是中華民國（國民黨執政）在一九四五年聯合國建立伊始所參與制定的一系列國際規範。比如說，中國在二〇〇一年最終批准了一九四八年的《世界人權宣言》，但卻就工會權提出了保留。它在一九九八年也同時簽署了《經濟、社會及文化權利國際公約》，但出於顯而易見的原因，人大從未批准這一公約：儘管中國在二〇一三年最終廢除了勞教制度，公安系統的、不受司法管轄的行政拘留制度和其他類似的拘留制度依舊生效，尤其是在新疆。

中國也同樣在海洋和領土糾紛上，有選擇性地遵守國際規範。在這一問題上，中國始終拒絕國際調停；它也曾強烈抗議二〇一六年七月十二日位於海牙的常設仲裁法院，就中國與菲律賓在南中國海的領土糾紛所做出的仲裁。同樣地，中國也有選擇性地利用世界組織的規則，一邊利用世貿的援助資源，一邊以保護主義的原則支持本土企業。歐洲、美國和日本的企業針對中國市場准入限制的投訴也因此愈來愈多，但它們仍須在世貿框架之外遵守中國額外的特權，諸如補貼、強制技術轉讓和非貿易壁壘等。與此同時，歐盟、日本和加拿大等經濟體，也並不支持川普政府的貿易策略，尤其是美國對消除貿易逆差的執著，並都各自與美國分別有各種的貿易糾紛；諷刺的是，川普和拜登的強硬政策，似乎比歐洲人的專利談判策略要顯得更為有效。不過，這些經濟體在與中國的貿易關係中都面對同樣的障礙、利害關係和目標。因此，我認為，我們應當嘗試塑造一個更為親密的跨大西洋合作關係，尤其是在與中國的貿易問題上；與此同時，我希望歐盟委員已經在這個問題上採取一個更具對抗性的方式。實際上，歐盟委員會已經開始這麼做了——二〇一九年三月十二日，它提出了一個「十項具體行動計畫」，首次將中國列為「向外推行國家治理新模式的制度競爭對手」（a systemic rival promoting alternative models of governance）。[28]

中國也開始建立由它領導的國際多邊組織，這包括上海合作組織（於二〇〇一年成立），以及更近的亞洲基礎設施投資銀行（AIIB，總部設於北京）。在亞投行中，中國理所當然地承擔了關鍵角色，享有一票否決權，並能夠在面對反對的情況下做最終決定。我的建議是，我們應當批判性和謹慎地看待中國的這些倡議，因為其根本目的還是為了加強中國的影響，並在此同時削弱我們的影響力。

我們應該怎樣應對這些具有分歧的價值觀和利益呢？相較於提出具體的方法，我只能夠透過這本書讓大眾意識到中國在這些問題上的立場，與它的政治制度本身有著根本性的關係。中國並不是第一個挑戰二戰後美國所主導國際體系的國家，但和俄羅斯比起來，它會是最兇猛的，它的修正主義立場完全與我們的意識型態和政治利益相敵對。因此，但凡任何一點對這個政權的支持都是危險的。[29] 在二〇一七年末，川普政府正式將中國和俄羅斯列為與美國進入戰略競爭的「謀求修正現狀的國家」。二〇二一年開始，拜登政府有一模一樣的看法與政策。在這個問題上，我認為美國政府是正確的，歐盟也正在走向正確的方向，而其他類似的民主國家也應當開始跟隨。同時，與北京一直聲稱的恰恰相反，不是我們民主國家向中國發起了一場「冷戰」；當中國開始在國際社會上，尤其是在聯合國系統中，否定公民和政治權利等人權的普適性的時候，是它強加給了我們一場「冷戰」。

基於以上原因，我們不僅要更有抗爭性，也要對我們自己更有信心。我們應當在跟中國，尤其是中共，談判的時候更有抗爭性，在任何可能的場合強調對等原則，捍衛我們的價值，並拒絕北京日益傲慢的說教。我們應當加強民主國家間的對話和協調，尤其是美國、歐盟、澳洲、加拿大、日本和印度，討論與中國打交道的最佳方式。我們應該更有自信，因為我們知道，有許多中國人表面上捍衛自己的政府，而在私下則因為缺乏民主自由而批評政府，更是會因為自己的個人利益而改變立場。我們應該更有自信，因為中國的經濟會在很長的時間內保持一個「半發達」的狀態，而民眾的平均生活水準仍會低於我們。最後，我們應該更有自信，因為中國社會日新月異，而這個社會與我們的社會之間的差距很有可能會愈來愈小，而這個社會與統治、控制它的黨國體制之間的距離則有可能會愈來愈大。[30]

誠然，中國的民主化進程不太可能會解決我們之間的所有差異和分歧。我們不能夠天真地認為，一個民主的、強大的中國就不會是儒家主義的、民族主義的甚至帝國主義的，也不可能認為這樣的一個中國就不會執著地捍衛它的利益。中國文化和價值觀依舊會跟歐洲的文化和價值觀不一樣。不過，就像印度和日本，這樣的一個中國會與我們更親近，在聯合國系統中擔任一個更重要角色的同時更融入國際社會。儒家思想和基督教思想有分別，但是也有很多普遍的倫理價值和原則。這是一九四五年以後聯合國其共同民主意識型態和原則的基礎。

我們有很多理由要保持我們的航向，對我們的價值更有自信，繼續為了民主而抗爭，並與此同時致力於改善我們的民主制度，讓中國的民眾知道：一個強大的中國在很久一段時間內都會由一個強大的、威權的、傲慢的、受歡迎的黨國體制所統治，但它最終一定會走向滅亡。

27 Erik Brattberg and Etienne Soula, *Europe's Emerging Approach to China's Belt and Road Initiative,* Washington DC, Carnegie Endowment for International Peace, 19 October 2018, https://carnegieendowment.org/2018/10/19/europe-s-emerging-approach-to-china-s-belt-and-road-initiative-pub-77536

28 European Commission and HR/VP Contribution to the European Council, "Joint Communication to the European Parliament, the European Council and the Council. EU-China Strategic Outlook", 12 March 2019, https://op.europa.eu/en/publication-detail/-/publication/3a5bf913-45af-11e9-a8ed-01aa75ed71a1/language-en/；關於「去風險化」可參見 European Commission and High Representative of the Union for Foreign Affairs and Security Policy, "Joint Communication to the European Parliament, the European Council and the Council on 'European Economic Security Strategy", 20 June 2023, https://eur-lex.europa.eu/legal-content/EN/TXT/PDF/?uri=CELEX:52023JC0020（雖然未提及中國，但主要內容與中國有關）。

29 Cf. "What Kind of International Order Does China Want? Between Reformism and Revisionism", Special Feature, *China Perspectives*, 2016/2, pp. 3-35.

30 關於中國社會的多元化，可參見 Kristin Shi-Kupfer, Mreike Ohlberg, Simon Lang and Bertram Lang, "Ideas and Ideologies Competing for China's Political Future. How online pluralism challenges official orthodoxy", *Merics Papers on China*, No. 5, October 2017, https://www.merics.org/en/papers-on-china/ideas-and-ideologies-competing-chinas-political-future

foreignaffairs.com/articles/china/2018-02-13/china-reckoning

17 "Jim Mann details why 'engagement' with China failed", *Bill Bishop of Sinocism*, 15 December 2018, https://www.axios.com/interview-james-mann-us-china-engagement-trade-8477691b-e353-41cd-8c8b-30ff9e48bd88.html?utm_source=newsletter&utm_medium=email&utm_campaign=newsletter_axioschina&stream=top; see also Stewart Paterson, *China, Trade and Power. Why the West's Economic Engagement has Failed*, London, London Publishing Partnership, 2018.

18 有一項部分符合這種觀點的研究，可參見Mikko Huotari, Jan Gaspers, Thomas Eder, Helena Legarda, and Sabine Mokry, "China's Emergence as a Global Security Actor: Strategies for Europe," *Merics Papers on China*, No. 4, July 2017, https://www. merics.org/en/papers-on-china/chinas-emergence-global-security-actor-1

19 "Section 3 : China and Hong Kong", in *2016 Annual Report to Congress*, Washington DC, 16 November 2016, Chapter 3, pp. 407-408, https://www.uscc.gov/sites/default/files/Annual_Report/Chapters/Chapter%203%2C%20Section%203%20-%20China%20and%20Hong%20Kong.pdf

20 See Marshall Shahlins, *Confucius Institutes. Academic Malfare*, Chicago: Prickly Paradigm Pres, 2014.

21 See James Jiann Hua To, *Qiaowu: Extra-Territorial Policies for the Overseas Chinese*, Leiden and Boston, Brill, 2014.

22 Anne-Marie Brady, "Magic Weapons: China's Political Influence Activities Under Xi Jinping", Washington DC, Wilson Center, 18 September 2017, https://www.wilsoncenter.org/article/magic-weapons-chinas-political-influence-activities-under-xi-jinping

23 例如，「中國國際友好聯絡會」是在中共統戰部的指導下運作的。

24 John Seaman, Mikko Huotari, and Miguel Otero-Iglesias, eds., *Chinese Investment in Europe: A Country-Level Approach*, ETNC Report, Paris, IFRI, 2017, https:// www.ifri.org/sites/default/files/atoms/files/etnc_reports_2017_final_20dec2017.pdf; Ashley Feng and Sagatom Saha, "Emerging EU Policies Take a Harder Look at Chinese Investments," *China Brief* 19, No. 2, 18 January 2019, https://jamestown.org/ program/emerging-eu-policies-take-a-harder-look-at-chinese-investments/

25 Jean-Pierre Cabestan, "The Belt and Road Initiative and China's Hegemony in Africa", *Orbis*, Fall 2023, pp. 544-564.

26 François Godement and Abigaël Vasselier, *China at the Gates: A New Power Audit of EU-China Relations,* London, European Council on Foreign Relations, 2017.

Gunn & Hain, 1981; Lucian Pye, *The Spirit of Chinese Politics*, Cambridge, MA, Harvard University Press, 1992. 白魯恂於二〇〇八年逝世。

3 Shaohua Hu "Confucianism and Western Democracy", in Zhao, *China and Democracy*, *op. cit.*, pp. 55-72.

4 Pierre-Etienne Will, "Introduction", in Mireille Delmas-Marty and Pierre-Etienne Will eds., *China, Democracy and Law: A Historical and Contemporary Approach*, Leiden: Brill, 2012, pp. 31-32.

5 柏楊，《醜陋的中國人》（臺北：林白出版社，一九八五年）；Bo Yang, *The Ugly Chinaman and the Crisis of Chinese Culture*, translated and edited by Don J. Cohn and Jing Qing, North Sidney, Allen and Unwin, 1992.

6 關於非民主制度範疇的精采討論，參見 Paul Brooker, *Non-Democratic Regimes*, New York, Palgrave Macmillan, 2014.

7 Guillermo O'Donnell and Philippe C. Schmitter, *Transitions from Authoritarian Rule: Tentative Conclusions About Uncertain Democracies*, Baltimore, Johns Hopkins University Press, 1986; Juan Linz and Alfred Stepan, *Problems of Democratic Transition and Consolidation*, Washington DC, Johns Hopkins University Press, 1996.

8 Robert A. Dahl, *Polyarchy: Participation and Opposition,* New Haven, Yale University Press, 1971, p. 15.

9 Barbara Geddes, "What Do We Know About Democratization After Twenty Years?", *Annual Review of Political Science*, No. 2, June 1999, pp. 115-144.

10 根據 Larry Diamond 的說法，約於二〇〇六年起開始有「民主衰退」的現象。參見 "Facing Up to the Democratic Recession", *Journal of Democracy*, Vol. 26, No. 1, January 2015, pp. 141-155.

11 欲深入討論此相關性，可參考新加坡作家 Kishore Mahbubani 引起爭議的著作《西方失去了它嗎？》（*Has the West Lost it?*）。Mahbubani 本人也是一位具有印度裔背景、富有爭議的新加坡作家。

12 James Mann, *The China Fantasy: How our Leaders Explain Away Chinese Repression*, New York, Viking, 2007.

13 Susan Shirk, *Overreach: How China Derailed Its Peaceful Rise*, New York, Oxford University Press, 2022.

14 Fareed Zakaria, *The Future of Freedom: Illiberal Democracy at Home and Abroad*, New York, Norton, 2004.

15 Graham Allison, *Destined for War: Can America and China Escape the Thucydides's Trap*, Boston and New Yok: Houghton Mifflin Harcourt, 2017; Cabestan, *Facing China*, op. cit.

16 Kurt M. Campbell and Ely Ratner, "The China Reckoning. How Beijing Defied American Expectations", *Foreign Affairs*, March/April 2018, https://www.

〈論中國共產黨的「民生觀」〉，《北京日報》（二〇〇九年十月十日），http://dangshi.people.com.cn/GB/85041/10167089.html。

41 Dickson, *The Dictator's Dilemma*, *op. cit.*, p. 243-245.

42 Teresa Wright, *Accepting Authoritarianism: State-Society Relations in China's Reform Era*, Stanford, CA, Stanford University Press, 2006.

43 Shambaugh, *China's Future*, *op. cit.*, p. 98; Dickson, *The Dictator's Dilemma*, *op. cit.*, pp. 39-45.

44 Cabestan, *Le système politique chinois*, *op. cit.*, pp. 606-613.

45 Cheng Li, *Chinese Politics in the Xi Jinping Era: Reassessing Collective Leadership*, Washington DC., Brookings Institution, 2016.

46 我在前作《面對中國：戰爭與和平的前景》的第三章中探討了此問題，參見 Jean-Pierre Cabestan, *Facing China: The Prospect for War and Peace,* Lanham, Maryland, Rowman & Littlefield, 2023.

47 *Ibid.*, pp. 91-92.

48 *Ibid.*, pp. 195-197.

49 這一點何清漣分析得非常好，參見何清漣，〈中國為何不會出現斷崖式崩潰〉，同前引。

50 Yongshun Cai, "Power Structure and Regime Resilience: Contentious Politics in China", *British Journal of Political Science*, No. 38, May 2008, pp. 411–32.

51 Dickson, *The Dictator's Dilemma*, *op. cit.*, p. 305.

52 Cherian George, *Singapore, Incomplete: Reflections on a First World Nation's Arrested Political Development*, Singapore, Woodsville News, 2017.

53 香港於一九七四年也成立了類似的機構：廉政公署。

54 關於新加坡與中國之間的差別，參見 Mark R. Thompson, "How Deng and His Heirs Misunderstood Singapore," *New Mandala*, 1 February 2019, https://www.newmandala.org/how-deng-and-his-heirs-misunderstood-singapore/； 亦參見 Mark R. Thomson, *Authoritarian Modernism in East Asia*, London and New York, Palgrave Macmillan, 2019.

55 這些結論與狄忠蒲在《獨裁者困境》（*The Dictator's Dilemma*，頁三〇一至三二一）中的結論非常接近；但與二〇〇四年 Bruce Gilley 的預測大相逕庭，他曾表示只有民主化才能確保中共菁英維持權力。參見 Bruce Gilley, *China's Democratic Future: How It Will Happen and Where It Will Lead*, New York, Columbia University Press, 2004.

結語

1 福山在一九八九年說過：「沒有民主人士，就沒有民主可言。」參見 Fukuyama, *The End of History and the Last Man*, *op. cit.*, pp. 134-135.

2 Lucian Pye, *Dynamics of Chinese Politics*, Cambridge, MA, Oelgeschlage,

Quarterly, No. 203, 2010, pp. 601-618.

31 武志紅，《巨嬰國》（杭州：浙江人民出版社，二〇一六年）。

32 Zeng Yuli, "Turn Off, Drop Out: Why Young Chinese Are Abandoning Ambition", *Sixth Tone*, 27 June 2017, http://www.sixthtone.com/news/1000407/turn-off%2C-drop-out-why-young-chinese-are-abandoning-ambition

33 Gene Sharp, *From Dictatorship to Democracy: A Conceptual Framework for Liberation*, Boston, MA, The Albert Einstein Institution, 1993; *Cong ducai dao minzhu. Jiefang yundong de gainian kuangjia*, 2nd Chinese edition (of Gene Sharp's book), Bangkok, Huifu Miandian minzhu weiyuanhui & *Xinshidai* (The New Era Journal), 2003.

34 現時香港特首由一個一千五百人組成的選舉委員會選出，其中大多數為親北京人士。立法會由九十席議員組成，其中二十席透過普選產生，三十席由「功能界別」選舉產生，另外四十席由選舉委員會界別產生。在這些「功能界別」中，建制派的香港菁英階層占有過多代表權。

35 可參見潘文（John Pomfret）的文章所引發的討論："Chinese Cash at American Colleges Is a Massive Problem," *Supchina*, 23 August 2017, http://supchina.com/2017/ 08/23/john-pomfret-chinese-cash-american-colleges-massive-problem/；以及 Lawrence Kuok 的回應："Lawrence Kuok: The Real Chinese Student Story-a Response to John Pomfret," *Supchina*, 5 September 2017, http://supchina.com/2017/09/05/lawrence-kuok-real-chinese-student-story-response-john-pomfret/

36 Jérôme Doyon, *Rejuvenating Communism: Youth Organizations and Elite Renewal in Post-Mao China* (Ann Arbor, Mi.: University of Michigan Press, 2023).

37 Diandian Guo, "Chinese Communist Youth League Joins Bilibili – Where Official Discourse Meets Online Subculture", 3 January 2017, *What's on Weibo*, 報導了中國的社群趨勢，http://www.whatsonweibo.com/chinese-communist-youth-league-joins-bilibili-official-discourse-meets-online-subculture/

38 為了影響海外，尤其是留學的中國年輕人，共青團於二〇一七年九月開設了推特（現稱 X）的帳號，儘管這是被國內封禁的社群平臺。參見 Minnie Chan, "China's Communist Youth League Opens Twitter Account amid Crackdown on Internet Access", *SCMP*, 17 September 2017, https://www.scmp.com/news/china/policies-politics/article/2111566/chinas-communist-youth-league-opens-twitter-account

39 See Isabelle Attané and Baocheng Gu, eds., *Analysing China's Population: Social Change in a New Demographic Era*, Dordrecht, Netherlands, Ined, Springer, 2014.

40 關於「民生」一詞在馬克思主義與孫中山思想中的解釋，參見單孝虹，

Washington DC, CSIS, August 2017, https://csis-prod.s3.amazonaws.com/s3fs-public/publication/170829_Kennedy_FatTechDragon_Web.pdf

17 Barry Eichengreen, "Escaping the Middle Income Trap", *Proceedings - Economic Policy Symposium - Jackson Hole*, 2011, pp. 409-419, https://www.kansascityfed.org/publicat/sympos/2011/Eichengreen_final.pdf

18 沈大偉對此的分析相當卓著，參見 Shambaugh, *China's Future*, *op. cit*., p. 56.

19 Isabelle Thireau and Wang Hansheng eds., *Disputes au village chinois. Formes du juste et recompositions locales des espaces normatifs* (Disputes in a Chinese Village: Local Forms of Justice and Reconstructions of Normative Situations), Paris, Editions de la Maison des sciences de l'homme, 2001.

20 "Income inequality: Gini coefficient, 2019", *Our World in Data*, accessed 15 April 2024, https://ourworldindata.org/grapher/economic-inequality-gini-index

21 "Chinese millionaires - statistics & facts", *Statista*, 20 December 2023, https://www.statista.com/topics/5788/millionaires-in-china/#topicOverview

22 "China poverty: Beijing says it's been eradicated, but what exactly has been achieved? ", *South China Morning Post*, 24 February 2021, https://www.scmp.com/economy/china-economy/article/3122899/china-says-it-has-eradicated-poverty-what-exactly-has-been

23 Whyte, *Myth of Social Volcano*, *op. cit*., also Dickson, *The Dictator's Dilemma*, *op. cit*., pp. 255-257.

24 Thireau and Hua, *Les ruses de la démocratie*, *op. cit*.

25 Hsiao Hsin-huang, ed., *The Changing Faces of the Middle Classes in Asia-Pacific*, Taipei, Academia Sinica, 2006; David M. Jones, "Democratization, Civil Society and Illiberal Middle Class Culture in Pacific Asia", *Comparative Politics*, Vol. 30, No. 2, 147-169; Jeremy L. Wallace, *Cities and Stability: Urbanization, Redistribution, and Regime Survival in China*, New York, Oxford University Press, 2014. See also Nathan, "The Puzzle of the Chinese Middle Class", *op. cit*.

26 但情況並非總是如此，比如二〇一七年底，部分北京市民抗議大興區民工被驅逐一事所示。也可參見 Dickson, *The Dictator's Dilemma*, *op. cit*., pp. 199-200.

27 Wallace, *Cities and Stability*, *op.cit*.

28 何清漣，〈中國為何不會出現斷崖式崩潰〉，《美國之音》（二〇一七年六月二十六至二十七日），http://heqinglian.net/2017/06/27/china-future/。

29 Li and O'Brien, *Rightful Resistance*, *op. cit*.; Thireau and Wang, *Disputes au village chinois*, *op. cit*.

30 Graeme Smith, "The Hollow State: Rural Governance in China", *The China*

Now", *Journal of Banking and Finance Law and Practice*, Vol. 28, No. 2, 2 June 2017, pp. 146-157.

6 James Palmer, "Chinese Shadow Banks Can't Pay Up", *Foreign Policy*, 5 December 2023, https://foreignpolicy.com/2023/12/05/china-shadow-banking-zhongzhi-insolvent-economy/

7 "What's next for China? ", *McKinsey & Company*, n. d., https://www.mckinsey.com/global-themes/asia-pacific/whats-next-for-china

8 Victor Shih, "Financial Instability in China: Possible Pathways and Their Likelihood," Merics China Monitor, *Mercator Institute for China Studies*, 20 October 2017.

9 *Financial Times*, 5 September 2017, p. 20.

10 二〇一八年中期，影子銀行規模達到十兆美元，相當於國民生產毛額的百分之七十。"A Guide to China's $10 Trillion Shadow-Banking Maze," *Bloomberg*, 7 June 2018, https://www.bloomberg.com/news/articles/2018-06-07/a-guide-to-china-s-10-trillion-shadow-banking-maze-quicktake

11 柯爾貝爾主義是一種經濟和政治學說，其由十七世紀的 Jean-Baptiste Colbert（法國國王路易十四的財政大臣）創立。它提倡國家在經濟中發揮作用，刺激新興產業的發展，並採取積極的保護主義政策。如今，柯爾貝爾主義意味一種政府採取積極產業政策的傾向，在這種政策中，政府在投資未來產業方面扮演關鍵角色。受柯爾貝爾主義影響，並由法國總統戴高樂在一九六〇年代倡導的戴高樂主義，也闡述了一種類似的經濟發展方式，基於國家干預、一定程度的計畫經濟、培育企業國家隊和金融穩定。然而，由於支持歐洲一體化進程，戴高樂主義並不提倡保護主義。

12 Jost Wübekke *et al.*, "Made in China 2025: The Making of a High-Tech Superpower and Consequences for Industrial Countries", *Merics Papers on China*, No. 2, December 2016, https://www.merics.org/sites/default/files/2017-09/MPOC_No.2_MadeinChina2025.pdf

13 Dennis Normile, "Science suffers as China's internet censors plug holes in Great Firewall", *Science Mag*, 30 August 2017, http://www.sciencemag.org/news/2017/08/science-suffers-china-s-internet-censors-plug-holes-great-firewall

14 Samm Sacks, *Disruptors, Innovators, and Thieves: Assessing Innovation in China's Digital Economy*, Washington D.C., CSIS, January 2018, https://csis-prod.s3.amazonaws.com/s3fs-public/publication/180108_Sacks_DisruptorsInnovatorsThieves_Web.pdf?22jQMv.fUUhvJsneUUmP767drezraCXy

15 *WIPO IP Facts and Figures 2023*, Geneva, Wipo, 2023, https://www.wipo.int/edocs/pubdocs/en/wipo-pub-943-2023-en-wipo-ip-facts-and-figures-2023.pdf

16 Scott Kennedy, *The Fat Tech Dragon: Benchmarking China's Innovation Drive*,

251.

35 張祖樺、李曉蓉主編，《零八憲章》，同前引，頁十六至二十五、二三三至三一九。《零八憲章》的英文版（頁二八九至二九八）收錄於 Jean-Philippe Béja, Fu Hualing, Eva Pils eds., *Liu Xiaobo, Charter 08 and the Challenges of Political Reform in China*, Hong Kong: Hong Kong University Press, 2012.

36 Xu Zhiyong, *To Build a Free China: A Citizen's Journey*, Boulder, Co.: Lynn Reiner, 2016. 許志永曾被判處四年有期徒刑，於二〇一七年七月獲釋；二〇二〇年他在廣州再次被捕，二〇二三年因煽動顛覆罪，被判處十四年有期徒刑。浦志強在拘留十九個月後，於二〇一五年十二月獲判三年緩刑並獲釋；但一年後，他因在社群媒體上的言論而被取消執業資格。

37 Robert Mackey, "Jailed Dissident's 'Final Statement'", *New York Times*, 8 October 2010; 雙語版請參見：https://blog.wenxuecity.com/myblog/37995/201012/11472.html

38 張祖樺、李曉蓉主編，《零八憲章》，同前引，頁二三三至三一九。

39 Willy Wo-Lap Lam, "China Brief Early Warning: Xi Jinping Warns Against the 'Black Swans' and 'Gray Rhinos' of a Possible Color Revolution'", *China Brief*, 20 February 2019, https://jamestown.org/program/china-brief-early-warning-xi-jinping-warns-against-the-black-swans-and-gray-rhinos-of-a-possible-color-revolution/

40 與此同時，許多，甚至可說是絕大多數中國大陸人士，強烈反感香港本土主義和親獨立思潮的興起，更別說臺灣的親獨立運動，這加劇了他們反對「西方民主」、支持一黨專政制度的立場。

41 Pei, *The Sentinel State*, *op. cit.*, chapter 8.

42 Wang Dan, "Liu Xiaobo: Walking the Path of Kang Youwei, Spilling His Blood Like Tan Sitong", *China Change*, 20 July 2017, http://chinachange.org/2017/07/20/liu-xiaobo-walking-the-path-of-kang-youwei-spilling-his-blood-like-tan-sitong/

第六章

1 Dickson, *The Dictator's Dilemma*, *op. cit.*, pp. 222-225.

2 Shambaugh, *China's Future*, *op. cit.*, p. 22.

3 Wayne M. Morrison, "China's Economic Rise: History, Trends, Challenges, and Implications for the United States", Washington DC, Congressional Research Service, 25 June 2019.

4 Lynch, *China's Futures*, *op. cit.*, pp. 55-67.

5 若包括商業銀行和金融機構的理財產品，這一比重則為資產的百分之二十八。參見 Chao Xi and Le Xia, "Shadow Banking in China: Then and

21 Jun Deng and Craig A. Smith, "The Rise of New Confucianism and the Return of Spirituality to Politics in Mainland China", *China Information*, Vol. 32, No. 2, June 2018, pp. 294-314.

22 這個觀點與美國社會學家 Seymour Martin Lipset 的提法相呼應，那就是要出現民主訴求和鞏固民主，需要一種「鑽石形」的社會結構，其中產階級是人口最多的階層。參見 Nathan, "The Puzzle of the Chinese Middle Class", *op. cit.*, p. 9, 17.

23 Ji Weidong, *Building the Rule of Law in China: Ideas, Praxis and Institutional Design*, London and New York, Routledge, 2017.

24 Yu Ying-shih, *"The Radicalization of China in the Twentieth Century", Daedalus, 1993, pp. 125–150; "The Chinese Communists are not Confucianists", China Change, 1 July 2015*, https://chinachange.org/2015/07/01/the-chinese-communists-are-not-confucianists/

25 Tang Xiaobing and Mark McConaghy, "Liberalism in Contemporary China: Questions, Strategies and Directions", *China Information*, Vol. 32, No. 1, March 2018, pp. 121-138; Lu Hua and Matthew Galway, "Freedom and its Limitations: The Contemporary Mainland Chinese Debate over Liberalism", *China Information*, Vol. 32, No. 2, June 2018, pp. 315-335.

26 He Weifang, *In the Name of Justice: Striving for the Rule of Law in China*, Washington DC, Brookings Institution Press, 2012.

27 Lynch, *China's Futures*, *op. cit.*, pp. 20-67.

28 李銳，《李銳新政見：何時憲政大開張》（香港：天地圖書，二〇〇九年）。

29 Geremie R. Barmē, "A Day in the Life of Xu Zhangrun", *The China Project*, 1 August 2022, https://thechinaproject.com/2022/08/01/a-day-in-the-life-of-xu-zhangrun/

30 Lynch, *China's Futures, op. cit.*, pp. 15-184, 247-249.

31 Frenkiel, *Conditional Democracy*, *op. cit.*, Conclusion.

32 Merle Goldman and Edward Gu eds., *Chinese Intellectual Between State and Market*, London and New York: Routledge, 2004. Wu Guoguang and Helen Lansdowne eds., *Zhao Ziyang and China's Political Future*, London and New York, Routledge, 2008.

33 關於孫志剛事件，參見 Keith J. Hand, "Citizens Engage the Constitution: The Sun Zhigang Incident and Constitutional Review Proposals in the People's Republic of China", in Stéphanie Balme and Michael W. Dowdle eds., *Building Constitutionalism in China*, New York: Palgrave Macmillan, 2009, p. 221-242.

34 Eva Pils, *China's Human Rights Lawyers: Advocacy and Resista*nce, London and New York: Routledge, 2014. Rachel E. Stern, "Activist Lawyers in Post-Tiananmen China", *Law & Social Inquiry*, Vol. 42, No. 1, Winter 2017, pp. 234-

11 就阿里巴巴這類大型科技集團如何被「國家政策吸納」的問題，參見 Duncan Clark, *Alibaba: The House that Jack Ma Built*, New York: HarperCollins, 2016; 亦參見 *Financial Times*, 20 July 2018, p. 7.

12 "How Jack Ma Changed the Chinese View of Entrepreneurs", *Knowledge at Wharton*, 25 September 2018, https://knowledge.wharton.upenn.edu/podcast/knowledge-at-wharton-podcast/how-will-alibaba-fare-without-jack-ma/

13 Michael Forsythe, "A Missing Tycoon's Links to China's Troubled Dalian Wanda," *New York Times*, 10 August 2017, https://www.nytimes.com/2017/08/10/business/dealbook/china-wanda-xiao-jianhua.html. 巴拿馬文件還曝光，鄧家貴於二〇一六年在巴拿馬擁有離岸銀行帳戶，參見 Michael Forsythe, "Panama Papers Tie More of China's Elite to Secret Accounts," *New York Times*, 6 April 2016, https://www.nytimes.com/2016/04/07/world/asia/china-panama-papers.html.

14 Barrington Moore, *Social Origins of Dictatorship and Democracy: Lord and Peasant in the Making of the Modern World*, Boston: Beacon Press, 1966.

15 Tsai, *Capitalism without Democracy*, *op. cit.*; cf. also Kellee Tsai, "Cause or Consequence? Private Sector Development and Communist Resilience in China", in Martin Dimitrov ed., *Why Communism Did Not Collapse: Understanding Regime Resilience in Asia and Europe*, Cambridge, UK, Cambridge University Press, 2013, pp. 205-236.

16 Bergère, *Capitalismes et capitalistes en Chine*.

17 Timothy Cheek, David Ownby and Joshua Fogel, "Mapping the Intellectual Public Sphere in China Today", *China Information*, Vol. 32, No.1, March 2018, pp. 107-120 與此期包含的五篇報告以及下一期 *China Information* (Vol. 32, No. 2, June 2018). Emilie Frenkiel, *Conditional Democracy: The Contemporary Debate on Political Reform in Chinese Universities*, Colchester, UK, ECPR Press Monographs, 2015; Daniel C. Lynch, *China's Futures. PRC Elites Debate Economics, Politics, and Foreign Policy*, Stanford, CA, Stanford University Press, 2015.

18 可參考余英時對此的尖銳批評，"The Chinese Communists Are Not Confucianists", *China Change*, 1 July 2015, https://chinachange.org/2015/07/01/the-chinese-communists-are-not-confucianists/

19 在俞可平著作《民主是個好東西》中，他依然支持中國共產黨的領導地位，參見 *Democracy is a Good Thing: Essays on Politics, Society, and Culture in Contemporary China*, Washington DC, Brookings Institution, 2009.

20 Shi Anshu, François Lachapelle and Matthew Galway, "The Recasting of Chinese Socialism: The Chinese New Left since 2000", *China Information*, Vol. 32, No. 1, March 2018, pp. 139-159, esp. pp. 150-151.

China's Political Re-education Campaign in Xinjiang", *Central Asian Survey*, No. 38, 2019, pp. 102-128.

第五章

1 Huang Yasheng, *Capitalism with Chinese Characteristics: Entrepreneurship and the State*, New York, Cambridge University Press, 2008. Cf. also Carl Walter and Fraser Howie, *Red Capitalism: The Fragile Financial Foundation of China's Extraordinary Rise*, Singapore, Wiley, 2012.

2 Bruce J. Dickson, *Red Capitalists in China: The Party, Private Entrepreneurs, and Prospects for Political Change*, Cambridge, UK, Cambridge University Press, 2003; Kellee Tsai, *Capitalism without Democracy: The Private Sector in Contemporary China*, Ithaca, NY, Cornell University Press, 2007; Bruce J. Dickson, *Wealth into Power: The Communist Party's Embrace of China's Private Sector*, New York, Cambridge University Press, 2008; Jie Chen and Bruce J. Dickson, *Allies of the State: China's Private Entrepreneurs and Democratic Change*, Cambridge, MA, Harvard University Press, 2010.

3 "China Puts a Tycoon, Ren Zhiqiang, on Probation for Criticizing Policies", *The New York Times*, 2 May 2016. https://www.nytimes.com/2016/05/03/world/asia/china-ren-zhiqiang.html?mcubz=3; "Ren Zhiqiang, critic of Chinese leader Xi Jinping, sentenced to 18 years on corruption charges", *NBC News*, 22 September 2020, https://www.nbcnews.com/news/world/ren-zhiqiang-critic-chinese-leader-xi-jinping-sentenced-18-years-n1240677

4 "China's reluctant entrepreneurs", *The Guardian*, 3 September 2013, https://www.theguardian.com/world/2013/sep/03/china-reluctant-entrepreneurs

5 Amy Li, "Lenovo's Founder Liu Chuanzhi 'Talks Politics' Again", *SCMP*, 1 January 2014, https://www.scmp.com/news/china-insider/article/1394668/lenovos-founder-liu-chuanzhi-talks-politics-again

6 "Technology Can Help Realize Communism: JD.com CEO", *Global Times*, 20 August 2017（該文已從《環球時報》網站中刪除）.

7 "Can Big Data Help to Resurrect the Planned Economy?", *Global Times*, 14 June 2017（該文已從《環球時報》網站中刪除）.

8 Shan Jie, "Tycoons Spark Discussion on Realization of Communism" *Global Times*, 21 August 2017（該文已從《環球時報》網站中刪除）.

9 張祖樺、李曉蓉主編，《零八憲章》（香港：開放出版社，二〇〇九年），頁十六至二十五。

10 David S. G. Goodman, "The Changing Face of China's Local Elite: Elite Advantage and Path Dependence in Business Communities", *Chinese Political Science Review*, Vol. 3, No. 2, 2018, pp. 115-128.

Prospect for Democratization in China, Oxford, Oxford University Press, 2013.

46 〈中國共產黨黨員隊伍繼續發展壯大〉，人民網，二〇二三年七月一日，http://paper.people.com.cn/rmrbhwb/html/2023-07/01/content_26001603.htm。

47 Jerome Doyon, "CCP branches out into private businesses", *East Asia Forum*, 11 August 2023, https://eastasiaforum.org/2023/08/11/ccp-branches-out-into-private-businesses/

48 在二〇一七年十月他向十九大的報告中，習近平重新提出了這個目標，但他更強調加強黨的紀律，而不是黨內民主。

49 中共中央組織部，〈二〇二二年中國共產黨黨內統計公報〉，同前引。

50 Zhu Yuwei and Xiang Zeng, "Dangyuan jiecenghua dui dangnei minzhu chansheng de yingxiang" (Influence of stratification of members on intra-party democracy), *Lilun yanjiu* (Theoretical Studies), No. 5, 2017, p. 2021, cited by Lea Shih, "Centralized Leadership – Heterogeneous Party Base", *Merics China Monitor*, Mercator Institute for China Studies, 16 August 2017, pp. 6, 10.

51 今日，技術人員、專業人員和管理者占黨員的百分之三十五點六，而工人和農民、退休者、學生和其他雇員則占黨員的百分之六十四點四。

52 中共中央組織部，〈二〇一七年中國共產黨黨內統計公報〉，同前引。

53 Cabestan, "Social Governance in China under Xi Jinping: Big Brother is Watching you!", *op. cit*.

54 Mirjam Meissner, "China's Social Credit System", *Merics China Monitor*, Mercator Institute for Chinese Studies, 24 May 2017.

55 Samantha Hoffman, "Managing the State: Social Credit, Surveillance and the CCP's Plan for China", *China Brief*, Vol. 17, No. 11, 17 August 2017, https://jamestown.org/program/managing-the-state-social-credit-surveillance-and-the-ccps-plan-for-china/

56 Zeyi Yang, "China Just Announced a New Credit System Law. Here's What it Means", *MIT Technological Review*, 22 November 2022, https://www.technologyreview.com/2022/11/22/1063605/china-announced-a-new-social-credit-law-what-does-it-mean/

57 Jean-Pierre Cabestan, "The Many Facets of Chinese Nationalism", *China Perspectives*, No. 59, May-June 2005.

58 Gao Wencheng, "Commentary: To Enjoy the Chinese Film Wolf Warrior II, Shed Your Biases," *Xinhua*, 16 August 2017, http://www.xinhuanet.com/english/2017-08/16/c_136530175.htm; Stephen K. Hirst, '"Wolf Warrior 2," China's answer to "Rambo," is a map of the nation's future"', *Salon*, 19 August 2017, http://www.salon.com/2017/08/18/wolf-warrior-2/

59 *Ibid*.

60 Adrian Zenz, "Thoroughly Reform Them Towards a Healthy Heart Attitude.

33 Katharina Wenzel-Teuber, "Statistics on Religions and Churches in the People's Republic of China, Update for the Year 2016", *Religions & Christianity in Today's China*, Vol. VII, No. 2, 2017, pp. 26-53. 關於宗教狀況的詳細報告，參 見 Council of Foreign Relations, "Religion in China", 25 September 2020, https://www.cfr.org/backgrounder/religion-china

34 Eleanor Albert, "Christianity in China," Council on Foreign Relations, 7 May 2015, https://www.cfr.org/backgrounder/christianity-china

35 關於這個教派，參見：http://www.sixthtone.com/news/1000581/police-arrest-disciples-of-chinese-female-jesus（二〇一七年七月二十七日）。關於五旬節教派，參見 Edmond Tang, '"Yellers" and healers – "Pentecostalism" and the study of grassroots Christianity in China', September 2002, Churches Together in Britain and Ireland, https://web.archive.org/web/20060905143444/http://www.ctbi.org.uk/index.php?op=modload&name=knowledge&file=kbasepage&LinkID=148

36 See Jonathan D. Spence, *God's Chinese Son: The Taping Heavenly Kingdom of Hong Xiuquan*, New York and London, Northon & Co., 1996.

37 大約有三千萬基督徒隸屬於官方教會，其餘九千三百萬到一億一千五百萬基督徒屬於眾多未註冊的教會，參見 Viola Zhou, "China's Underground Churches Head for Cover as Crackdown Closes In", *South China Morning Post*, 10 September 2017.

38 Carsten T. Vala, *The Politics of Protestant Churches and the Party-State in China: God Above Party?*, London and New York, Routledge, 2017.

39 Gerda Wielander, "Bridging the Gap? An Investigation of Beijing Intellectual House Church Activities and their Implications for China's Democratization", *Journal of Contemporary China*, Vol. 18, No. 62, 2009, pp. 849-864.

40 Carsten T. Vala, "Protestant Christianity and Civil Society in Authoritarian China", *China Perspectives*, No. 3, 2012, pp. 43-52. 守望教會由一位韓裔華人（金天明牧師）於一九九三年成立，參見 Vala, *The Politics of Protestant Churches*, *op. cit.*, Chapter 8.

41 Fenggang Yang, "When Will China Become the Largest Christian Country?", undated, http://www.slate.com/bigideas/what-is-the-future-of-religion/essays-and-opinions/fenggang-yang-opinion

42 Fenggang Yang, *Religion in China. Survival & Revival under Communist Rule*, Oxford, Oxford University Press, 2012, p. 22.

43 關於「民主黨派」，參見 Cabestan, *Le système politique chinois*, *op. cit.*, pp. 354-367.

44 中共中央組織部，〈二〇二二年中國共產黨黨內統計公報〉，同前引。

45 Jie Chen, *A Middle Class Without Democracy: Economic Growth and the*

1, March 2018, pp. 23-45; Chloé Froissart, "L'évolution de la dynamique des grèves en Chine et leur impact sur la démocratisation au sein des entreprises" (Changes in strike dynamics in China and their impact on democratisation inside firms), in Clément Sehier and Richard Sobel eds., *Travail, luttes sociales et régulation du capitalisme dans la Chine contemporaine* (Work, social struggles and regulation of capitalism in China today), Lille, Presses universitaires du septentrion, 2015, pp. 103-121.

26 Martin King Whyte, *Myth of the Social Volcano. Perceptions of Inequality and Distributive Injustice in Contemporary China,* Stanford, CA, Stanford University Press, 2010. 亦參見皮凱提的專欄文章，Le Blog de Thomas Piketty, "De l'inégalité en Chine" (Inquality in China), 14 February 2017, Lemonde.fr; 皮凱提發現自一九九五年至二〇一五年間，中國最富有人口的百分之十擁有總私人財富的比重從百分之四十一增加到百分之六十七。

27 參見中國勞工通訊，該組織報導中國的勞工糾紛並為其中牽涉的各方提供諮詢。其網站為：http://www.clb.org.hk。該組織由韓東方創辦，他於二〇一六年與自由亞洲電臺合作撰寫了《困境中的中國工人》（*China's Workers Wronged: An Oral History of Chinese Workers' Struggles During the Economic Rise of China*）電子書，參見：https://www.rfa.org/english/bookshelf/ChinasWorkersWrongedpdf.pdf。

28 關於農民工，參見Chloé Froissart, *La Chine et ses migrants: La conquête d'une citoyenneté* (China and its migrants: the conquest of a citizenship), Rennes, France, Presses universitaires de Rennes, 2013; 亦參見 Eric Florence 在其著作中對該書的評論，*China Perspectives*, No. 4, 2014, pp. 66-67.

29 Nathan, "The Puzzle of the Chinese Middle Class", *op. cit.*

30 Cf. "White Paper on Judicial Reform of Chinese Courts", *China Daily*, 27 February 2017; 亦參見 Susan Finder 的部落格：supremepeoplescourtmonitor.com，該部落格定期報導目前司法改革的步驟及特點；至於中國法院目前的運作情況，參見 Kwai Hang Ng and He Xin, *Embedded Courts: Judicial Decision-making in China*, Cambridge, UK, Cambridge University Press, 2017.

31 Yang, "China's Troubled Quest for Order", *op. cit.*, pp. 50-52; Jacques DeLisle, "Law in the China Model 2.0: Legality, Developmentalism and Leninism Under Xi Jinping", *Journal of Contemporary China*, Vol. 26, No. 103, January 2017, pp. 68-84.

32 Vincent Goossaert and David Palmer, *The Religious Question in Modern China*, Chicago, University of Chicago Press, 2010; Benoît Vermander, "Religious Revival and Exit from Religion in Contemporary China", *China Perspectives*, No. 4, 2009, pp 4-15; Ian Johnson, *The Souls of China: The Return of Religion After Mao*, New York, Pantheon, 2017.

12 Teets, *Civil Society Under Authoritarianism*, *op. cit*. Yiyi Lu, *Non-Governmental Organisations in China: The Rise of Dependent Autonomy*, London and New York: Routledge, 2009.

13 Cf. Séverine Arsène, *Internet et politique en Chine* (Internet and politics in China), Paris: Karthala, 2011; cf. also Jacques Delisle, Avery Goldstein, Guobin Yang eds., *The Internet, Social Media, and a Changing China,* Philadelphia, Penn, University of Pennsylvania Press, 2016; Gianluigi Negro, *The Internet in China: from Infrastructure to a Nascent Civil Society,* Cham, Switzerland, Palgrave Macmillan, 2017.

14 Séverine Arsène, "Internet Governance in Chinese Academic Literature: Rebalancing a Hegemonic World Order?", *China Perspectives*, 2016/2, pp. 25-36.

15 Gary King, Jennifer Pan and Margaret Roberts, "How the Chinese Government Fabricates Social Media Posts for Strategic Distraction, Not Engaged Argument", *American Political Science Review,* Vol. 111, No. 3, 2017, pp. 484-501.

16 Wu Mei, "China's Crackdown on 'Internet Rumors' and 'Illegal' Internet Publicity Activities", in Yang and Shan, *Governing Society*, *op. cit*., pp. 41-56.

17 官方未正式公布數字，參見 *South China Morning Post*, 30 September 2017, p. A8

18 Brice Pedroletti, "La Chine vaillamment défendue par son armée de trolls" (China vigorously defended by troll army), *Le Monde,* 4 June 2017.

19 Han Han, *Blogs de Chine* (China blogs), Paris: Bleu de Chine -Gallimard, 2012.

20 "China's 'Big Vs' disown selves online to avoid new gossip laws", *The Register*, 18 September 2013 https://www.theregister.co.uk/2013/09/18/verified_accounts_weibo_unverify_rumour_crackdown/

21 Margaret E. Roberts, *Censored: Distraction and Diversion Inside China's Great Firewall*, Princeton, NJ, Princeton University Press, 2018.

22 Dickson, *The Dictator's Dilemma*, *op. cit*., pp 71-73.

23 Jean-Pierre Cabestan, "Social Governance in China under Xi Jinping: Big Brother is Watching you!", in Arthur S. Ding and Jagannath P. Panda eds., *Chinese Politics and Foreign Policy under Xi Jinping*, London and New York: Routledge, 2020, pp. 62-84.

24 Dali L. Yang, "China's Troubled Quest for Order: Leadership, Organization and the Contradictions of the Stability Maintenance Regime", *Journal of Contemporary China*, Vol. 26, No. 103, January 2017, p. 48.

25 Chloé Froissart, "Negotiating Authoritarianism and Its Limits: Worker-led Collective Bargaining in Guangdong Province", *China Information*, Vol. 32, No.

China's pro-democra-cy movement (1919-2004)], Paris: Le Seuil, 2004; Cheng Yingxiang (with Claude Cadart), *Dégel de 'intelligence en Chine, 1976-1989: Quatorze témoignages* (Intellectual thaw in China 1976-1989: Fourteen interviews), Paris: Gallimard, 2004.

35 Cabestan, *Le système politique chinois*, *op. cit.*, p. 605.

36 Pan and Xu, "China's Ideological Spectrum", *op. cit.*, table A1.

37 Chu and Wu, "Sources of Regime Legitimacy in East Asian Societies", *op. cit.*

第四章

1 Yang Lijun and Shan Wei eds., *Governing Society in Contemporary China* (Singapore: World Scientific, 2017).

2 值得注意的是，此一論點已經有人詳細探討過，參見 Stein Ringen, *The Perfect Dictatorship: China in the 21st Century*, Hong Kong: Hong Kong University Press, 2016, p. 137.

3 Elizabeth J. Perry, "Trends in the Study of Chinese Politics: State-Society Relations", *The China Quarterly*, No. 139, September 1994, pp. 704-713.

4 Cabestan, *Le système politique chinois*, *op. cit.*, pp. 485ff.

5 Jürgen Habermas, *The Structural Transformation of the Public Sphere: An Inquiry into a Category of Bourgeois Society* , Cambridge, MA, The MIT Press, 1989; Steven Seidman, ed., *Jürgen Habermas on Society and Politics: A Reader*, Boston, Beacon Press, 1999.

6 中華人民共和國民政部，〈二〇二三年第四季度民政統計數據〉，https://www.mca.gov.cn/mzsj/tjsj/2023/202304tjsj.html。

7 Jessica C. Teets, *Civil Society under Authoritarianism: The China Model*, New York: Cambridge University Press, 2014.

8 Shawn Shieh, "Same Bed, Different Dreams? The Divergent Pathways of Foundations and Grassroot NGOs in China", *Voluntas*, Vol. 28, No. 4, August 2017, pp. 1785-1811.

9 "The Major Questions About China's Foreign NGO Law Are Now Settled", *ChinaFile,* 8 August 2022, https://www.chinafile.com/ngo/latest/major-questions-about-chinas-foreign-ngo-law-are-now-settled

10 關於中共對汶川大地震的應對以及對媒體和半官方非政府組織管控暫時放鬆的管理，參考 Christian P. Sorace, *Shaken Authority: China's Communist Party and the 2008 Sichuan Earthquake*, Ithaca, NY, Cornell University Press, 2017.

11 Patricia M. Thornton, "The Advance of the Party: Transformation or Takeover of Urban Grassroots Society", *The China Quarterly*, No. 213, March 2013, pp. 1-18.

China, Cambridge, UK, Cambridge University Press, 2006; Kevin O'Brien, "Rightful Resistance Revisited", *The Journal of Peasant Studies*, Vol. 40, No. 6, 2013, pp. 1051-1062.

18 Dickson, *The Dictator's Dilemma*, *op. cit.*, pp. 187-199, 268-272.

19 *Ibid.*, pp. 65-67.

20 Tang, *Populist Authoritarianism*, *op. cit.*, pp. 33-39. Zhong, *Political Culture*, *op. cit.*, pp. 16-17.

21 Edward Cunningham, Tony Saich and Jesse Turiel, *Understanding CCP Resilience: Surveying Chinese Public Opinion Through Time*, Harvard Kennedy School, Ash Center for Democratic Governance and Innovation, July 2020, https://ash.harvard.edu/files/ash/files/final_policy_brief_7.6.2020.pdf

22 Tang, *Populist Authoritarianism*, *op. cit.*, pp. 60-73, 250-252.

23 *Ibid.*, pp. 122-123.

24 Jennifer Pan and Yiqing Xu, "China's Ideological Spectrum", *Journal of Politics*, Vol. 79, No. 3, July 2017. Pp. 792-803.

25 Nathan, "The Puzzle of the Chinese Middle Class", *op. cit.*

26 Dickson, *The Dictator's Dilemma*, *op. cit.*, pp. 243-245.

27 Xuchuan Lei and Jie Lu, "Revisiting Political Wariness in China's Public Opinion Surveys: Experimental Evidence on Responses to Politically Sensitive Questions", *Journal of Contemporary China*, Vol. 26, No. 104, March 2017, pp. 213-232.

28 那些經常查閱媒體資訊的人，更容易受到官方宣傳的影響，可參見 Wenfang Tang, *Public Opinion and Political Change in China*, Stanford, Stanford University Press, 2005.

29 Cited by Eva Pils, "Charter 08 and Violent Resistance: The Dark Side of the Chinese *Weiquan* Movement", in Jean-Philippe Béja, Fu Hualing and Eva Pils eds., *Liu Xiaobo, Charter 08, and the Challenges of Political Reform in China*, Hong Kong, Hong Kong University Press, 2012, p. 486.

30 Tianjian Shi, *The Cultural Logic of Politics in Mainland China and Taiwan* ,Cambridge, UK, Cambridge University Press, 2014.

31 Doh Chull Shin, *Confucianism and Democratization in East Asia*, Cambridge, UK, Cambridge University Press, 2012), pp. 106 onwards.

32 參見這一個有趣的調查：Ashley Esarey, Daniela Stockmann and Jie Zhang, "Support for Propaganda: Chinese Perceptions of Public Service Advertising", *Journal of Contemporary China*, Vol. 26, No. 103, January 2017, pp. 101-117.

33 Tang, *Populist Authoritarianism*, *op. cit.*, pp. 74-99, 152-166.

34 See Jean-Philippe Béja, *A la recherche d'une ombre chinoise: Le movement pour la démocratie en Chine (1919-2004)* [In search of a Chinese shadow:

www.asianbarometer.org/survey.

8 Dowd, Carlson and Shen, "The Prospects for Democratization in China", *op. cit.*; Ogden, *Inklings of Democracy*, *op. cit.*, pp. 123-124; Yun-han Chu and Yu-tzung Chang, "Culture Shift and Regime Legitimacy: Comparing Mainland China, Taiwan, and Hong Kong", in Hua, *Chinese Political Culture*, *op. cit.*, pp. 320-347.

9 "Building of Political Democracy in China", *China Internet Information Center*, October 2005, http://www.china.org.cn/english/2005/Oct/145718.htm

10 Tianjian Shi, "China: Democratic Values Supporting an Authoritarian System", in Yun-han Chu, Larry Diamond, Andrew J. Nathan and Doh Chul Shin eds., *How East Asians View Democracy*, New York, Columbia University Press, 2008, pp. 209-237.

11 Dickson, *The Dictator's Dilemma*, *op. cit.*, pp. 285-288. 要注意的是，狄忠蒲在二〇一〇年和二〇一四年進行的研究僅涵蓋城市居民；而占人口百分之四十二的農村地區則不包括在內。

12 Cabestan, *Le système politique chinois*, *op. cit.*, pp. 532-534.

13 Hsin-hsin Pan and Wen-chin Wu, "Quality of Governance and Political Legitimacy: Governance-based Legitimacy in East Asia", *Global Barometer*, Working Paper Series, No. 121, 2016, https://asianbarometer.org/FileServlet?method=DOWNLOAD&fileId=1668753863336.pdf 關於越南與中國的情形，參見 Regina Abrami, Edmund Malesky and Yu Zheng, "Vietnam Through Chinese Eyes: Divergent Accountability in Single-Party Regimes", in Martin K. Dimitrov ed., *Why Communism Did Not Collapse: Understanding Authoritarian Regime Resilience in Asia and Europe*, Cambridge, UK, Cambridge University Press, 2013.

14 Yun-han Chu and Wen-chin Wu, "Sources of Regime Legitimacy in East Asian Societies", *Global Barometer*, Working Paper Series, No. 135, 2017, https://asianbarometer.org/FileServlet?method=DOWNLOAD&fileId=1668754596091.pdf

15 可參閱溫家寶在哈佛大學的演講〈把目光投向中國〉（"Turning your Eyes to China"），二〇〇三年十二月十日：http://www.fmprc.gov.cn/ce/ceun/eng/xw/t56090.htm。

16 自二〇一二年起，中國公安部門停止公布「群體性事件」的資料。相關內容可參考第六章。

17 參見香港的非政府組織「中國勞工通訊」所做的研究，http://www.clb.org.hk；關於農民起義，請參考 Lucien Bianco, *Peasants without the Party: Grass-roots Movements in Twentieth-Century China*, Armonk, New York, M.E. Sharpe, 2001; Kevin J. O'Brien and Lianjiang Li, *Rightful Resistance in Rural*

可參考 Sébastien Billioud and Joël Thoraval, *The Sage and the People: The Confucian Revival in China*, Oxford and New York: Oxford University Press, 2015；關於中國共產黨對於儒家思想的運用，可參考 Sébastien Billioud, "Confucianism, 'cultural tradition' and official discourses in China at the start of the new century" *China Perspectives*, No. 3, 2007, pp. 50-65.

2 根據研究，二〇一二年中國中產階級人口為四點二億人，僅占總人口的百分之三十一，參見：https://chinapower.csis.org/china-middle-class/。在中國中產階級規模的差異方面，根據麥肯錫的研究指出，二〇二二年將有百分之五十四的都市家庭晉升為上層中產階級（年收入十點六萬至二十二點九萬人民幣），這在二〇一二年只有百分之十四；另外還有超過百分之二十二的家庭將成為下層中產階級，這在二〇一二年為百分之五十四。"Mapping China's Middle Class", *McKinsey & Company*, June 2013, https://www.mckinsey.com/industries/retail/our-insights/mapping-chinas-middle-class; David S.G. Goodman, *Class in Contemporary China*, Cambridge, Polity Press, 2014; Minglu Chen and David S.G. Goodman, *Middle Class China: Identity and Behaviour*, Cheltenham, Elgar, 2013. 關於民主與中產階級之間的關係，可參考 Andrew Nathan, "The Puzzle of the Chinese Middle Class", *Journal of Democracy*, Vol. 27, No. 2, April 2016, pp. 5-19.

3 例子請見 Pei, "The Beginning of the End", *op. cit.*

4 首批一九八九年後的研究包括：Andrew J. Nathan and Shi Tianjian, "Cultural Requisites for Democracy in China: Findings from a Survey", in Tu Wei-ming ed., *China in Transformation*, Cambridge, MA, Harvard University Press, 1994, pp. 95-123; Daniel V. Dowd, Allen Carlson and Mingming Shen, "The Prospects for Democratization in China: Evidence from the 1995 Beijing Area Study", in Zhao, *China and Democracy*, *op. cit.*, pp. 189-206; Shiping Hua ed., *Chinese Political Culture, 1989-2000*, Armonk, New York, M. E. Sharpe, 2001; Suzanne Ogden, *Inklings of Democracy in China*, Cambridge and London, Harvard University Asia Center, 2002.

5 David Elkins and Richard E. Simeon, "A Cause in Search of Its Effect, or What Does Political Culture Explain", *Comparative Politics*, Vol. 11, No. 2, 1979, pp. 127-145; Gabriel Almond, "The Study of Political Culture", in Gabriel A. Almond ed., *A Discipline Divided: Schools and Sects in Political Science*, London, Sage Publications, 1990, pp. 138-169. Cf. also Tang, Populist Authoritarianism, *op. cit.*, pp. 2-5. Yang Zhong, *Political Culture and Participation in Urban China*, Singapore: Palgrave, 2018, pp. 3-4.

6 Cf. Tang, *Populist Authoritarianism*, *op. cit.*, pp. 15-19.

7 Dickson, *The Dictator's Dilemma*, *op. cit*, pp. 232-237 中，有關於民族主義與對政權支持之間關係的討論；亦可參見 Asian Barometer Surveys, http://

17 Lawrence Lok Cheung Zhang, *Power for a Price: Office Purchase, Elites Families, and Status Maintenance in Qing China*, Cambridge, Mass. Dissertation, Harvard University Press, 2010.

18 有關帝制時期地方行政的規模和工作的實例說明，參見 Michel Cartier, *Une réforme locale en Chine au XVIème siècle: Hai Rui à Chun'an*,1558-1562 (Local reform in sixteenth-century China: Hai Rui in Chun'an, 1558-1562), Paris-La Haye, Mouton, EPHE, 1973.

19 John Fitzgerald, *Awakening China: Politics, Culture, and Class in the Nationalist Revolution*, Stanford, CA, Stanford University Press, 1996, pp. 120-122.

20 Andrew J. Nathan, *Chinese Democracy*, Berkeley, CA, University of California Press, 1986.

21 Jérôme Bourgon, "Shen Jiaben et le droit chinois à la fin des Qing" (Shen Jiaben and the late Qing legal reform), PhD diss., Ecole des Hautes Etudes en Sciences Soci-ales, Paris, 1994.

22 Fitzgerald, *Awakening China, op. cit.*, pp. 185-186.

23 Sebastian Veg, "New Readings of Lu Xun: Critic of modernity and re-inventor of heterodoxy", *China Perspectives*, No. 2014/3, pp. 49-56.

24 Lloyd E. Eastman, *The Abortive Revolution: China Under Nationalist Rule, 1927-1937*, Cambridge, MA, Harvard University Asia Center, 1990.

25 Marie-Claire Bergère, *The Golden Age of the Chinese Bourgeoisie, 1911-1937*, Cambridge, UK, Cambridge University Press, 2009.

26 Alain Roux, *Chiang Kai-shek: Le grand rival de Mao* (Chiang Kai-shek: Mao's great rival), Paris, Payot, 2016.

27 Edmund S.K. Feng, *In Search of Chinese Democracy: Civil Opposition in Nationalist China*, Cambridge, UK, Cambridge University Press, 2000.

28 Jessica Ching Tze Wang, *John Dewey in China: To Teach and to Learn*, Albany, State University of New York Press , 2012.

29 Frank Dikötter, *The Age of Openness: China Before Mao*, Hong Kong, University of Hong Kong Press, 2008. 此處要留意馮客在闡述觀點時往往流於偏激。

30 Balazs, *Chinese Civilisation and Bureaucracy*, *op. cit.*, p. 317.

31 即便在清朝，也有超過百分之九十的人口由於缺乏教育而被排除在科舉制度之外，可參見 Benjamin Elman, *A Cultural History of Civil Examinations in Late Imperial China*, Berkeley, University of California Press, 2000.

第三章

1 關於現今中國和臺灣的儒家思想，對於當局的自主性及其多重面向，

2 Tsang and Olivia Cheung, *The Political Thought of Xi Jinping*, *op. cit.*

3 Étienne Balazs, *Chinese Civilization and Bureaucracy: Variations on a Theme*, Trans. by H. M. Wright, Edited by Arthur F. Wright, New Haven and London: Yale University Press, 1964.

4 王亞南，《中國官僚政治研究》（臺北：谷風出版社，一九八七年）。本書初版為一九四八年出版，早於中華人民共和國成立。

5 孔飛力試圖指出，自十九世紀中葉以來，中國政權在適應現代化和現代化的努力中，存在著延續性的因素：建立明確的財政基礎，並加強中央權威。Philip A. Kuhn, *Origins of the Modern Chinese State,* Stanford, CA, Stanford University Press, 2002 ; Huang Yasheng, *The Rise and Fall of the EAST: How Exams, Autocracy, Stability and Technology Brought China Success, and Why They Might Lead to Its Decline* ,New Haven, Yale University Press, 2023.

6 Cf. special issue of *Journal of Contemporary China* entitled "Historical Perspectives on the Rise of China: Chinese Order, Great Harmony, and Tianxia" , Vol. 24, No. 96, 2015.

7 Theodore de Bary, "Chinese Despotism and the Confucian Ideal: A Seventeenth-Century View", in John K. Fairbank ed., *Chinese Thought and Institutions*, Chicago, University of Chicago Press, 1967, p. 195.

8 Pierre-Etienne Will, *Bureaucratie et famine en Chine au XVIIIe siècle* (Bureaucracy and famine in China in the Eighteenth Century), Paris-La Haye, Mouton/EHESS, 1980.

9 Karl Wittfogel, *Oriental despotism: A Comparative Study of Total Power*, New Haven and London, Yale University Press, 1957.

10 Tu Weiming ed., *Confucian Traditions in East Asian Modernity: Moral Education and Economic Culture in Japan and the Four Mini-Dragons*, Cambridge, MA, Harvard University Press, 1996.

11 Thireau and Hua, *Les ruses de la démocratie*, *op. cit.*

12 Alain Peyrefitte, *The Immobile Empire*, New York, Knopf, 1992.關於儀式主義，參見Léon Vandermeersch, *Les deux raisons de la pensée chinoise. Divination et idéographie* (Two characteristics of Chinese thought: divination and ideography), Paris, Gallimard, 2013, pp. 168-187.

13 Francis Fukuyama, *The Origins of Political Order: From Prehuman Times to the French Revolution*, London, Profile Books, 2011.

14 關於蘇聯對中國的影響，可參見Lucien Bianco, *Stalin and Mao: A Comparison of the Russian and Chinese Revolutions*, Hong Kong, The Chinese University Press, 2018.

15 這個說法是由蘇聯經濟學家 Yevgeni Preobrazhensky 提出的。

16 Wittfogel, *Oriental Despotism*, *op. cit.*, p. 441.

Journal of Contemporary China*, Vol. 18, No. 62, November 2009, pp. 865-880; Jessica C. Teets, *Civil Society Under Authoritarianism: The China Model*, New York, Cambridge University Press, 2014.

26 Pei, *The Sentinel State*, op. cit.

27 Shambaugh, *China's Communist Party*, *op. cit*.

28 Deng Zhenglai and Sujian Guo eds., *China's Search for Good Governance*, New York, Palgrave Macmillan, 2011, 尤其是中共官方知識分子俞可平所著的第一章 "Good Governance and Legitimacy", pp. 15-21.

29 Tsang and Olivia Cheung, *The Political Thought of Xi Jinping*, *op. cit*.

30 值得注意的是，相較於整個社會，人民解放軍預計將繼續保持政治化。

31 Gao Yu, "Beijing Observation: Xi Jinping the Man", *China Change*, 26 January 2013, https://chinachange.org/2013/01/26/beijing-observation-xi-jinping-the-man-by-gao-yu/ (Chinese version: https://www.dw.com/zh-hant/ 男兒習近平 / a-16549520)

32 *Ibid*.

33 "Document 9: a ChinaFile Translation", *ChinaFile*, 8 November 2013, http://www.chinafile.com/document-9-chinafile-translation

34 中國刑法並未將「罪行」（crimes）與「不檢行為」（misdemeanors）區分開來，只有分嚴重的與不那麼嚴重的。

35 在中國，傳統上會在春節時贈送「紅包」給晚輩或下屬。這種行為也被用來當作賄賂官員的方式。

36 "China party says nearly 5 million members probed for graft", *AP*, 17 October 2022, https://apnews.com/article/health-china-business-covid-economy-6618e65ef6148e0c75fce4dc2a28011f

37 Pei, *China's Crony Capitalism, op. cit*.

38 *Ibid*.

39 這種黑勢力與政府部門之間融合演變的最佳例證之一，可參見 Graeme Smith's article, "Political Machinations in a Rural County", *The China Journal*, Vol. 62, 2009, pp. 29-59.

40 Jun Mai, "Three disgraced Chinese Communist Party officials accused of trying to rig elections", *op. cit*.

41 Pei, *The Sentinel State*, *op. cit*.

42 Shambaugh, *China's Future*, *op. cit*.

43 Dickson, *The Dictator's Dilemma*, *op. cit*.

第二章

1 Lucian W. Pye, *The Mandarin and the Cadre: China's Political Cultures*, Ann Arbor, Center for Chinese Studies, The University of Michigan, 1988.

Intraparty Democracy," *South China Morning Post* (thereafter *SCMP*), 5 November 2017, updated 20 July 2018, https://www.scmp.com/week-asia/opinion/article/2118352/analysis-how-xi-jinping-revived-old-methods-abandoning-intraparty. See also, Joe Fewsmith, "The 19th Party Congress: Ringing in Xi Jinping's New Age", *China Leadership Monitor*, Winter 2018, No. 55, 23 January 2018, pp. 16-17, https://www.hoover.org/sites/default/files/research/docs/clm55-jf-final.pdf

17 Jun Mai, "Three disgraced Chinese Communist Party officials accused of trying to rig elections", *SCMP*, 27 October 2017, updated 20 July 2018, https://www.scmp.com/news/china/policies-politics/article/2117190/three-disgraced-chinese-communist-party-officials

18 關於這些謠言與薄熙來事件之間的關係，請參見 Ho Ping and Huang Wenguang, *A Death in the Lucky Holiday Hotel: Murder, Money, and an Epic Power Struggle in China*, Philadelphia, PA, Public Affairs, 2013.

19 Wendy Wu, "How the Communist Party controls China's state-owned industrial titans" *SCMP*, 17 June 2017, https://www.scmp.com/news/china/economy/article/2098755/how-communist-party-controls-chinas-state-owned-industrial-titans

20 中共中央組織部，〈二〇二二年中國共產黨黨內統計公報〉，共產黨員網，二〇二三年六月三十日，https://www.12371.cn/2023/06/30/ARTI1688094366650728.shtml。

21 中共中央組織部，〈二〇一七年中國共產黨黨內統計公報〉，共產黨員網，二〇一八年六月三十日，https://news.12371.cn/2018/06/30/ARTI1530340432898663.shtml。

22 〈我國民企二千七百萬家，民營經濟財政收入占比超百分之五十〉，新華網，二〇一八年五月一日，http://www.xinhuanet.com/politics/2018-05/01/c_1122767077.htm。

23 Gilles Guiheux, "The Chinese Communist Party and the Chinese Bourgeoisie (1949-present): From First Alliance to Repression and Contemporary Mutual Dependence", in Jérome Doyon and Chloé Froissart eds., *The Chinese Communist Party: A 100-Year Trajecto*ry ,Canberra, ANU, 2023, pp. 338-339; Jérôme Doyon, "Party Penetration Deepens in China's Private Sector", *The Asia Times*, 11 August 2023, https://asiatimes.com/2023/08/party-penetration-deepens-in-chinas-private-sector/

24 中華人民共和國國務院新聞辦公室，〈中國的民主〉，新華網，二〇二一年十二月四日，http://big5.www.gov.cn/gate/big5/www.gov.cn/zhengce/2021-12/04/content_5655823.htm。

25 Steve Tsang, "Consultative Leninism: China's New Political Framework",

2 Vivienne Shue and Patricia M. Thornton eds., *To Govern China. Evolving Practices of Power*, Cambridge, Cambridge University Press, 2017.

3 Sebastian Heilmann and Elizabeth J. Perry eds., *Mao's Invisible Hand: The Political Foundations of Adaptive Governance in China*, Cambridge, MA, Harvard University Press, 2012.

4 Jean-Luc Domenach, *Les fils de princes. Une génération au pouvoir en Chine* (Princelings: A generation in power in China), Paris, Fayard, 2015 ; Stéphanie Balme, *Entre soi. L'élite du pouvoir dans la Chine contemporaine* (Among themselves: The power elite in contemporary China), Paris, Fayard, 2004.

5 Pei, *China's Crony Capitalism*, *op. cit.*

6 Lea Shih, "Centralised Leadership, Heterogeneous Party Base. Changes in the Membership Structue of the Chinese Communist Party", *Merics China Monitor*, 16 August 2017, p. 6, https://www.merics.org/sites/default/files/2017-09/China%20Monitor_40_FTZ_EN.pdf

7 Zheng Yongnian, *The Chinese Communist Party as Organizational Emperor*, London and New York, Routledge, 2010.

8 Dali L. Yang, *Remaking the Chinese Leviathan: Market Transition and the Politics of Governance in China*, Stanford, CA, Stanford University Press, 2004.

9 Isabelle Thireau and Hua Linshan, *Les ruses de la démocratie. Protester en Chine* (Ruses of democracy: Protest in China), Paris, Seuil, 2010.

10 Sida Liu and Terence C. Halliday, *Criminal Defense in China: The Politics of Lawyers at Work*, Cambridge, UK, and New York, Cambridge University Press, 2016.

11 Stéphanie Balme, *Chine, les visages de la justice ordinaire* (China, the faces of everyday justice), Paris, Presses de Sciences Po, 2016; John Garrick and Yan Chang Bennett eds., *China's Socialist Rule of Law Reforms under Xi Jinping* ,London, Routledge, 2016.

12 Leng Ling, Danglun Luo and Guoman She, "Judging a Book by Its Cover: Beauty Effects in the Promotion Tournament of Regional Leaders", 30 August 2016, https://ssrn.com/abstract=2834626 or http://dx.doi.org/10.2139/ssrn.2834626

13 Daniel A. Bell, *The China Model: Political Meritocracy and the Limits of Democracy*, Princeton, NJ, Princeton University Press, 2015.

14 Yongshun Cai, *State and Agents in China: Disciplining Government Officials*, Stanford, CA, Stanford University Press, 2015, especially pp. 137-143.

15 二十大（二〇二二年）以來，有二百零五名中共中央委員和一百七十一名候補委員，前者包括十一名女性，後者則有二十二名女性。

16 Wang Xiangwei, "How Xi Jinping Revived Old Methods by Abandoning

No. 3, Autumn 2016, pp. 131-142.

20 Pei, *China's Crony Capitalism, op. cit.*, p. 266.

21 See also Pei's interview in *Le Monde*, 19-20 February 2017, p. 13.

22 Andrew Nathan, "China at the Tipping Point: Foreseeing the Unforeseeable", *Journal of Democracy*, Vol. 24, No. 1, January 2013, p. 20.

23 Mo Zhixu, penname of Zhao Hui, "China's Future: Unstable and Unsettled", *China Change*, 6 April 2016, https://chinachange.org/2016/04/06/chinas-future-unstable-and-unsettled/; Cf. Zhenhua Su, Hui Zhao and Jingkai He, "China at the Tipping Point: Authoritarianism and Contestation", *Journal of Democracy*, Vol. 24, No. 1, January 2013, pp. 26-40.

24 Yu Liu and Dingding Chen, "Why China Will Democratize," *Washington Quarterly* 35 (Winter 2012): 41-63; Jean-Philippe Béja, Fu Hualing and Eva Pils, eds., *Liu Xiaobo, Charter 08, and the Challenges of Political Reform in China*, Hong Kong, Hong Kong University Press, 2012.

25 二〇一二年時「維穩」的預算超過了人民解放軍的預算，引發諸多分析，認為從長遠看來中國無法維持維穩的花費，參見 Xi Chen, "The Rising Cost of Stability", *Journal of Democracy*, Vol. 24, No. 1, January 2013, p. 57-64.

26 Carl Minzner, *End of an Era: How China's Authoritarian Revival is Undermining its Rise*, Oxford and New York, Oxford University Press, 2018; Sebastian Heilmann, *Red Swan: How Unorthodox Policy Making Facilitated China's Rise*, Hong Kong, The Chinese University of Hong Kong, 2018.

27 Minzner, *End of an Era*, *op. cit.*, p. 165.

28 Heilmann, *Red Swan*, *op. cit.*, pp. 201-211.

29 Bruce J. Dickson, *The Dictator's Dilemma: The Chinese Communist Party's Strategy for Survival*, Oxford and New York, Oxford University Press, 2016.

30 唐文方的資料收集於二〇〇八年、二〇一〇年及二〇一二年，這並不能反映習近平時代的情況，參見 Wenfang Tang, *Populist Authoritarianism: Chinese Political Culture and Regime Sustainability*, Oxford and New York , Oxford University Press, 2016.

31 Elizabeth C. Economy, *The Third Revolution: Xi Jinping and the New Chinese State*, Oxford and New York, Oxford University Press, 2018.

32 Pei, *The Sentinel State*, *op. cit.*

33 Jean-Pierre Cabestan, *Le système politique chinois. Un nouvel équilibre autoritaire* (The Chinese political system: a new authoritarian equilibrium), Paris, Presses de Sciences-Po, 2014.

第一章

1 Cabestan, *Le système politique chinois*, *op. cit.*

4 Francis Fukuyama, *The End of History and the Last Man*, New York, Avon Books, 1992.

5 Samuel Huntington, *The Clash of Civilizations and the Remaking of World Ord*er, New York, Simon & Schuster Paperbacks, 1996.

6 Suisheng Zhao ed., *China and Democracy: Reconsidering the Prospect for a Democratic China*, New York and London, Routledge, 2000.

7 Andrew Nathan, "Authoritarian Resilience", *Journal of Democracy*, Vol. 14, No. 1, January 2003, pp. 6-17.

8 Minxin Pei, *China's Trapped Transition: The Limits of Developmental Autocracy*, Cambridge, MA, Harvard University Press, 2006.

9 Andrew Nathan, "Authoritarian Impermanence", *Journal of Democracy*, Vol. 20, No. 3, July 2009, pp. 37-40.

10 David Shambaugh, *China's Communist Party: Atrophy and Adaptation*, Berkeley, CA, University of California Press, 2007.

11 Cheng Li, "The End of the CCP's Resilient Authoritarianism? A Tripartite Assessment of Shifting Power in China", *The China Quarterly*, No. 211, September 2012, pp. 599-602.

12 François Godement, *Contemporary China: Between Mao and Market*, Lanham, Maryland, Rowan & Littlefield, 2016. 前中共元老薄一波的兒子，薄熙來在二〇〇七年被提拔為中共中央政治局委員和重慶市委書記時開始嶄露頭角。在重慶，他發動嚴厲的打擊有組織犯罪行動，並推行一系列宣揚毛澤東思想的運動，希望成為胡錦濤接班人選之一。然而，二〇一一年底他妻子因與一名英國商人發生糾紛而毒殺對方，這導致了薄熙來在二〇一二年被免職並開除黨籍。他被控濫用職權和貪污，一年後被判無期徒刑。

13 Shambaugh, *China's Future*, *op. cit.* p.1.

14 *Ibid.*, pp. 124-136.

15 *Ibid.*, p. 136.

16 在《華爾街日報》一篇題為〈中國行將崩潰〉（"The Coming Chinese Crackup", 6 March 2015，該文是沈大偉《中國的未來》一書的基礎）的文章中，他的用詞更加武斷且缺乏細微的觀察，從而引起各種迴響。

17 Minxin Pei, "Is CCP Rule Fragile or Resilient?", *Journal of Democracy*, Vol. 23, No. 1, January 2012, pp. 27-41.

18 Minxin Pei, "The Twilight of Communist Party Rule in China", *The American Interest*, Vol. 11, No. 15, 12 November 2015, https://www.the-american-interest.com/2015/11/12/the-twilight-of-communist-party-rule-in-china/

19 Minxin Pei, "Is China's Communist Party Doomed?", *The Diplomat*, 1 October 2012, http://thediplomat.com/2012/10/is-chinas-communist-party-doomed/; and more recently, "The Beginning of the End", *The Washington Quarterly*, Vol. 39,

注釋

中文版新序

1 Jean-Pierre Cabestan, *Demain la Chine : démocratie ou dictature ?,* Paris, Gallimard and Lanham; *China Tomorrow: Democracy Or Dictatorship?,* Maryland, Rowman & Littlefield, respectively.

2 Steve Tsang and Olivia Cheung, *The Political Thought of Xi Jinping*, Oxford and New York, Oxford University Press, 2023.

3 Francis Fukuyama, *The End of History and the Last Man*, New York, Free Press, 2006, pp. 134-135.

4 Yves Chevrier, *L'Empire terrestre. Histoire du Politique en Chine aux XXè et XXIè siècles* (The Terrestrial Empire. History of Politics in China in the 20th and 21th centuries) Vol. 1, L'Etat naufragé (The wrecked state, 1895-1976) , Paris, Seuil, 2022; Vol. 2. L'Etat restauré (The restored state, from 1977 to today), Paris, Seuil, 2023.

5 唐德剛，《晚清七十年》，五冊（臺北：遠流，一九九八年）。

6 Minxin Pei , *The Sentinel State: Surveillance and the Survival of Dictatorship in China*, Cambridge, MA, Harvard University Press, 2024.

前言

1 Gordon G. Chang, *The Coming Collapse of China*, London, Random House, 2001.

2 David Shambaugh, *China's Future*, Cambridge, UK and Malden, MA, Polity, 2016; Minxin Pei, *China's Crony Capitalism: The Dynamics of Regime Decay*, Cambridge, MA, Harvard University Press, 2016.

3 二〇一二年中國的中產階級已達到四點二億人，但他們的生活水準卻差距甚遠，參見 https://chinapower.csis.org/china-middle-class/，如 Jean-Louis Rocca 和其他學者所言，中產階級既是一種社會建構，也是種社會現實，可參見 Jean-Louis Rocca, *The Making of the Chinese Middle Class: Small Comfort and Great Expectations*, Basingstoke and New York, Palgrave Macmillan, 2017.

中國觀察49

中國的未來，會走向民主還是獨裁？來自法國學者的觀察視角

Demain la Chine: démocratie ou dictature?

作　　者　高敬文（Jean-Pierre Cabestan）
責任編輯　邱建智
協力編輯　陳建安
校　　對　魏秋綢
排　　版　宸遠彩藝

副總編輯　邱建智
行銷總監　蔡慧華
出　　版　八旗文化／左岸文化事業有限公司
發　　行　遠足文化事業股份有限公司（讀書共和國出版集團）
地　　址　新北市新店區民權路108-3號8樓
電　　話　02-22181417
傳　　真　02-22188057
客服專線　0800-221029
信　　箱　gusa0601@gmail.com
Facebook　facebook.com/gusapublishing
Blog　gusapublishing.blogspot.com
法律顧問　華洋法律事務所／蘇文生律師

封面設計　兒日
印　　刷　前進彩藝有限公司
定　　價　420元
初版一刷　2024年7月
ISBN　978-626-7234-96-9（紙本）、978-626-7234-94-5（PDF）、978-626-7234-95-2（EPUB）

國家圖書館出版品預行編目（CIP）資料

中國的未來，會走向民主還是獨裁？來自法國學者的觀察視角／高敬文（Jean-Pierre Cabestan）著. -- 初版. -- 新北市：八旗文化／左岸文化事業有限公司出版；遠足文化事業股份有限公司發行，2024.07
288面；14.8×21公分. --（中國觀察；49）
譯自：Demain la Chine: démocratie ou dictature?
ISBN 978-626-7234-96-9（平裝）

1.CST：中國大陸研究　2.CST：政治發展

574.1　　113007692